アジア文化叢書

雲南中華世界の膨張

プーアル茶と鉱山開発にみる移住戦略

Nishikawa Kazutaka
西川和孝〈著〉

慶友社

はしがき

昨今、私達の周辺には、中国製品が溢れ、多くの中国人が暮らしており、こうした人々の存在は日本社会にとって益々必要不可欠になりつつある。また、中国に目を向ければ、一三億人という大市場において、膨大な日本製品が日々消費されており、中国市場は日本企業にとって重要な取引先となっている。このように中国は日本の最も「親しい」隣国でありながら、実際には日中間に領土問題や歴史問題などの困難が横たわっており、政治的には緊張関係が続いている。そして、今、中国が経済力を背景として世界的にその存在感を増しつつある中、隣人として上手に付き合っていく知恵が日本に求められているのである。この難題を解くための鍵の一つが、中国人とりわけ、その九〇パーセント以上を占める漢族に対する理解であると考えられる。

そこで、本書では、日本と同様に中華世界の周辺部に位置する雲南省に注目する。中国西南隅にある雲南省は、東南アジア世界に連なり、漢族を含めて現在二六の民族が居住している。古くは土着民族による南詔国や大理国として独自の政権が存在していた時期もあり、中華王朝の版図に本格的に組み込まれたのは明代以降である。本書の目的は、中華世界の膨張をテーマとし、明代を起点として六〇〇年というスパンで漢人の移住の経過を辿りながら、その移住戦略の核心に迫るものである。

本書の主役となるのは、現在の雲南省南部に位置する石屏県の漢人である。石屏県における漢人の歴史は、明代初めの屯田設置に遡る。当初、石屏盆地内の赤瑞湖と異龍湖周辺部を中心に耕地の開発に着手した石屏漢人は、徐々にその範囲を広げ、明代後半には盆地内における土地資源の活用が限界に達しつつあった。次いで、清代になり交通路の発達と雲南経済の活発化にともない盆地世界を抜け出し、続々と周辺地域に移住していくのである。この過程で石屏漢人は、後に雲南の主要産業となる普洱茶の栽培や鉱山開発に従事し、主要な担い手となっていく。とりわけ普洱茶の栽培では、清朝宮廷用の貢茶の栽培を担うなど質の向上に大きく貢献する。こうした石屏漢人の足跡は、今日でも目にすることが出来、今なおその子孫たちが現地において普洱茶栽培を担っている。このように石屏漢人は、土着民の社会に次々と入り込み、その居住地域を広げてきた。本書は移住活動の際、彼らが取った行動に着目し、移住の経過からその方法を分析し、ノウハウ、思考方法、習慣を明らかにすることを目指す。

　雲南と日本は、環境こそ違え、中華世界と接するという点では共通しており、雲南における漢人移民の活動は、今後日本人が中国人と如何に接し、関係を構築するかを考えていく上でも参考となり、大きな助けとなることが期待できる。

雲南中華世界の膨張—プーアル茶と鉱山開発にみる移住戦略　目次

目次

雲南中華世界の膨張

――プーアル茶と鉱山開発にみる移住戦略

序章

はじめに

中華世界は、黄河流域を起点として周辺地域に向かってこれまで不断の拡大を続けてきた。こうした中華世界の拡大は漢人の居住地域の広がりと表裏一体の関係をなしており、移住活動がこれを媒介する役割を果たしてきた。そして、極めて大雑把な言い方ではあるが、このように長い時間が経過する中で、黄河流域の一部地域に居住していた人々が、周辺地域に移り住み、当地の土着民と交流を繰り返し、漢人として次第に形成されてきたのである(1)。本書は、中華世界拡大のメカニズムを漢人移住との関連性から新たに解き明かそうとする試みの一端である。

さて、中華世界拡大に関連する漢人移住の動向については、人口統計データの偏差に基づき、その分布状況から解き起こして移住の動態に迫る一連の研究があり、その概要が一定程度明らかになっている。即ち、唐・宋時代の人口の重心が北方から南方へ移動する現象に関しては加藤繁の研究によって裏付けられているが(2)、青山定雄はこれに詳細な分析を加え、同時期の人口増加の傾向が江南や福建などの南方、大規模屯田が行なわれた北方の辺疆地域、さらには四川などでも見られることを確認し、当時の中華世界の周辺に相当する地域においても人口集約の傾向が現れていたことを明らかにする(3)。明朝期の人口動態に関しては、横田整三が、北虜の脅威と倭寇の跋扈により、中国全体として人の流れが内側に向かう傾向にあったが、例外的に四川・雲南・貴州などの中国西南地域では、著しい人口増加が確認され、外向きの力が作用していたことを指摘する。[4] また、何炳棣（Ping-ti Ho）は、一三六八年から一九五三年までの長期的な地域間の移住を、中国全体に目を配りながら、人口統計データに基づき概観する。即ち、明代では、戦争で荒廃した地域への徙民政策や辺疆防備などの王朝主導の移住が主流であり、民間における移住は江蘇から湖南、湖北から四川など一部地域に見られる程度であったが、清代になると、人口爆発の起因となる新大陸産作物の伝来と普及に相俟って、長江下流域・浙江北部・安徽南部の淮水域・福建などの人口密集地から、中国西南部の山地部・広東の大部分・湖南・湖北・淮水域・華北の一部などの利用可能な土地が広がる人口希薄地帯に向けて大規模な移住の流れが生じ、さらに遠方の満州・東南アジア・台湾などの海外という具合に順次波及していったとする。[5] こうして何によって大枠で示された周辺地域の人口希薄地帯に向かって不断に広がっていく人口移動の波及モデルは、清代の人口移動を論じた郭松義によってより具体的に跡付けられる。[6] つまり、北方では、河北・山東・山西一帯から東北および内モンゴルへ、南方では、福建・広東から台湾または国外へといった中華世界の周辺地域に向けて広がる一方、内陸部では湖広と江西を起点とした移住の波浪はまず四川を襲い、続いて、飽和状態に達した四川から陝西省南部や貴州省へ波及し、貴州省の東北部から西南部に向けて徐々に移民で埋め尽くしながら、広西や雲南に流れ込み、最終的に広東方面からの移民とも合流し、雲南省の西部や南部へと雪崩れ込むという次第である。この他にも近代中国における人口の周期変動に関連して、中国北方の周辺地域への漢人の移住状況に関して言及した姜濤の研究がある。[7] 姜の研究によれば、東北の満州では移民による開墾が禁止されていたが、罪人の流刑地として長年使用されたことで人口が増加し、民族構成にも変化を及ぼすようになったとする。また、甘粛と新疆についても、雍正から乾隆年間に通じて行なわれた軍事行動にともない屯田が繰り返し設置され、満州人や漢人を含む少なからぬ人々が入植し、清朝中期以降、これら辺疆地域は中国全土で急増した人口を吸収する受け皿として大きな能力を発揮したという。

かくして中華世界を周辺地域に向けて拡大に導く原動力となった移住活動であるが、その契機に基づいて大きく二つに分類される。即ち、戦争などの治安の悪化、飢饉や疫病、納税および賦役からの逃避、さらには商業活動などの政治的経済的要因を端緒とする個人レベルの私的な自発的移住と、周辺地域への辺疆防衛や徙民政策、罪人の流刑などの王朝権力によって行なわれた公的な強制的移住である。ここでは前者を民間主導型移住、後者を王朝主導型移住と呼ぶこととする。明朝期では、主として王朝主導型移住が大規模に実施され、多くの漢人が中国西南部を中心に辺疆地域に入植した。一方、清朝期になると、人口爆発にともなう民間主導型移住が盛んとなり、中華世界の周辺に位置する人口希薄地帯を次々と移民で埋め尽くしていくのである。

従来の漢人移住史に関する研究は、もとより国内外を含めて膨大な蓄積があり、テーマも多岐に渡るが、(8)これまでは経済的政治的要素に起因する私的レベルの民間主導型移住を中心として論じられてきた。かつて『中国の熱帯への行進』の中で中華世界の南方への拡大を論じたヘロルド・ウイーン（Herold J. Wiens）は、その背景には西晋時代に始まる北方から南方に向かう私的レベルでの移住の波が存在し、中国南部の肥沃な土壌と豊かな食糧事情、人口密度の低さ、未開拓の土地などの様々な要因が、政治的不安定性、経済的貧困、自然災害に苦しむ中国北部の人々を引き付けた結果生じたと分析した。(9)こうした長いスパンで中国全体を概観し分析を加える方法に対して、ある特定の地域にスポットを当て民間主導型移住の実態解明を図る研究が多数存在する。例えば、江南デルタ地帯に関するだけでも、社会経済の側面から詳細かつ総合的に分析した斯波義信、(10)寧波府下の奉化県に焦点を絞り通史的に移民の入植地域の空間的変遷を復元した上田信、(11)明・清代を対象として宗族の増殖運動による地域内移住の増加傾向を指摘した本田治の研究などがあり、(12)この他の地域に関しても、宋・元代浙江南部の温州平陽県については福建からの移民の実態に迫った本田治、(13)明・清代広西全域の漢人移民について網羅的に整理し生業別に分類した塚田誠之、(14)人類学のモノグラフから得た知見に基づき宗族の関係から華南の村落形成のあり方に迫った瀬川昌久、(15)清代徽州休寧県における棚民に関して碑文史料（資料）を活用してその実情を明らかにした渋谷裕子、(16)そして、清代の湖南から四川・陝西・湖北の三省交界地帯について長江の流通ルートに沿って商業に従事しながら次第に定着していくという移住の実態を追った山田賢の研究などが挙げられる。(17)こうして蓄積された事例研究は、民間主導型移住の具体相を微視的に浮かび上がらせ、その細かなプロセスや仕組みの解明に大きく貢献してきた。

それでは、もう一方の王朝主導型移住は中華世界の拡大に如何なる影響を与え、またどのような位置付けが可能であろうか。紀元前三世紀から一七世紀までの王朝主導の集団移住に関して、量的推移を概観する基礎的データを提示した李中清（James Lee）の研究によれば、秦代および漢代の一〇〇万人超を頂点として、その後も一〇万人規模の移住が繰り返されたことが明らかになっており、こうした辺疆の防備や開発などにともない歴代王朝によって繰り返し実施された集団的移住は、中華世界の周辺地域に向けての空間的拡大において決して無視することは出来ない。(18)事実、李が指摘する集団移住が与えた中華世界の拡大に対する影響については、最近の事例研究からその具体的プロセスが明らかになりつつある。例えば、一二〇〇年から一七〇〇年までの貴州に焦点を当て、中華王朝による植民地化の過程を論じたジョン・ヘアマン（John E. Herman）は、明朝初期の遠征軍による有力土着勢力の解体とその後の屯田設置が重要なターニングポイントとなり、安全地帯の確保、灌漑事業による耕地開発、牛を利用した鉄製犂耕などの新たな農業技術の普及、そして、こうした技術を利用した山地部の耕地開発の進展などの要因により、この地域に漢人移民を呼び込む環境が整えられ、王朝の政治制度や法律制度の整備なども後押しし、貴州の「国内化」が次第に進んでいったと分析する。(19)また、宋代の四川南部の瀘州における王朝による塩井開発を契機とした漢人移民の入植と中華世界の拡大を論じたフォン・グラーン（Richard Von Glahn）は、漢人移民による強引な土地の収奪をきっかけとして、宋朝が土着民との間で生じた軋轢に軍事的介入を行ない、軍隊が駐留するようになったことで民間の漢人移民の入植が促され、漢人による統治権の確立、土着民の社会的政治的分裂、四川盆地の地域システムへの編入が進展し、元朝期の移民の退潮局面を乗り越え、最終的に明代において当該地域が米の生産地として揚子江流域で存在感を示すようになったとする。[20]

このように中華世界の拡大に大きく寄与した王朝主導型移住であるが、李は、その意義として、土着民に隣接するように村単位で漢人移民の入植地が配置されたことで、両者の間で交流と婚姻を通して文化変容や融合が起こり、地域の社会統合が進展し、現代の中華世界の前提条件を形成することとなったことを挙げている。同様に王朝主導型移住が周辺地域を中華世界に組み込み、中華世界の統合を進め、中華人民共和国を形作る上で重要な役割を果たしたという主張は、他の国内外の研究者からも唱えられてきた。[21]ただ、こうした中華世界の社会統合の側面に注目する研究では、強制的移住民として一定の地域に固定された人々という前提に立っており、漢人移民による土着民に対する融合或いは同化作用に注目するあまり、王朝主導の入植によって出現した漢人社会を一方的に固定的、静態的存在として理解する傾向がある。そして、こうした見解は、屯田設置や軍隊駐留の意義を、当地における民間漢人移民の呼び水としての効用に求めるジョン・ヘアマンやフォン・グラーンの研究においても共通しており、王朝主導型の移民が固定的、静態的存在であるという前提の下で議論が進められている。

これに対して、周辺地域に強制的に配置された移民社会を固定的ではない動態的存在として把握しようとする研究がある。例えば、野本敬・西川和孝は、雲南を例に取り、明初に入植した漢人移民の耕地開発が頭打ちとなり、清代中期の大規模漢人移民の流入と地域社会の構造的飽和のため、さらなる辺彊へと生活の場を求めていくとする図式を示した。[22]こうした新来移民の登場により旧来移民が移住へと向かう図式は、菊池秀明が明らかにした広西の軍事移民の辿った歴史にも通じる。即ち、明代中期に土着民の反乱鎮圧を契機として広西に入植した軍事移民は、明末清初までに軍事力と徴税権を背景とした土地の集積による政治的、経済的基盤を確立するに至ったが、続く清朝中期の急激な人口増加にともなう耕地不足、子孫の増加に努めた結果としての財産の細分化、武官職の世襲制廃止、奢侈行為、科挙合格者を中心として形成された有力宗族の台頭などの要素に起因する没落傾向に陥り、その後職業の多様化や移住などの空間的流動性の向上によって危機回避を図るという次第である(23)。ただし、これら中華世界拡大を論じる上で王朝主導型移住の意義を、その後に流入してきた漢人移民によって周辺部に向かって移動するという見方は、王朝主導型移住を端緒とする漢人社会が、新来の移民という他の力の作用により他律的に外部に押し出されるという構図で捉えることを意味しており、強制移住によって配置された漢人社会それ自体を本質的に静態的存在として理解しようとする点ではそれ以前の研究と比べて大差はない。

こうした王朝主導型移住によって中華世界の周辺地域に配置された漢人社会の本質を固定的かつ静態的存在として把握してきた従来の見方に対して、本書では、時間軸に沿って変質する植民社会の側面に光を当て、それ自体を自ら空間上に絶え間なく派生していく一漢人社会の起点という自律性のある動態的存在として浮かび上がらせることを目指す。

そこで、具体的な論の展開方法として、王朝主導型移住によって中華世界の周辺地域に突如として登場した漢人社会について、ある特定の地域を選定し、その一箇所に視点を集中させ、入植期という始点から、時間軸に沿って起きうる空間上の移動を丁寧に追っていくことで、その活動実態を明らかにしていくこととする。そして、従来中華世界拡大の歴史を論じる上で埋没しがちであった王朝主導型移住の意義についてもう一度問い直し、中華世界拡大のメカニズムとの関連性の中で論じることを通して、民間主導型移住を中心として進められてきた漢人移住の歴史に関して見直しを図りたい。

それでは、次節以降ここまで述べてきた問題意識に基づき、従来の漢人移民についての研究史から関連する先行研究を抽出し、これまでの成果と課題を本書との関係性の中に位置付けて、検討していくこととする。

第一節　地域開発から移住活動に至るまで

王朝主導型移住によって誕生した植民社会に焦点を当て、時間軸に沿って、入植時をゼロとして、その後様々な過程を経て、当地の人々が営みの場を周辺地域に向けて広げていく経過を通時的に復元していく上において、起点となる地域開発から移住までのプロセスの考察が重要となるであろう。

1　地域開発の段階的プロセス

では、こうした地域から発展のベクトルを敢えて外界に向け、新たな生活空間を求め、展開していくには実際にどのようなプロセスを辿り、そこには如何なる要因が介在してくるのであろうか。この課題を考察する上において参考となるのが、明・清代の商業資本形成に関して、徽州商人・江蘇洞庭商人・福建商人・山西陝西商人などの地域商人を対象とした傅衣凌の研究である。(24) 即ち、傅衣凌は、これら地域商人を輩出した土地はいずれも交通の便に優れ、市場へのアクセスにも有利であったことに着目した上で、それぞれの地域の自然環境的特徴に基づき、地域の商業資本の形成のタイプを大きく二つに分類する。即ち、一方が農業条件や天然資源に恵まれており、農業により富を蓄積し、次第に巨大な地域商人に成長するタイプである。傅が研究対象として取り上げた西安府近隣を根拠地とする陝西商人のケースでは、灌漑施設の発達により農業収入が安定しており、初期段階における資本の形成には事欠かない一方で、人口増加が生活水準を押し下げ、農業以外の生業を見つける必要性が生まれる。そこで、北方に位置する地理的有利性が威力を発揮する。即ち、明代では北辺の防備に携わる兵士に安定した食糧を供給するため、食糧を指定した場所に輸納した者には、塩の販売特許を賦与するという開中法を制定したが、陝西商人は、この制度を利用して粟を北辺に輸送し、その代わりに江南の塩を扱う権利を獲得した。さらに、布や茶なども扱うことで、資本の形成をより一層進めていったとする。

もう一方が徽州商人・江蘇洞庭商人・福建商人のように農業条件に恵まれない環境であり、農業による発展が厳しく制限される中、手工業の発展によって富を築くタイプであり、傅は、江蘇呉県洞庭の商人の例を通して、農業条件に恵まれない地域での資本形成に関して次のように示している。つまり、あまり農業に適していない土地では、生業面で大きな拘束を受けることとなり、結果として集約農業が発展し、限られた土地で出来るだけ高い利益の物品を生み出すために園芸作物や工芸作物の栽培などが行なわれ、副業としての手工業の発達も見られる。そして、蓄積した資本を増殖するために、交通の便を活用して、附近の市場に繋がり、周辺地域へと発展の糸口を求めるという具合である。

斯波義信は、こうした交通の便と市場へのアクセスに優れた土地において、資源の窮乏を発条として進展する地域開発について、自らの寧紹商人の研究も踏まえ、その推移を概括的に、①自然的人口増、移住による人口成長、②収穫逓減による生活水準の低下という地域の構造的飽和状態の発生、③純農業から商業的農業への特化、④蓄積された商業技術と富によって外界に生じた商業機会に乗じ、外地に移住して都市商業、金融の把握、主要産物の掌握というように段階的に展開していくモデルへと帰納する(25)。

これら研究成果として、資源の窮乏を梃子として移住へと発展する地域開発の段階的プロセスが、大枠として示された。斯波が提示したモデルは、民間主導型移住を前提としているが、王朝主導型移住を発端とする地域社会の開発を考察する上でも極めて多くの示唆を与える。

2　耕地開発

①　耕地開発の展開過程

王朝主導による集団的移住にともなう入植時期をゼロとして地域社会が移住に向かう起点と設定するならば、前節で示された大枠に従えば、時間の経過とともに地域の人口は次第に増加に向かうと想定されるが、その契機となるのが食糧増産を支える耕地開発の進展であろう。こうした耕地開発の展開過程を考察する上においても斯波義信は極めて有効なモデルを提示する。(26) 斯波は、開発の対象となる自然環境と開発主体である社会組織、さらに両者を媒介する技術をも視野に入れた上で、タイのチャオプラヤー川流域の定住と水稲生産との展開過程から導きだした説明モデルに啓発を得て、長江下流域の耕地開発の展開プロセスを次のように整理する。即ち、自然環境に即して①支谷・扇状地、②上部デルタ、③低湿地帯の下部デルタに分類し、（1）自然環境を土木的改良によって人為的に変化させる工学的適応、および（2）品種の選択・改良によって自然環境に適応する農学的適応を技術的指標として、この難易度に比例して、①から③に向けて耕地開発が進展し、定住域が拡大していくとする。

斯波が提示する定住と耕地開発の展開モデルは、他のデルタ開発の進展状況にも符合する。例えば、珠江デルタの事例では、水資源の管理と確保に有利であり、耕地開発の容易な丘陵や台地などでは古くから先住民が居住する一方で、高度な水利技術が必要とされる低湿地のデルタ地帯では漢人による開発を待たなければならず大規模水利事業による本格化は明代以降となる。(27) 同様に、ベトナム北部の紅河デルタにおいても、古くは微高地において品種選択や作付け技術という農学的適応による開拓が進められたが、一〇世紀に水利事業が可能となる国家組織の登場を境にして、堤防の建設、輪中の造成、さらには防潮堤の建設などの工学的適応による低湿地開発が進展し、人口扶養能力を格段

に向上させることに繋がった。(28)

さて、こうしたデルタ地帯を対象とした支谷・扇状地などの微高地から低地に向かうという耕地開発の展開モデルは、内陸の盆地世界においても有効であることは上田信の研究によって裏付けられている。上田信は、族譜を利用した定量分析に、文献史料に見られる社会に関する記述史料を組み合わせる手法で移住の展開過程を立体的に復元する。即ち、浙江省奉化県忠義郷を一つの事例として、宗族の村内における分布・移住時期・移住前の原住地を手がかりに地域の社会構造の検討を通して、唐・五代には水資源の管理に優れ開発が容易な扇状地、続いて宋・元代には大きな治水が必要とされる河川流域や沿岸地域、さらに明代になるとそれ以前の枠組みでの域内移動に留まるようになり、最後に清朝後半期に棚民が山地部を埋めていくという具合である。(29) 同様に上田は、浙江省の山地部に位置する龍游県に関しても分析作業を行ない、宋代においては県外から前住地の生産技術で対応可能な丘陵地域（山脚部）に、明代は県内部出身者を主とした平地地域に、そして、清代では福建や江西出身者の山地地域へとそれぞれ時間的かつ空間的に移住の展開過程を跡付けている。(30) このほか、明・清代寧波沿岸部を対象として開発と移住の相関性に迫った本田治は、現代県誌から抽出したデータを基に、時間の経過とともに、より高度な水利技術を必要とする沿海部の開拓地に移住者が集中する傾向にあることを明らかにする。(31) これら諸研究は、農学的適応・工学的適応の技術力に比例して、耕地開発が支谷・扇状地などの微高地から、上部デルタ、さらには低湿地帯に象徴される下部デルタに向けて拡大していく展開過程を示した斯波義信のモデルの有効性を改めて証明している。

また、耕地開発を目指した水利事業が展開される動機に関しては、北田英人が紅河デルタと江南デルタを比較分析した上で、江南デルタでは巨大な米需要という商業的契機が、紅河デルタでは群雄割拠の中での生存競争がそれぞれ動機に当たるとし、こうした政治社会的条件や技術経済的条件が稲作のあり方を規定し、水利技術のあり方を特徴付けると結論付けている。(32) 北田の指摘は、水利事業が展開される要素を考察する上において、こうした諸条件も考慮に入れなければならないことを示している。

これら定住と開発に関する諸研究から、工学的技術と農学的技術の適応の必要性に応じて、水資源の確保と管理を基準として容易な方から、①支谷・扇状地、②上部デルタ、③低湿地帯の下部デルタの順序で耕地開発が展開され、定住域が次第に拡大していく過程が示された。即ち、そこから抽出される視角は、耕地開発の対象である自然環境の分類、そして、異なる自然環境に応じた技術的対応としての工学的適応・農学的適応の二種類という視点が不可欠であり、かつそれらを規定する政治社会的条件や技術経済的条件をも考察の範囲に入れなければならないことを教えている。

②　耕地開発に要する水利技術

前節では耕地開発の展開過程として、支谷・河谷平野などの微高地から、より高い水利技術が必要とされる低湿地帯へという方向性が示された。続いて、本節ではこうした耕地開発に関する具体的な水利技術に関して、宋代末以降農業生産の最先進地域の位置を占め、全国農業を発展の方向へと導くモデルとされた[33]、江南デルタ地帯の豊富な研究成果からその要点を抽出・整理していくこととする。

唐・宋代の中国の人口の南北逆転を支えた江南デルタ地帯の開発についてであるが、従来、長江下流域の江南デルタの低湿地帯にあった囲田の存在が大きくクローズアップされ、長大な堤防に包囲され、縦横にクリークがひかれた囲田の中では良質の晩稲が栽培され、集約農業が行なわれていたという壮大なイメージが描かれてきた[34]。しかし、一九七九年に生態学・農学・自然地理学・歴史学の研究者が一堂に会して行なわれた江南デルタの稲作文化に関するシンポジウムにおいて、こうした文献史料によるイメージは修正を余儀なくされる。まず工学的適応の側面に関しては、自然科学者等から自然環境に鑑みて、宋代の囲田は不完全な自然堤防に依拠し、中央に遊水地を含むなど粗放的段階にあったことが指摘された(35)。これを契機として江南デルタ開発の見直しが始まり、囲田の集約化が一定程度に達したのは、これよりさらに時代が下った明代初期であったことが濱島敦俊によって明らかにされた(36)。

このように江南デルタ低湿地帯の耕地開発の中心となった囲田であるが、唐末・五代から明代までの歴史的沿革を大雑把に示すと、交通路として発達してきた水路網の整備、水路に沿った土手の造成、土手に接する場所から中心部の湿地帯に向けての水田化、最後に囲田の中に水路などを設けることで耕地を分割する細分化という経過を辿ってきた(37)。また、囲田の整備と平行して、宋代の頃より湖沿部では土手を築き、耕地化する湖田の造成も盛んに行なわれるようになった。北田英人の研究によれば、湖田は、もともと淹水を被る不安定な耕地であったが、土手が嵩上げされ、高い堤防が備わることで安定的湿田である囲田へと進化していったという(38)。

さて、こうして形成されてきた囲田であるが、田面と水面の高低の相関性によりそれぞれが抱える水利問題が大きく異なる。即ち、田面が水面より高い場合では、灌漑が必要となり、用水路を掘削し、そこから揚水を行なうクリーク灌漑が行なわれた。江南デルタ地帯は傾斜がほとんどないため、人力に頼った揚水が必要であった。そこで活躍したのが、灌漑・排水作業を連続的に可能とする龍骨車と呼ばれる足踏み式揚水機であった。一方、水面が田面より高い場合には、排水作業が必要となる。とりわけ江南デルタ地帯では夏には淹水しやすく、龍骨車を大量に使った共同排水作業が行なわれたという。このように低湿地帯の開発では自然条件に従い、足踏み式揚水機である龍骨車を使った排水と灌漑が適宜行なわれた。また、こうした大規模な水利事業であるクリークの掘削や囲田の整備は、一般的にまとまった資本投下が可能である官あるいは有力者主導の下で進められたのである。

次に、農学的適応に関しても江南デルタ・シンポジウムにおいて農学者から重要な指摘がなされた。即ち、囲田で栽培されたとされる占城稲は、実は収穫量の低いインディカ米であり、生育日数の短さは従来主張されていた二毛作のためではなく、夏の旱魃や秋の洪水の回避に有効であるが故ではないかとの提言がなされたのである(39)。こうして宋代の囲田は、耕地整理・灌漑設備ともに不完全な水田に、粗野なインディカ米を栽培していたという実態が明らかとなった。

このように江南デルタ・シンポジウムを契機として宋代江南デルタの低湿地開発の粗放性が判明したことで、それまで水田の開拓としてはより古い歴史を持ち、傾斜を利用して水資源の管理の容易な支谷・河谷平野（山脚部や扇状地もここに含まれる）の存在に注目が集まることとなった。[40]そして、足立啓二と大澤正昭の研究により粗放的段階にとどまる低湿地帯に対して、乾田化を基礎として品種の選択・施肥・中耕をともなう集約農業が行なわれていた河谷平野という対照的な当時の江南デルタ地帯の姿が徐々に浮かび上がってきたのである。[41]こうした支谷・河谷平野では、傾斜を利用して水を貯める陂塘と呼ばれる溜池形式の灌漑施設が富裕農民などによって造成され、耕地開発に資した。本陂とは谷川をせき止めたダム形式の灌漑用貯水池であり、塘とは窪地に周辺から流入する水を貯める溜池である。本田治の研究によれば、こうした陂塘は、小規模であるが故に富裕な農民などの民間の資本力でも造成出来るものであったという。[42]ついで、本田は、こうした傾斜を利用した自流灌漑を、実際の機能や構造に基づいて、自然河川や渓流に取水堰を設けて用水路を使って水を引く「渠堰灌漑」（流水灌漑）と、水を貯める「陂塘灌漑」（溜池灌漑）に分類する。[43]いずれにせよ、溜池形式の灌漑は、低湿地帯の囲田のように官主導の大規模工事を必要とせず、比較的初期段階に発生する灌漑方法であるといえる。

ここまでの江南デルタ耕地開発に関する研究から明らかになった水利技術に関する要点をまとめると、次のように整理される。即ち、①支谷・河谷平野では、地形の傾斜を利用して灌水する流水灌漑や溜池灌漑、いわゆる自流灌漑が行なわれる。一方、②低湿地帯では、田面と水面の相対的な高低関係から（1）用水路の掘削によるクリーク灌漑（2）堤防の建築による囲田の整備に分類され、それぞれの状況に応じて灌漑・排水作業が行なわれる。そして、水利事業に要する規模と技術力に対応する形で、事業主は、支谷・河谷平野（山脚部および扇状地）の開発では富農などの民間が、低湿地帯の開発では大規模水利事業を組織出来る官が、それぞれ一般的に主たる担い手となるのである。

3　社会移動と移住戦略

地域開発を経て外界へと活動の舞台を展開していく上において、その原動力となるのが当事者である地域の人々による積極的な社会移動である。ここでいう社会移動とは、状況に応じた職業的身分の変化を通した社会階層の上昇移動と下降移動を指す。

中国社会における社会移動については、明代に世襲とされた職人・兵士・製塩業者などの特定業務身分者を対象として、科挙制度による官僚転身の分析を通して、その流動性の高さを明らかにした何炳棣の先駆的研究がある(44)。また、于志嘉は、何の研究を深化させ、明代の軍籍出身者の科挙合格者に占める割合が民籍出身者と大差がなかったことを高い精度で明らかにし、職業的身分の変化を通じて、明代における社会的流動性の高さをより実証的に補強する(45)。

中国社会では科挙受験に合格し、進士となることが最も将来が約束された立身出世の近道とされ、名目上とはいえ、科挙試験は如何なる身分の者も受験し、官途に就く道が開かれており、中国社会に流動性を促す役割を果たしてきた(46)。

こうした傾向は、中華世界の周辺部に位置する移民社会においても同様に見出される。例えば、太平天国が生まれた背景として明・清代を中心に広西移民社会を論じた菊池秀明は、入植漢人が生計の安定と成功、とりわけその頂点としての科挙合格を求めて、絶えず空間的移動と社会階層の上昇下降を繰り返し、非漢人の人々もこの上昇戦略に巻き込まれていく様子を明らかにし、その社会的特徴として流動性の大きさに注目する(47)。

しかし、社会移動の流動性の高さが顕著に現れるのは、こうした平時における科挙合格による立身出世などではなく、地域社会の開発の行き詰まりなど危機的状況にこそある。斯波義信が論じた宋代福建の事例では、地域における増加した人口と耕地面積のアンバランスによる、農産物の商業化や他産業の育成などの巨大な社会変化に合わせて、農業従事者から商業従事者・僧侶・技芸人など様々な身分に絶えず移動させ、いずれも程度の差はあるものの、商業に従事することで、外界に活路を求め、福建商人を構成していったことが紹介されている。(48)同様に商業化の例は、明代中期の江南デルタ地帯でも確認される。濱島敦俊は、明代中期における江南地主の商業指向の強まりを明らかにした上で、その背景にデルタ開発完了にともなう人口と耕地の不均衡による土地・農業経営の行き詰まりがあったことを指摘する。(49)

これら事例から、社会移動は、平時においては科挙制度により一定のレベルで維持され、地域社会が構造的飽和状態などの危機的状況に直面した際には、様々な社会移動を通して新たな秩序を求めて社会が再編されていったことが読み取れる。

こうした社会移動の帰結点として、地域社会は最終的に職業的身分が一定程度安定した状態に収斂されていくが、それでは、こうして生み出される安定的状態は如何なる要因によって規定されるのであろうか。この課題に対して、スキナー（G.William.Skinner）は、空間的視座から、特定地域とそれを取り巻く周辺地域との関係性に注目する。(50)即ち、スキナーは、事例として紹興出身の行政官の私的秘書・寧波出身の金融業者・広東省嘉応州出身の石工などを挙げ、近代中国社会において特定地域から特定の職業に秀でた人材が集中して輩出される傾向を見出し、地域ごとに周辺地域の需要にあわせて人材を育成供給する移動戦略の視角を提示する。

同時に、スキナーは、時間的視座からも、移動戦略では特定地域の人々が特定の職業的能力を高め、これが代々継承されていくことで地域ごとの職業的差違が明確化されるという見方を示す。スキナーが主張する移動戦略は、滞在型の出稼ぎ労働者を前提としているが、この考え方は、移動戦略の延長として新天地開拓を見越した移住活動にも適応が可能であろう。ただし、こうした特定の職業分野への特化を、移住のための戦略、即ち移住戦略の方法として捉え直すのであれば、そこには故郷からの出稼ぎ労働者の供給に頼るのではなく、移住先における習熟した技術を持つ人材の再生産が不可欠となり、新たに技術移転の必要性が生じる。

スキナーが提示する、特定地域における特定分野に特化した職業の選択を周辺地域との関連性の中に位置付けて移動戦略とみなす視角は、天然資源の開発と社会変動が生起した明・清代雲南という辺疆地域における移住活動を考察する上でも極めて有効となるであろう。そして、移住活動において特定分野の職業への特化を軸に据えた移住戦略を周辺地域に展開することは、必然的に出身地域と移住先を媒介する技術移転がその新たな関数として加わってくることを意味するのである。

第二節　雲南の漢人移民史における諸問題

ここまで地域開発から移住への一連の歴史的流れに関連して、先行研究からその成果と課題を抽出・整理してきたが、そこから見えてきた地域社会の実態とは、絶えず脱皮を繰り返しながら変質し続け、最終的には外界へと羽ばたいていく姿であった。このような地域が辿ってきた歴史を目の当たりにした時、果たして王朝主導型移住によって中華世界の周辺に誕生した漢人社会を、数世代に渡り同じ土地に留まり続けることを前提として、単なる土着民との文化変容や融合を進展する、あるいは後発的移民によってやむなく他所へと押し出される、といった他律的かつ静態的存在として理解してよいのであろうか、実の所、王朝主導の植民社会も時間の経過とともに自律性のある動態的存在に変質し、民間主導型移住の事例に見えるように外界へと飛び出していったのではないか、という疑念が自ずから生じるであろう。

そこで、本書では、こうした疑問に答え、王朝主導型移住によって誕生した社会が辿った歴史的経過を明らかにするべく、中国の辺疆地域に当たる雲南省、そして、その中でも雲南省南部に位置する石屏県に注目することとする。

具体的には中華世界の拡大というダイナミックな動きの中で、ほんの一部をクローズアップしながら、分析を加えていくという作業となるが、それでは、中華世界の周縁部の中でも何故に雲南省でなければならないのであろうか。そこには、こうした王朝主導型移住を研究対象として扱う上で雲南省がそれに適した歴史的条件を備えているという事情が挙げられる。即ち、雲南省では、元代以前において土着政権である南詔国や大理国があり、非漢人の世界が広がっていたが、明代になると屯田設置を通じて王朝主導型移住が実施され、故郷から隔離された形で漢人社会が現れることとなった。言い換えれば、非漢人の世界に突然漢人社会が出現することとなったのである。雲南省は非漢人の世界であったが故に、漢人社会の成立から移住までの一連の過程を知るためのモデルケースとなるにふさわしい条件を充たしていたといえよう。加えて、言語習慣において周辺地域に居住する非漢人と漢人移民との間に大きな差異が存在し、地元社会との関係性構築を検証するための格好の研究対象ともなりうるのである。また、雲南省にはこうした課題を検証していく上で有利な条件が揃っている。まず漢人移民の歴史が明代以降という時間的に浅い故に、ある程度歴史史料から彼等の足跡を辿ることが出来、その歴史を復元しやすい。さらに、雲南省では、漢人移民と非漢人である土着民との間でしばしば摩擦が生じてきたため、両者間の関係性を記した史料が比較的多く残されている。そして、こうした諸条件が揃う雲南省の中でも本書のテーマの中心となる石屏県は、明代初めの軍事移民による入植を起点とし、清代には雲南南部の非漢人地域を中心に大規模な移住活動を展開し、清末民国期には雲南の経済に大きな影響力を持つに至るという極めて特徴的な歴史を持ち、加えて知識人が多数輩出されたことからも比較的史料にも恵まれており、王朝主導型移住の歴史的経過を復元する上において最もふさわしい対象地域といえる。即ち、雲南省の中でも代表的な移民の故郷である石屏県を題材とすることで王朝主導型移住を契機として形成された漢人社会が、如何にして周辺地域に移住活動を展開していったかを検証することが可能となり、中華世界の拡大のメカニズムに迫る一助となりうるのである。

それでは、続いてこうした雲南が辿ってきた歴史を簡単に紹介しつつ、雲南の漢人移民史を中心とした研究成果を踏まえながら、本書の意義を位置付けることとする。

現在の中華人民共和国の行政区で雲南省と区分される地域には、七世紀末から一三世紀半ばまで南詔国、大理国、後理国などの非漢人政権が存在したが、一二五三年にクビライ率いる元朝の進軍により後理国が征服されたことで、その政治的独立性が失われた。続いて、駅伝の整備にともない、雲南世界は大都を中心とする中華世界と直接連結するに至り、次代以降の漢人移民の流入ルートが準備された。そして、最後に一二七四年、クビライの命を受けた賽典赤（サイイド・アジャッル）によって雲南行省が設置され、世襲制の州県支配廃止、水利事業による耕地拡大、戸口調査の実施、学校建設などの文化政策の充実などを通して支配が強化されるに至り、中華王朝の版図に組み込まれる地均しが整えられ(51)、続く明朝初期には、元朝残存勢力に対する明朝の討伐軍の派遣をきっかけとして漢人移民の本格的な入植が開始され、雲南への漢人進出が幕を開けることとなる。

明初、洪武帝の命により雲南平定の任を受けた沐英は、元朝残存勢力に対し優位に戦いを進めていたが、雲南東北部における土着民の相継ぐ反乱に時間を費やし、慢性的な軍糧不足に陥った。そこで、この問題を解決するべく、屯田を設置し(52)、省内の要地や交通路沿いに軍隊を駐留させ、水利事業を推進し、食糧生産体制を整えようとした(53)。その後も駐留軍は雲南の安定統治のため引き続き留まり続けることとなり、耕地開発を行ないながら、次第に定着するようになった(54)。これら雲南に設置された屯田の数や位置については方国瑜の研究に詳しい(55)。ただし、こうした明代における漢人の移住は、基本的に平野部に限られていた。ちなみに本書では、便宜上、屯田にともなう移民のことを軍事移民とし、経済的要因を主として移住する者を経済移民と呼ぶこととする。軍事移民はカテゴリーとして最初に述べた王朝主導型移住の一形態に、経済移民は民間主導型移住の一形態に、それぞれ含まれる。

清朝期に入ると、平野部に限られていた漢人移民の居住地にも変化が生じ始める。まず、一八世紀初めに雲南では鉱物資源の開発が本格化し、鉱山労働者として省外から多くの漢人が雲南の山地部に入り込んだ。楊煜達は、銅の埋蔵量で圧倒的規模を誇った滇東北の銅山開発について環境変遷との関連で論じている(56)。

加えて、一八世紀後半には、大規模な漢人流入の波が雲南を襲い、当地に急激な社会変化をもたらした(57)。即ち、新大陸産作物の伝来が引き金となり、全中国規模で人口爆発が起こり、大量の漢人移民が新たな生活の場を求めて、中国周辺地域に溢れ出たのである。こうした人々は、厳しい環境下でも生育可能であったトウモロコシ・サツマイモ・落花生・ジャガイモなどの新大陸産作物を携え、それまでほとんど手付かずであった山地部にも次々と入り込み、積極的に耕地の開拓を進めた(58)。これら新作物の雲南における普及と定着に関しては、李中清の研究に詳しい(59)。さらに、李中清は明・清時期を中心に中国西南部における国家政策と社会経済の関連性を論じる。即ち、厖大な地方誌と档案史料に基づく定量分析を通して、雲南の人口増加は、明代では雲南中部における官による農業開発が原動力となったが、清代になると鉱山開発や商工業の発展が多くの移民を引き付けたことを明らかにした。また、こうした時間軸にともなう変化に加え、空間的な移動に関しても重要な指摘をしている。つまり、雲南府・大理府・東川府などの経済の中心を中心区、それ以外を辺縁区と設定し、人口データが比較的整っている一七七五年から一八二五年までの人口増加率をそれぞれ試算する。そして、一九世紀前後の両者の間に存在する増加率のピーク時の差異から、それまで工業の発展と都市の拡大がもたらされた中心区から辺縁区に新たな土地を求めて多くの人が移動したという結論を導き出すのである(60)。

また、大量の漢人移民に関する影響について、野本・西川が、現地で得た碑文に基づき、急激な山地開発による森林破壊の進行と、水源や森林資源の急速な喪失という生態環境の変化と絡めながら、漢人移民と土着民の間に対立が生まれた経緯を明らかにする(61)。このほか、楊偉兵は、膨大な史料に裏付けられた定量分析に加え、現地調査から獲得された知見に基づき、清朝期を中心とした雲貴高原の環境の変遷を通史的に読み解いていく中で、土地利用の変化から説き起こし、移民活動だけでなく、その受容器となる自然環境をも視野に入れ、両者の関係性の中に環境の歴史的変遷を位置付ける[62]。

このように、明代初期と清代中期という二度にわたる漢人の大規模移住の波浪を経ながら、雲南では漢人と非漢人の混住状態が形成されることとなったのである。

1　漢人と土着民の関係性

元来、非漢人が多数を占めていた雲南では、王朝支配において土着民との安定した関係性の構築が大きな課題であった。明朝や清朝などの中華王朝は、非漢人である土着民が居住する地域に対しては、土着の首長に官職を与え、形式上王朝側に帰順させる一方、世襲を認めて自治を任せるという間接支配を行なった。こうした体制は土司制度と呼ばれる。ただし、しばしば一括りに称される土司であるが、兵部に属す土司と吏部に属す土官に大きく分類される[63]。また、こうした土司制度は土司側からすれば、中華王朝の権威を利用して自らの地位を高め、領地を管理統治するのに都合がよく、両者にとって互いに利点があった[64]。このように雲南省の特色は、中華世界の周縁部に位置し、明・清以降、常にこうした非漢人である土着民の統治、或いは自治を巡り、王朝側と非漢人側での綱引きを繰り返す中、次第に中華世界に組み込まれていった点にある[65]。次にこうした漢人移民を受容する側となった土司および土着民と漢人移民の関係性に関連する諸研究を回顧しつつ、これまでの成果と課題を整理していくこととする。

土司の管轄地域への漢人移民の流入に関して参考となるのが、太平天国へとつながる広西移住民社会を対象とした菊池秀明の研究である。菊池は、新興移民である客家・明代の軍事移民・壮族の三者が、それぞれ経済的あるいは社会的上昇と下降を経て、再編され、格差と矛盾を生み出していったと分析した上、この過程で科挙身分の獲得が重要な役割を果たし、科挙合格者を中心に形成されたエリート層との関係構築の有無を軸として社会的身分が決定され、排除された側が太平天国へと向かっていったことを明らかにする。この中で菊池は土着民である壮族について、改土帰流で力を失った土官は科挙身分を獲得し、最終的に「漢化」への道を辿り、その他の多くの人々がエリート層から排除されて太平天国軍に加わったと指摘している。(66) 広西の例では土着の首長がほとんど力を失い、土着民は二分化するに至ったが、雲南では土司が実態として影響力を保持しており、地元社会での漢人移民の活動を検討する上においては、土司との関係性の構築は重要な課題となる。

このほかに、片山剛は、広東の珠江デルタの平野部に焦点を当て、唐代から清代までの一〇〇〇年間のスパンで「非漢族」世界から「漢族」世界への転換プロセスを検討している。(67) 片山は、デルタ地帯において、稲作を行なうタイ系の人々と、北方からの「漢族」移住者を中心に形成される人々とを対象として、戸籍記載や正規の税量負担などの王朝側制度の受け入れを「漢族」の基準として、時間軸に沿って両者が「漢族」と「非漢族」にそれぞれ収斂されていく様子を明らかにし、この過程で明朝の里甲制が後世に至るまで両者を分ける重要な基準であり続けた事実から、「漢族」形成に際して王朝制度を考慮する必要があることを指摘した。こうした片山の研究は土司を通した間接支配を行なう雲南においても王朝側の土司に対する政策に注視する必要があることを喚起している。

また、雲南省内の漢人移民と土着民の関係性に関しては、外界との交流が盛んとなる一八世紀以降を中心として多くの研究がある。例えば、雍正年間のシープソンパンナー王国を対象とし、その直轄地化を論じたクリスチャン・ダニエルスは、清朝による介入を許した原因として、茶山が生み出す利益をめぐって漢人商人と山地民との対立、さらにはこれに対する地元土司の無策があったことを指摘している。(68) また、中緬国境のラフ族の政治的統合を検討した片岡樹は、漢人移民の流入によって土地資源の不足と土着農民の窮乏化が起きた一方で、焼畑民の定住化を促し、政治統合を可能とする条件が整えられたことを論じる。(69) このほか、永北リス族蜂起を題材とした武内房司は、漢人移民によって森林伐採やシイタケ栽培が大規模に進められ、焼畑を営む先住民の生業空間が奪われ、次第に蜂起へと追い込

まれていった過程を見事に描き出した。(70)

これら研究は、清代以降雲南に移住してきた漢人移民と土着の山地民の間で生じた矛盾をそれぞれの地域の事情に即して明らかにしているが、山地部の土司管轄地域に流入する存在という文脈で論じられてきたこともあり、漢人移民が一方的に入植し土地所有や資源開発を積極的に進めていく中で、これに反発する非漢人という構図で描かれ、どうしても両者を対立的にとらえがちとなり、受容する側である非漢人から見た漢人移民との関係性については十分に考慮されてこなかった。しかし、一九世紀の雲南において、漢人移民に対する非漢人の反乱が相継いだ反面、省内すべての地域で起こったわけではなく、そこには反乱に至った地域とそうでない地域が併存しており、両者の差は、地元社会における漢人と非漢人の関係性の相違にあったと考えられる。従来の両者間の対立関係に注目した研究に、反乱に至らなかった地域の研究を加えることでより包括的に両者の関係性をとらえ直す必要がある。

最近、こうした二項対立的な捉え方からは一線を画した研究成果が、徐々に現れつつある。例えば、ギエッシュ(C.Patterson.Giersch)は、アメリカ原住民と欧米人開拓者の交流の歴史から考え出されたミドルグランドというモデルを雲南南部地域の分析に援用することで、従来の一般的な考え方である両者間の対立、あるいは漢化に象徴される一方的な融合という枠組みを超え、漢人移民と土着民が雑居する過程で通婚を繰り返し、服装が混ざり合い、言葉も相互に理解しあう一種の「中間地帯」が生成されたとする。(71) また、北ベトナムを例として、岡田雅志は、一八世紀に鉱山開発にともない入植した漢人移民が時間の経過とともに自らの村落を形成し、棲み分けを行なうに至った事実を明らかにする。(72) 同様に北ベトナムに関して、武内房司は、現地の土司が湖南商人を囲い込み、その成果を吸収することで利益を確保していた事実に注目し、(73) 両者が利益を介して結び付いていたことを指摘している。このほか、台湾においても冒険商人である番割を介して土着民と漢人が結び付いていたことが林淑美や菊池秀明の研究から明らかにされている。(74) 本書においても具体的な事例の検討を通して、漢人移民の大量流入という巨大な社会変動の中で互いに利用しあう局面が生じていたことに言及し、得てして対立的図式で理解しがちであった両者の関係性を見直す一助としたい。

2　屯田設置の歴史的位置付け

前述したように雲南における漢人移民の大きな波として、明初の屯田設置にともなう軍事移民の入植と清代中期の人口爆発に起因する大規模漢人移民の流入が挙げられるが、これまでの雲南の漢人移民研究では、清代中期の漢人移民の規模と社会に与えた影響力に注目する余り、却って明代の屯田設置の歴史的意義についてほとんど議論されてこなかった。例えば、明・清時期の雲南の人口増加と経済発展の相関性の視点から明代の屯田設置を論じた李中清は、その意義について耕地開発による農産物の増産と結論付ける。(75) 同様に、元・明代雲貴高原の土地利用を論じた楊偉兵も、屯田設置の影響として平野部や交通路沿線における耕地面積の拡大を強調するにとどまる。(76) このほか、野本・西川は、屯田設置を契機として増加した人口が、清代中期の人口爆発を起因として流入した漢人移民によって飽和状態となった故郷から人口希薄地帯へと移住したとし、(77) 二度に渡る移住の波浪の相関性に言及したが、清代の漢人移民の大量流入にのみ注目するだけでは、本書の石屏県の事例に見られるような省内のある特定地域出身者が、雲南省のフロンティアにおいて抜きん出た勢力を築いた現象を十分には説明出来ない。これは、漢人移民の大量流入という短期的事象にのみその原因を求めるのではなく、長期的スパンでその特定地域の歩んできた歴史的過程を丁寧に掘り起こし、原因を探っていく必要があることを示唆している。

3　移住における交通路の意義

移住というテーマを扱う上で重要なのが、交通路の問題である。交通路の一般的な役割は、人の往来や物資の輸送、そして、これらを媒介とした政治・経済・文化など様々なレベルの交流の促進、さらにその結果として導き出される地域同士の結節に求められるであろう。しかし、移住というテーマから交通路の意義を問い直せば、異なる側面が現れる。最初にまず挙げられるのが、移住する際の実際のルートとしての役割であろう。西澤治彦は、移住は平面上を四方に向けて均一に広がっていくのではなく、特定のルートに沿って行なわれると説き、交通路の重要性を強調する(78)。次に、第一節で述べたように、資源の窮乏を梃子とする地域開発モデルにおいて、交通路の存在は、地域社会の移住を喚起する要素としての意味を帯びてくる。つまり、交通路は、周辺地域とのつながりを提供することで、時に地域社会に移住を引き起こす導火線の役割を果たすと同時に、実際に地域住民が移住を行なう上でのルートの役割を担うのである。さらに、こうした交通路を検討する上において、単なる距離の長短に加え、道路建設や河川航路開通などのインフラ整備にともなう運搬費用の変動も、移動や交易を考察する上で重要な要素となる。一二五〇年から一八五〇年までの中国西南地域の交通整備を分析した李中清は、運搬速度には変化が見えないが、清朝が銅山開発を契機に進めた交通インフラ整備により一七〇〇年以降運搬費用は下落する傾向にあり、これが大量輸送を可能にし、省内の輸送を活発化させたと結論付けている(79)。移住がしばしば経済活動と密接な関係を持っていることから、運搬費用の変動は使用される交通路の選択に大きな影響を与えるであろう。

このように多層的な意義を持つ交通路であるが、雲南の交通路についてはこれまで主に交易との関連性から研究が進められてきた。例えば、明・清時期の雲南省から外部世界に通じるルートに関しては、特に東南アジアとの交易を中心に論じた陸韌の先駆的研究がある(80)。また、清代雲南の交通路の開発については藩向明が、清朝領内における経済交流の視角からその実態を明らかにしている(81)。一方、雲南省内のルートに関しては栗原悟が商業との関連性からその全貌に迫る(82)。これら研究は、ともに交通路の経済交流の側面に注目し、交易ルートとしての役割の重要性を明らかにしており、移住に使用されたルートを比定する上でも多くの情報を提供する。

　また、これら交易の視点からルートの状況を概括的に解明する研究に対して、近年、雲南省周辺の経済圏とのつながりをも視野に入れて交易ルートをその中に位置付けようとする研究が出てきた。一九世紀半ば以降の雲南と東南アジアを結ぶキャラバンに焦点を当て、交易品やルートの詳細を明らかにしたヒル（Ann Maxwell Hill）は、東南アジアにおける近代国際貿易の発展、後背地の開発をともなうバンコクやラングーンなどの大都市の発達にともない、こうした隊商貿易が国際的な海洋貿易と次第に結びついていったとする[83]。また、一九世紀末の雲南南部の茶と塩の交易を対象として論じた増田厚之・加藤久美子・小島摩文は、交通手段として馬や牛を駆使することにより、四通八達の交易ルートで周辺各地と結び付き、このネットワークは、ヨーロッパ諸国の東南アジア植民地化により、一層その広がりを見せるとする[84]。ギエッシュは、さらに一歩踏み込み、主要交易ルートの歴史的変遷とそれにともなう経済圏の変化を論じる。即ち、清朝半ばに雲南が銅の移出とビルマ産綿の輸入を通して華南や東南アジアと繋がり、一九世紀後半の雲南西部を中心とした回民反乱によって交易ルートが変化したのを契機に、経済交流の中心が雲南東部へと移動し、元江（＝紅河）の水運を利用した茶・錫・阿片の輸出によって中国沿岸の経済圏に取り込まれたと指摘する[85]。ギエッシュは、外部世界との経済交流という点から、雲南という枠組みが交易ルートを媒介として、時間軸に沿って変化しつつあることを明らかにするとともに、雲南のアクセス対象となる外界の経済圏を選択決定する要素として、交易ルートの存在に注目したのである。このように交易ルートは、関係する経済圏を左右させるほどの存在であり、このことは、交易ルートがスキナーの唱える移動戦略を展開する上での周辺地域を規定する要素となりうることを意味し、ひいては本書のテーマである移住戦略にも深く関わってくることを示唆している。また、結果として交易ルート成立によって相互作用として引き起こされる雲南経済や周辺部への影響にも注意を払う必要があるであろう。

　ここで本書での課題を整理して示せば、①王朝主導型移住を起点とする漢人社会が辿った地域開発のプロセスを雲南省石屏県という舞台で復元すること（第一章）、②移住戦略を実践する上で規定要素として働く周辺地域の状況、さらにそれら周辺地域とを結び付け導火線の役目を果たす交通路を、石屏を取り巻く一帯で解明すること（第二章）、③非漢人地域という中国周辺部という場で、石屏出身の漢人が展開した移住戦略を描写すること（第三章～第五章）、④最後に全体を通じて、王朝主導型移住の意義について雲南省石屏の漢人社会という一事例の検討を通して、中華世界拡大のメカニズムを問い直すこと（終章）の四点にまとめられる。そして、これら課題点を踏まえつつ、（1）石屏出身の漢人の移住活動を通して移住先における漢人と非漢人の関係性に関する実態解明（2）雲南における明代の屯田設置について、歴史的経過の検討を通じて、新たに意義付けを行なうこと（3）石屏漢人の外地での経済活動が雲南経済にもたらした変化、さらにそれによって引き起こされた世界市場との関連性など、これらの雲南に関する諸問題についても随時解答を導き出していく予定である。

最後に本論に入る前に、石屏漢人の移住戦略を理解する上でのキーワードとなる「技術移転」と「資源」という用語について若干の説明を加えておく。技術移転とは、技術自体と、その技術を使いこなす技能、両方を他地域へ移植する行為を指す。これは、時間軸で見れば、移転・定着・普及というプロセスを辿る。ただし、技術の移転と定着・普及は、本来異なった二つのプロセスであり、技術・技能が移転されたからといって、すぐに定着・普及するわけではなく、移転先でそれを支えるための技術・技能を有する職能集団が育成され、再生産されていく必要がある。こうしたプロセスを中国の製糖技術が、琉球や東南アジアのシャムおよびマレー半島に移転された事例で見てみると、シャムやマレー半島では、技術と技能を持った中国移民の技術者によって一連の製糖作業が担われたため、現地への技術移転は定着・普及段階に達することなく、移民の供給が停止すると、中国の技術を用いた砂糖製造も中断した。これに対し、琉球王国は官吏を直接中国福建に派遣して学ばせ、技術と技能を身につけさせたため、一連の技術の移転・定着・普及が短期間に行なわれた。(86) 技術移転が移住戦略に組み込まれるケースを想定するのであれば、移住先においても少なくとも移転・定着の段階に到達する必要があろう。

また、もう一つのキーワードである資源という言葉であるが、様々な意味が含まれており、一言で説明をすることは難しく、敢えて定義すれば、人間の生産活動に役に立つあらゆる事物といえよう。本書で言及する資源は、大きく三種類に分類される。第一種が一般的に世間で資源と認識されている天然資源である。これには、土地資源・鉱物資源・水資源・森林資源などが含まれる。第二種が、人的資源である。人的資源とは、具体的にはある方面に優れた能力を持つ人材を指す。そして、最後の第三種が、本書の読み解く上で最も重要となる知識資源である。(87) この中には、移住戦略を実践する上で基軸となる各種の技術・技能が含まれる。こうした技術・技能は移転が繰り返される中で、移住先となる現地社会の政治・経済・社会の環境に合わせて、担い手である移民による取捨選択や工夫が施され、時には新たな技術や技能が生み出されるなど、絶えず内容に変更・修正が加えられながら、移住活動を継続的に支えていくのである。このようにすでにある技術・技能が、工夫や応用を加えられ、新しく生み出される技術・技能の基礎となることで、資源として機能するのである。

註

（1）現代中国では一般的に漢人のことを漢族、その他の漢族以外の民族のことを少数民族と呼称する。しかし、この分類方法は中華人民共和国によって行なわれた民族識別工作に基づいており、多分に政治的要素が含まれ、必ずしも彼等の実態を反映しているとはいえない。そこで、本書ではより正確を期するため漢人と非漢人という用語を用いて表記することとする。

（2）加藤繁　一九三〇「宋代の戸口を論じて其前後の変遷に及ぶ」（矢野仁一・石田幹之助等著『東洋史講座　第拾四巻』一―三一頁）。後に、加藤繁　一九五三『支那経済史考証』（巻下、三一七―三三六頁）に所収。

（3）青山定雄　一九三六「隋唐宋三代に於ける戸数の地域的考察（一）」（『歴史学研究』六（四）、五九―九四頁）および青山定雄　一九三六「隋唐宋三代に於ける戸数の地域的考察（二）」（『歴史学研究』六（五）、四九―七四頁）を参照。

（4）横田整三　一九三八「明代に於ける戸口の移動現象に就いて（上）」『東洋学報』二六（一）、一二一―一六四頁。

（5）Ping-ti Ho, *Studies on the Population of China, 1368-1953*, Harvard University Press, 1959.

（6）郭松義　一九八四「清代的人口増長和人口流遷」『清史論叢』五、一〇三―一三八頁。
（7）姜濤　一九九八『中国近代人口史』、二一三―二三五頁。
（8）漢人移民に関する先行研究について網羅的に整理した研究としては、西澤治彦　一九九二「村を出る人・残る人、村に戻る人・戻らぬ人」（可児弘明編『シンポジウム　華南―華僑・華人の故郷』一―二三頁）・斯波義信　一九九二「中国移住史のなかの華僑」（可児弘明編『シンポジウム　華南―華僑・華人の故郷』一三三―一四二頁）・斯波義信　一九九二「移住と流通」（『東洋史研究』五一（一）、一三一―一四六頁）がある。また、九〇年代以降の研究に関しては砺波護・岸本美緒・杉山正明編　二〇〇六『中国歴史研究入門』第9章清代（二三三―二三五頁）および第10章近代（二五三―二五四頁）に詳しい。
（9）Herold J. Wiens, *China's March toward the Tropics: A Discussion of the Southward Penetration of China's Culture, Peoples, and Political Control in Relation to the Non-Han-Chinese Peoples of South China and in the Perspective of Historical and Cultural Geography*, Shoe String Press, pp.168-186, 1954. ヘロルドは、王朝主導型移住の代表的事例である屯田に関しては、土着民の攻撃などによりしばしば命の危険に晒されるなどし、農業活動は阻害され、その多くが逃亡するに至ったと否定的な見解を示している。
（10）斯波義信　一九八八『宋代江南経済史の研究』。
（11）上田信　一九八三「地域の履歴―浙江省奉化県忠義郷」『社会経済史学』四九（二）、三一―五一頁。
（12）本田治　二〇〇八「明代寧波沿海部における開発と移住」『立命館文学』（六〇八、一六九―二〇五頁）および本田治　二〇一〇「清代寧波沿海部における開発と移住」『立命館東洋史学』（三三、一―四七頁）。
（13）本田治　一九八四「宋元時代温州平陽県の開発と移住」『佐藤博士退官記念水利史論叢』（二一三―二三六頁）および本田治　一九九六「宋代温州における開発と移住補論」『立命館東洋史学』（一九、一―一三頁）。
（14）塚田誠之　二〇〇〇『壮族社会史研究―明清時代を中心として―』一八九―二四〇頁。
（15）瀬川昌久　一九八二「村のかたち：華南村落の特色」『民族学研究』四七（一）、三一―五〇頁。

(16) 渋谷裕子 二〇〇〇「清代徽州休寧県における棚民像」（山本英史編『伝統中国の地域像』二一一—二五〇頁）。

(17) 山田賢 一九九五『移住民の秩序』。

(18) James Lee, *Migration and Expansion in Chinese History*, in. William H.Mcneill and Ruth S. Adams(eds.), Human Migration: Patterns and Policies,Indiana University Press, 1978, pp.20-47.

(19) John E. Herman, *Amid the Clouds and Mist : China's Colonization of Guizhou, 1200-1700*, Harvard University Asia Center, 2007, pp. 117-143.

(20) Richard Von Glahn.*The Country of Steams and Grottoes: Expansion, Settlement, and the Civilizing of the Sichuan Frontier in Song Times*. Cambridge: Council on East Asian Studies, Harvard University Press, 1987.

(21) 葛剣雄 一九九七『中国移民史』第一巻、七六—八一頁。横山廣子 二〇〇一「雲南省大理ペー族地区に移住した漢族—明代軍屯に由来する人々」（塚田誠之・瀬川昌久・横山廣子主編『流動する民族：中国南部の移住とエスニシティ』一七五—一九九頁）。

(22) 野本敬・西川和孝 二〇〇八「漢族移民の活動と生態環境の改変—雲南から東南アジアへ—」（秋道智彌監修、クリスチャン・ダニエルス責任編集『論集モンスーンアジアの生態史—地域と地球をつなぐ—第2巻地域の生態史』一五—三四頁）。

(23) 菊池秀明 一九九八『広西移民社会と太平天国』二二三—二八九頁。

(24) 傅衣凌 一九五六『明清時代商人及商業資本』。

(25) 前掲 斯波義信『宋代江南経済史の研究』。

(26) 斯波義信 一九七八「唐宋時代における水利と地域組織」『星博士退官記念中国史論集』六一—八八頁。前掲 斯波義信『宋代江南経済史の研究』。

(27) 片山剛 一九九三「珠江デルタ桑園囲の構造と治水組織：清代乾隆年間～民国期」『東洋文化研究所紀要』一二一、一三七—二〇九頁。片山剛 二〇〇六「中国史における明代珠江デルタ史の位置—〝漢族〟の登場とその歴史的刻印」『大阪大学大学院文学研究科紀要』四六、三七—六四頁。松田吉郎 一九八一「明末清初広東珠江デルタの沙田開発と郷紳支配の

形成過程」『社会経済史学』四六（六）、五五―八一頁。

(28)　桜井由躬雄　一九八七「ベトナム紅河デルタの開拓史」『稲のアジア史　第二巻　アジア稲作文化の展開―多様と統一―』二三七―二七六頁。

(29)　前掲　上田信「地域の履歴―浙江省奉化県忠義郷」。

(30)　上田信　一九八四「地域と宗教―浙江省山間部―」『東洋文化研究所紀要』九四、一一五―一六〇頁。

(31)　前掲　本田治「明代寧波沿海部における開発と移住」および前掲　本田治「清代寧波沿海部における開発と移住」を参照。

(32)　北田英人　一九九九「稲作の東アジア史」『岩波講座　世界歴史9　中華の分裂と再生』一六一―一八六頁。

(33)　足立啓二　一九八七「宋代以降の江南稲作」『稲のアジア史　第二巻　アジア稲作文化の展開―多様と統一―』二〇三―二三四頁。

(34)　周藤吉之　一九六二「南宋稲作の地域性」『宋代経済史研究』七三―一三八頁。周藤吉之　一九六二「南宋に於ける麦作の奨励と二毛作」『宋代経済史研究』二二五―三二〇頁。周藤吉之　一九六九「宋代浙西地方の囲田の発展―土地所有制との関係―」『宋代史研究』三〇五―四三六頁。

(35)　江南デルタ・シンポジウムで行なわれた議論の内容に関しては、渡部忠世・桜井由躬雄編　一九八四『中国江南の稲作文化：その学際的研究』にまとめられている。また江南デルタ・シンポジウムの研究上の意義については、大澤正昭　一九八五「蘇湖熟天下足―「虚像」と「実像」のあいだ」『新しい歴史学のために』一七九（後に同著一九九六『唐宋変革期農業社会史研究』第七章に所収）、および市村導人　二〇一一「宋代江南における農耕技術史の方法的検討」『仏教大学大学院紀要　文学研究科篇』（三九、八五―一〇二頁）に詳しい。

(36)　濱島敦俊　一九八二『明代江南農村社会の研究』第一部。

(37)　囲田・圩田の歴史的変化や水利については、前掲　濱島敦俊『明代江南農村社会の研究』第一部、濱島敦俊　一九九〇「明代の水利技術と江南地主社会の変容」（『シリーズ世界史への問い2　生活の技術 生産の技術』七五―一〇三頁）および濱島敦俊　二〇一二「江南デルタ圩田水利雑考―国家と地域―」（『中国21』三七、九五―一一二頁）を参考。

(38) 北田英人 一九八九「唐代江南の自然環境と開発」『シリーズ世界史への問い1 歴史における自然』一四一―一七四頁。
(39) 前掲 渡部忠世・桜井由躬雄編『中国江南の稲作文化：その学際的研究』第三章。
(40) 草野靖 一九七二「唐宋時代に於ける農田の存在形態―古田と新田―（上）」『法文論叢（熊本大学）』三一、七八―一〇五頁。こうした支谷・河谷平野に関して、草野靖は、低湿地帯の囲田などの「新田」に対して歴史的に古い「古田」が分布する地域と位置付けた。
(41) 足立啓二 一九八五「宋代両浙における水稲作の生産力水準」『文学部論叢（熊本大学）』一七、八〇―一〇〇頁。前掲 大澤正昭「蘇湖熟天下足―「虚像」と「実像」のあいだ―」。大澤正昭 一九八九「宋代「河谷平野」地域の農業経営について」『上智史学』三四、九九―一二七頁。
(42) 本田治 一九七五「宋代婺州の水利開発―陂塘を中心に―」『社会経済史学』四一（三）、一―二四頁。
(43) 本田治 二〇〇三「宋代の溜池灌漑について」『中国水利史研究』三一、三六―五三頁。
(44) Ping-ti Ho, *The Ladder of Success in Imperial China, Aspects of Social Mobility, 1368-1911*, Columbia University, Press, 1962.（寺田隆信・千種真一訳 一九九三『科挙と近世中国社会―立身出世の階梯』六五―一〇〇頁）。
(45) 于志嘉 一九九〇「明代軍戸の社会的地位について―科挙と任官において」『東洋学報』七一（三・四）、九一―一三一頁。
(46) 何炳棣の研究によれば、明朝の初めから数えて二世紀の間に、二代続けて三品以上の中央官僚を出すことが出来たのは三三の家族であり、このうち三代続けて三品以上の中央官僚を出したのは、三家族にとどまるとしており、一旦官僚となったとしても、その地位を代々保持するのは非常に困難であり、上昇下降ともに社会身分の変動が高かったといえる。Ping-ti Ho, *The Ladder of Success in Imperial China, Aspects of Social Mobility, 1368-1911*. op. cit.（前掲 寺田隆信・千種真一訳『科挙と近世中国社会―立身出世の階梯』一六八―一七〇頁）。
(47) 前掲 菊池秀明『広西移民社会と太平天国』。
(48) 斯波義信 一九六八『宋代商業史研究』四二一―四三五頁。
(49) 濱島敦俊 一九八六「明代中期の「江南商人」について」『史朋』二〇、四三―五八頁。

（50）G. William. Skinner, *Mobility Strategies in Late Imperial China : A Regional Systems Analysis*, in Carol A.Smith, ed., Reginal Analysis, Vol. I.Economic Systems.Academic Press, 1976, pp. 327-363.

（51）これら、元代雲南の動向に関しては、松田孝一 一九八〇「雲南行省の成立」（『立命館文学』四一八—四二一、四二一—四四二頁）および楊偉兵 二〇〇八『雲貴高原的土地利用与生態変遷（1659—1912）』（五二—五九頁）を参照。

（52）明朝の屯田は、兵制として採用した衛所制と密接に結びついていた。明代において戸籍は軍と民に分けられ、民戸は戸部に、軍戸は兵部にそれぞれ属し、民戸は州県の、軍戸は衛所の管轄下におかれた。衛所は、その最小単位を百戸所（一一二人）とし、その長を百戸と呼び、この百戸所を一〇集合したのが千戸所（一一二〇人）であり、その長を千戸とした。一衛とは、この千戸所が五つ合わさった五千戸所（五六〇〇人）で構成された集団のことを指し、その長官である指揮使によって統括された。そして、軍戸は全員屯田を支給され、基本的に自給自足をその宗としたのである。明代屯田の制度・組織・歴史的経緯については王毓銓 一九六五『明代的軍屯』に詳しい。また、松丸道雄・池田温・斯波義信・神田信夫・濱下武志編 一九九九『世界歴史大系 中国史4—明～清—』（一九—二〇頁）には屯田の組織について簡潔な説明がなされている。

（53）明軍の雲南平定戦と屯田設置の経緯については奥山憲夫 二〇〇三『明代軍政史研究』（一九九—二四〇頁）を参照されたい。

（54）屯田の軍丁を中心とする明代の漢人移民の流入に関しては江応梁「明代外地移民進入雲南考」（田方・陳一筠主編 一九八六『中国移民史略』五七—一〇九頁）を参照されたい。また、屯田設置によって進められた水利事業に関しては、于希賢 一九八一『滇池地区歴史地理』や辛法春 一九八五『明沐氏与中国雲南之開発』の研究がある。このほか、大理盆地の洱海周辺の移民による水利開発に関しては、Mark Elvin 等による研究（Mark Elvin, Darren Crook, Shen Ji, Richard Jones, and John Dering. *The Impact of Clearance and Irrigation on the Environment in the Lake Erhai Catchment from the Ninth to the Nineteenth Century*. East Asian History, 23, 2002, pp. 1-60）がある。

（55）方国瑜「明代在雲南的軍屯制度与漢族移民」（林超民編 二〇〇三『方国瑜全集』第三輯、一四五—二三二頁）。

(56) 楊煜達 二〇〇四「清代中期（公元１７２６—１８５５年）滇東北的銅業開発与環境変遷」『中国史研究』三（一〇三）、一五七—一七四頁。

(57) 方国瑜 一九八七『中国西南歴史地理考釈』一二二二—一二三三頁。

(58) 何炳棣 一九七八「美洲作物的引進、伝播及其対中国糧食生産的影響」（『大公報在港復刊卅周季紀念文集』大公報出版、六七三—七三一頁）および曹樹基 二〇〇一『中国人口史』（第五巻、清時期、二一四—二四三頁）。

(59) 李中清 二〇一〇「清代中国西南的糧食生産」『史学集刊』（秦樹才・林文勲訳）四、七二—七九頁。

(60) 李中清 一九八四「明清時期中国西南的経済発展和人口増長」『清史論叢』五、五〇—一〇二頁。李中清 二〇一二『中国西南辺疆的社会経済：１２５０—１８５０』九四—一六八頁。James Lee, *Food Supply and Population Growth in Southwest China, 1250-1850*, The Journal of Asian Studies Vol. 41, No4, 1982, pp. 711-746 ; James Lee, *The Legacy of Immigration in Southwest China, 1250-1850*, Annales de Démographie Historique, 1982, pp.279-304. これら欧文の研究論文に関しては、斯波義信氏（東洋文庫）のご厚意により閲覧させて頂いた。

(61) 前掲 野本敬・西川和孝「漢族移民の活動と生態環境の改変—雲南から東南アジアへ—」一五—三四頁。

(62) 前掲 楊偉兵『雲貴高原的土地利用与生態変遷（１６５９—１９１２）』。また、当該著書に関しては、野本敬（二〇〇九「批評と紹介 楊偉兵著『雲貴高原の土地利用と生態変遷（１６５９—１９１２）』『東洋学報』九一（三）、六八—七三頁）による書評がある。

(63) John E. Herman, *Empire in the Southwest: Early Qing Reforms to the Native Chieftain System*, The Journal of Asian Studies Vol. 56, No1, 1997, pp. 47-74. 龔蔭 一九九二『中国土司制度』五二—六三頁。

(64) 大林太良 一九七〇「中国辺境の土司制度についての民族学的考察」『民族学研究』三五（二）、一二四—一三八頁。

(65) ヘアマンの研究によれば、土司制度が開始された元朝期において土司はハーンとの個人的な主従関係を基礎としていたが、明代になると官僚制度の中に組み込まれることで公式的な関係性に変化し、さらに清朝期には、王朝が土司職の継承者の認定にも関与するようになり、王朝の拘束力がより一層増大することになったという。John E. Herman, *Amid the*

Clouds and Mist : China's Colonization of Guizhou, 1200-1700, op.cit., pp. 105-117 ; John E. Herman, *Empire in the Southwest: Early Qing Reforms to the Native Chieftain System*, op. cit.

(66) 前掲 菊池秀明『広西移民社会と太平天国』三四七—四四一頁。

(67) 前掲 片山剛「中国史における明代珠江デルタ史の位置—〝漢族〟の登場とその歴史的刻印」。

(68) クリスチャン・ダニエルス 二〇〇四「雍正七年清朝によるシプソンパンナー王国の直轄地化について—タイ系民族王国を揺るがす山地民に関する一考察—」『東洋史研究』六二（四）、九四—一二八頁。

(69) 片岡樹 二〇〇七「山地からみた中緬辺疆政治史—18—19世紀雲南西南部における山地民ラフの事例から」『アジア・アフリカ言語文化研究』七三、七三—九九頁。

(70) 武内房司 一九九二「清代雲南焼畑民の反乱—一八二〇年永北リス族蜂起を中心に—」『呴沫集』七、二七六—二八八頁。

(71) C. Patterson. Giersch, *"A Motley Throng:" Social Change on Southwest China's Early Modern Frontier, 1700-1800*, The Journal of Asian Studies Vol. 60, No1, 2001, pp. 67-94.

(72) 岡田雅志 二〇一二「タイ族ムオン構造再考：18—19世紀前半のベトナム、ムオン・ロー盆地社会の視点から」『東南アジア研究』、五〇（一）、三—三八頁。

(73) 武内房司 二〇一〇「地方統治官と辺疆行政—十九世紀前半期、中国雲南・ベトナム西北辺疆社会を中心に—」（山本英史編『東アジア海域叢書1　近世の海域世界と地方統治』一七一—二〇一頁）。

(74) 林淑美 二〇〇四「清代台湾の『番割』と漢・番関係」名古屋商科大学外国語学部編『Journal of Language, Culture and Communication』Vol6 (2)、八三—九六頁。　菊池秀明 二〇〇八『清代中国南部の社会変容と太平天国』。

(75) 前掲 李中清「明清時期中国西南的経済発展和人口増長」。

(76) 前掲 楊偉兵『雲貴高原的土地利用与生態変遷（1659—1912）』五九—七一頁。

(77) 前掲 野本敬・西川和孝「漢族移民の活動と生態環境の改変—雲南から東南アジアへ—」一五—三四頁。

(78) 前掲 西澤治彦「村を出る人・残る人、村に戻る人・戻らぬ人」『シンポジウム　華南—華僑・華人の故郷』一—一三三頁。

（79）前掲 李中清『中国西南辺疆的社会経済：1250—1850』七一—九三頁。

（80）陸韌 一九九七『雲南対外交通史』。

（81）藩向明 一九九〇「清代雲南的交通開発」（馬汝珩・馬大正主編『清代辺疆開発研究』三六四—三九三頁）。

（82）栗原悟 一九九一「清末民国期の雲南における交易圏と輸送網—馬幇のはたした役割について」『東洋史研究』五〇（一）一二六—一四九頁。

（83）Ann Maxwell Hill, *Merchants and Migrants : Ethnicity and Trade among Yunnanese Chinese in Southeast Asia*, Yale University Southeast Asia Studies, 1998, pp. 33-53.

（84）増田厚之・加藤久美子・小島摩文 二〇〇八「茶と塩の交易史—十九世紀以降の雲南南部から東南アジアにかけて—」（『論集モンスーンアジアの生態史—地域と地球をつなぐ—第2巻地域の生態史』五五—八〇頁）。

（85）C.Patterson.Giersch, *Cotton, Copper, and Caravans: Trade and the Transformation of Southwest China*, in Eric Tagliacozzo and Wen-chin Chang (eds.): Foreword by Wang Gungwu, Chinese Circulations : Capital, Commodities, and Networks in Southeast Asia, Duke University Press, 2011, pp. 37-61.

（86）クリスチャン・ダニエルス 一九九一「十七、八世紀東・東南アジア域内貿易と生産技術移転—製糖技術を例として」（濱下武志・川勝平太編『アジア交易圏と日本工業化1500—1900』七〇—一〇二頁）。

（87）知識資源と技術移転に関しては、クリスチャン・ダニエルス 二〇〇七「資源としての伝統技術知識」（内堀基光編『資源と人間 資源人類学01』七五—一〇八頁）を参照。

第一章　石屏盆地における土地資源の開発と限界

はじめに

本書の舞台となる雲南省石屏県は、雲南省紅河ハニ族イ族自治州に属し、雲南省の省都昆明より南へ約二五〇キロ下った地点に位置する（図1）。

この地は、雲南省から貴州省へ広がる雲貴高原の南縁部にあたり、西は元江（＝紅河）を挟んで哀牢山脈が横たわる起伏に富んだ土地であり、実に県の約九五パーセントが山地によって占められている。残りの約五パーセントが盆地からなる平地部であるが、このうち半分近くが赤瑞湖と異龍湖を含むその周辺部の石屏盆地に集中している[1]（図2）。雲南は多くの盆地とそれを取り囲む山々で形成されているが、石屏盆地は、相対的に雲南の中では小規模な部類に属する[2]。

本章では、こうした石屏盆地における土地資源の開発に着目し、明代初頭の入植初期における耕地開発の進展過程、そして、明代後半以降の官主導の大規模水利事業による低湿地開発や他産業の育成などの歴史を辿りながら、如何にして土地資源の効率化を図ったかを論じ、さらにこうした経験が後の移住活動に際して移住先の環境適応に有利な前提条件を形成したことにも言及したい。ちなみに、ここでいう官とは、具体的には王朝側の官僚を指し、これに対する用語として、地元漢人社会を意味する民間という言葉を使用する。

そこで、まず耕地開発を実施する上で密接な関連性を持つ石屏盆地の気候・地形・水系などの自然環境を紹介した

図1　雲南省全体図
典拠：譚其驤主編 1982『中国歴史地図集』清時期、地図出版社を参考に作成。

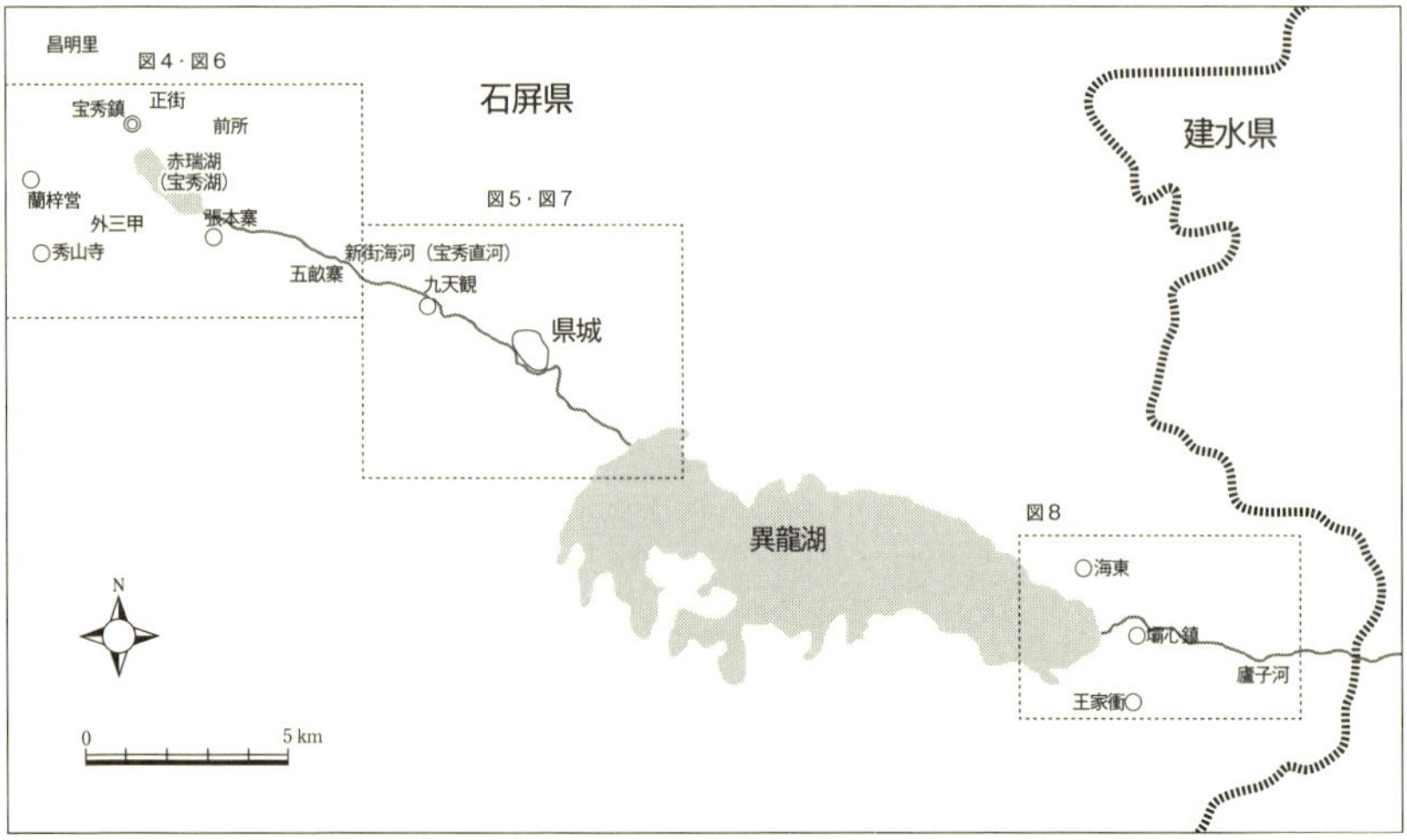

図2　石屏盆地図
典拠：雲南省測絵局編印 1990 年『石屏県地図』を参考に作成

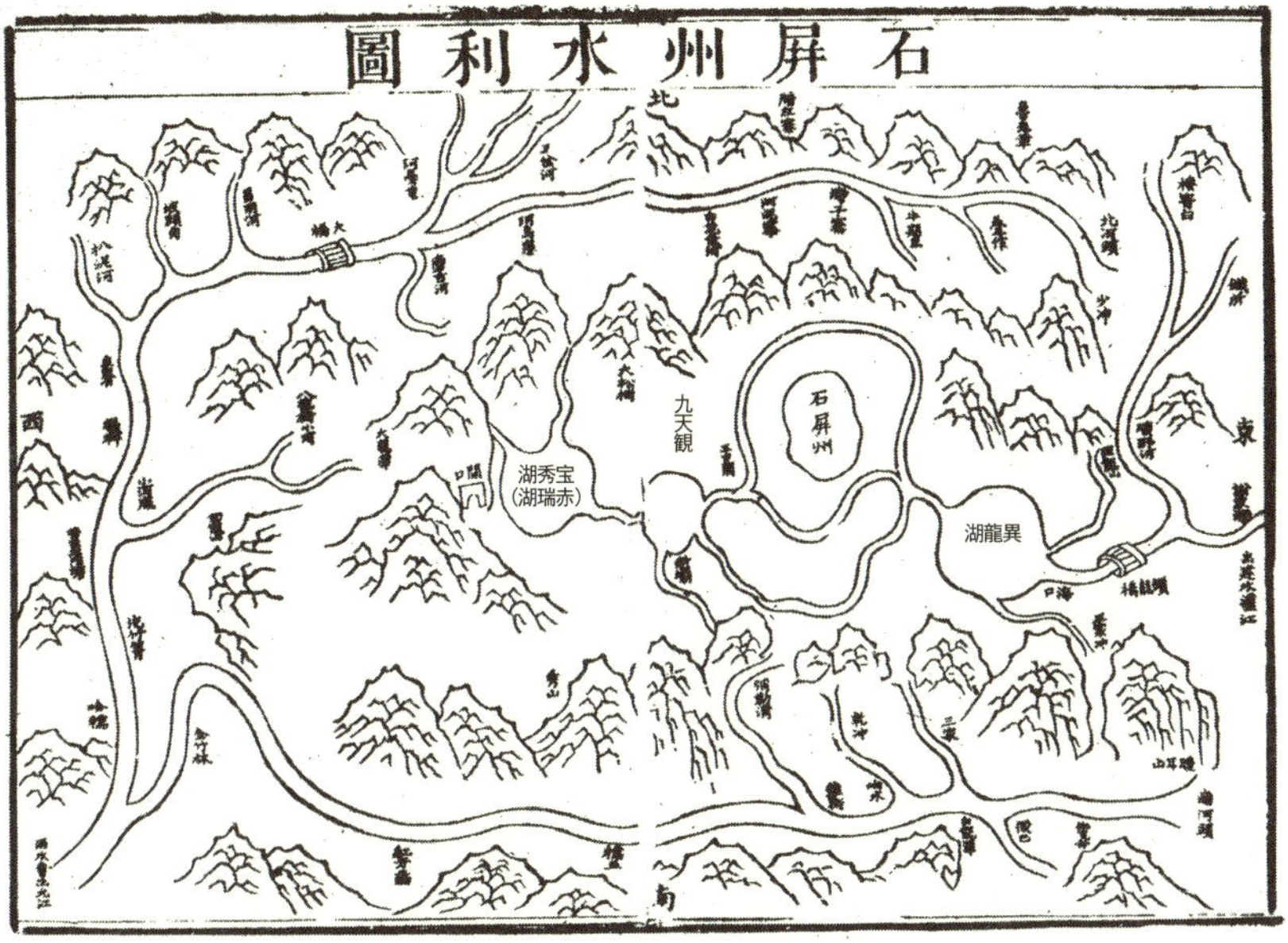

図 3　石屏州水利図

典拠：乾隆『石屏州志』巻 1　乾隆 24 年〔1759〕刊

上で、具体的に述べていくこととする。

石屏盆地は、亜熱帯気候に属し、年平均気温が一八度で、月別平均気温の最高が六月の二二・二度、最低が一月の一一・六度である。また、年間降水量は平均九二五・二ミリメートルで、年平均降雨日数が一三四日、そして、一般的に五月下旬から六月上旬にかけて雨季が始まる。したがって、石屏では秋冬の水不足と夏の淹水が水利上の最大の障害となる。

次に盆地内の地形についてであるが、県城（海抜一四二〇メートル）を中心にその西側に赤瑞湖（海抜一四二七．五メートル）、東側に異龍湖（海抜一四一四メートル）があり、西部から東部にかけてわずかに傾斜が存在する。そのため、盆地内の水系は、基本的に高所である西側から低所である東側に流れる仕組みとなっている。つまり、周辺の山々から流れ出る渓流や湧水が赤瑞湖に集まり、赤瑞湖から新街海河を通り、県城を迂回しながら異龍湖に流れ込む。さらに周辺の河川などから流れ込む水も吸収しながら、最終的に異龍湖東岸に位置する唯一の流出河川である蘆子河を通って建水県へ流れ出るという次第である(3)。こうした石屏の水系について、乾隆『石屏州志』巻一には若干の説明が加えられた上で、図3に見えるように水利図が付されている(4)。

こうした自然環境に鑑みて、石屏盆地の耕地開発を実施する上で、①周囲の山々から盆地中央に向けて水が流入する途中にあたる地域、つまり、山脚部や緩やかな傾斜のある平野部、②盆地の中央部に形成された平坦な平野部および湖沿の低湿地という環境条件に合わせて、①では自然の傾斜を利用した（1）溜池灌漑（2）流水灌漑などの重力を利用した自流灌漑が、②では（3）クリーク灌漑（4）湖田・囲田の造成などの各種水利技術が用いられる。それでは、こうした石屏盆地の水系を踏まえた上で次節以降の耕地開発を見ていくこととする。

第一節　明朝前半期の耕地開発と人口増加

石屏盆地の耕地開発は、漢人がこの地に進出してきた明朝の洪武年間に遡る。明の洪武帝の命を受けた征南将軍傅友徳・左副将軍藍玉・右副将軍沐英は、雲南攻略後、その経営を沐英にまかせ、撤退した。乾隆『石屏州志』巻二には、こうした経緯について次のように説明している(5)。

洪武一六（一三八三）年に傅友徳と藍玉は撤退し、沐英を雲南に残し、治めさせた。沐英は、僻地で兵が多く軍の費用を負担し続けるのが難しいのを心配し、屯田の設置を願い出て洪武帝の裁可を得た。沐英は宣寧侯金朝勳（宣徳侯金朝興のこと）と指揮僉事万徳を派遣し、臨安府の屯田を管理させた。そして、石屏には屯一六伍を、宝秀には屯一八伍を置き、田を遠征の将兵に割り当て、代々受け継がせた。

即ち、石屏盆地における漢人による経営は、沐英が兵士の食糧問題を解決するため、部下を派遣して石屏と宝秀にそれぞれ屯田を設置したことに端を発する。

1　明初の定住地域と耕地開発

王朝主導型移住である屯田設置を起点として石屏盆地における漢人経営は開始されたのだが、入植当初、盆地部の定住と耕地開発はどのように展開していったのであろうか。こうした明代初期の入植時の定住状態をうかがい知る上で、貴重な情報を提供してくれるのが石屏盆地に点在する集落名である。明代雲南の屯田設置に由来する集落には、しばしば当時の名残として「所」・「堡」・「営」・「屯」・「哨」などの文字がその名に含まれている。[6] ここでは、こうした特徴を手掛かりに、当時の集落の配置状況の復元を試みる。具体的には石屏盆地に見られるこれら漢字が含まれた集落名を、詳細な記録が残る乾隆『石屏州志』巻一「村寨」からピックアップし、これを一九三九年測量の『中国大陸五万分の一地図集成』上に表示していく。[7] そして、この作業によって作成した集落一覧表が表1であり、集落名を地図上に示したのが図4と図5である。ただし、乾隆『石屏州志』の中にその名前が確認出来、かつ地図上で間違いなく比定出来る集落に限定し、地図上に示すこととした。

表1を一見すると、集落の集中する地域が、宝秀盆地（図4）と州城周辺（図5）にほぼ大きく分けられる。そこで、

表1　集落名一覧表

	行政区域	集　落	備　考
1	城東外約保下	蘆柴営	
2	〃	左所	
3	南門外約保下	中左所	

4	〃	後所	
5	〃	呉家営	
6	城西	鄭家営	
7	〃	蔡家営	
8	〃	孫家営	
9	城北	万家営	
10	〃	簸箕営	
11	〃	旧符家営	
12	〃	新符家営	
13	宝秀前所約保下	前所	
14	〃	中所	
15	宝秀外三甲約保下	呉家営	
16	〃	盧家営	
17	〃	張家営	民国『石屏県志』（巻二、疆域志、村寨）に別名は蘭梓営とある。地図上では「張本寨」に比定。
18	〃	劉家営	
19	〃	小城営	地図上では「小成営」と記載。
20	〃	盤家営	
21	〃	楊家営	民国『石屏県志』（巻二、疆域志、村寨）には「大小楊家営の分有り」とあることから地図上の「大小楊営」に比定される。
22	附鉄廠保下	摸脚哨	

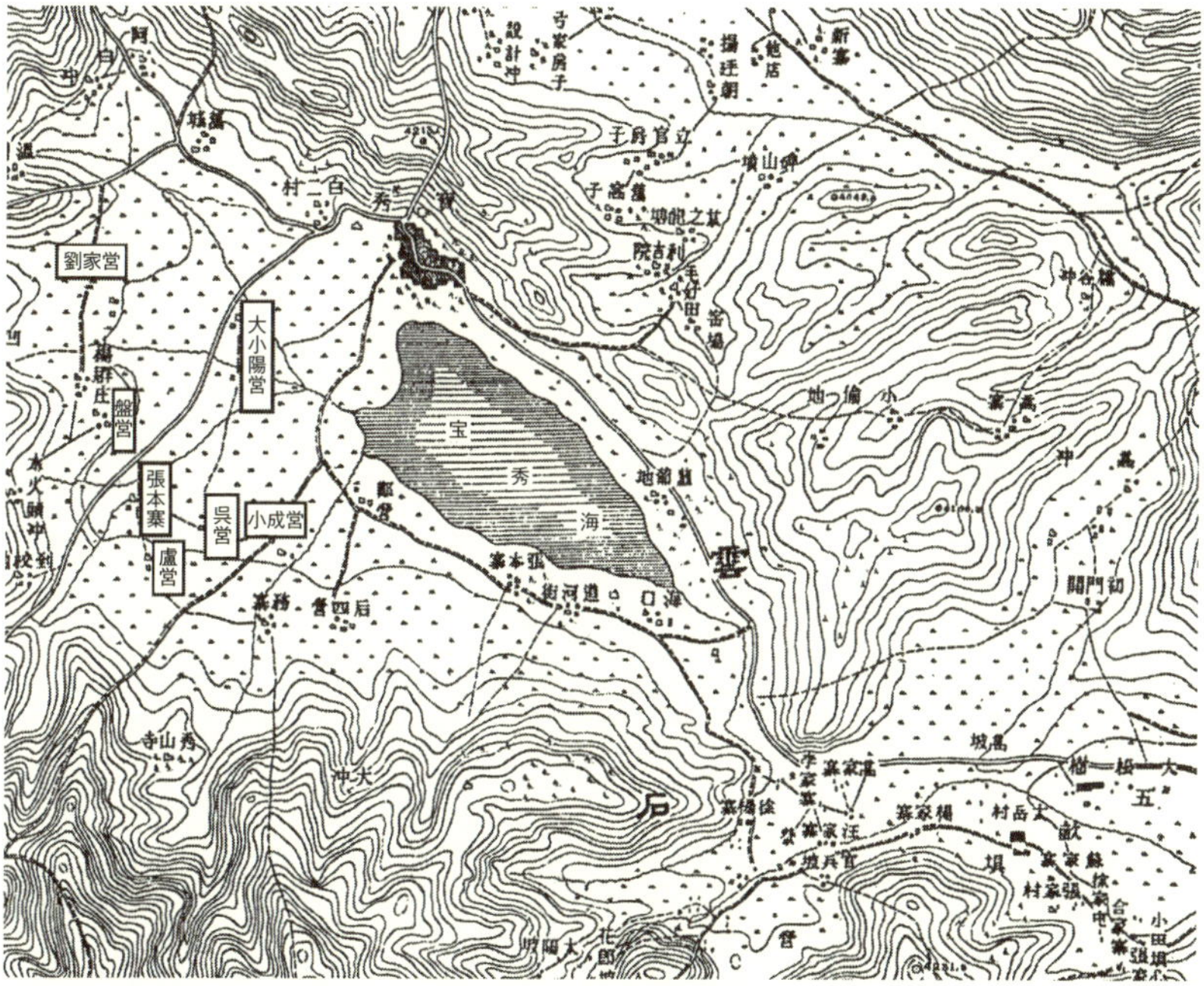

図4　宝秀盆地集落図

典拠：『中国大陸五万分の一地図集成』科学書院、1986-2002年。これは1938年に日本の軍事委員会軍令部陸地測量総局によって測図された縮尺5万分の1の地図である。ちなみに地図上に見える標高は正確な標高に2560m加えた数字である。

まず水系では上流域に当たる宝秀盆地における集落の分布状況から詳しく見ていくこととする。

宝秀盆地の地形的特徴は、図4に示されるように三方を高い山に囲まれ、唯一盆地の西側のみ平地が開かれている点にある。このため周囲の山々の水が渓流や地下水となり、盆地の中央に集中し、赤瑞湖（宝秀湖）を形成し、最終的に湖の東岸からより土地の低い県城方向へと流れ出るのである。このおかげで、赤瑞湖周辺では、周囲の山々から湖へ向かって流れ込む渓流から用水路などを使って水を田畑に引き込むだけで耕地開発が可能であった。現在、赤瑞湖南方の秀山寺に設置されており、嘉慶四（一七九九）年に立てられた「秀山寺封山育林碑」には、次のように記されている。[8]

元来宝秀の盆地の周囲にある山々

は、皆高く険しく、龍潭湧泉《いずみ》もなく、ただ山中から滲みだした水を引いて糧田を灌漑してきた。昔は木々が鬱蒼と茂り、山から水が滲み出し、その量も豊富で、稲作に適していた。

即ち、宝秀盆地周辺では、主として緩やかな傾斜による自然の重力を利用した流水灌漑による耕地開発が行なわれていたのである。こうした所与の自然環境を踏まえた上で、図4に見える宝秀盆地を概観した時、「営」という文字を含む集落が、居住に理想的な立地条件を持つ赤瑞湖西方の広い平野部に集中していることに気付くであろう。つまり、入植当初、平坦な土地が広がり、耕地開発が期待出来る宝秀盆地西南部に集落が多く形成され、宝秀盆地の周囲の山々から赤瑞湖に向かって流れ込む山中の水を安定的に灌漑に資することで耕地開発を進めたのである。赤瑞湖東部に位置し、張家営（地図上では張本寨と記載）と比定される石屏県宝秀鎮蘭梓営の小学校にある「蘭梓営清理納糧分水碑」には、こうした事実を裏付ける記述として、明初に雲南遠征に従事し、この地に住み着いた軍事移民の軍隊名簿が見え、彼等がやってきた由来や経緯、さらに土地の租税、水の分配なども記されている(9)。

では、続いて、もう一つの集落の集中地域である州城周辺部の状況について詳しく見ていくこととする。

図5で確認出来る「営」や「所」という名の集落の位置に注目すると、その多くが平野部の中央ではなく、平地と山地が接する山際、つまりあたかも州城を囲むかのように山脚部に沿って分布していることが分かる。これは、次節で詳述するように州城周辺は平坦で、引水には高い水利技術と大規模な水利事業が必要であり、必ずしも開発初期の段階では灌漑には適していなかったためである。その一方で、集落が集中する山脚部では、雨季に降った雨や山から染み出した水を、傾斜を利用して田畑に引く、或いは、貯水するという簡単な工事のみで、灌漑に資することが出来、多大な資本や労力を必要とせず、開発初期の土地としては最も適していた。当時のこうした貯水施設の一つとして、景泰『雲南図経志書』巻三には「楊柳壩」の名が見え(10)、そこでは「大小龍井」と呼ばれる湧水から溢れ出た水を貯め、灌漑に資したとある(11)。

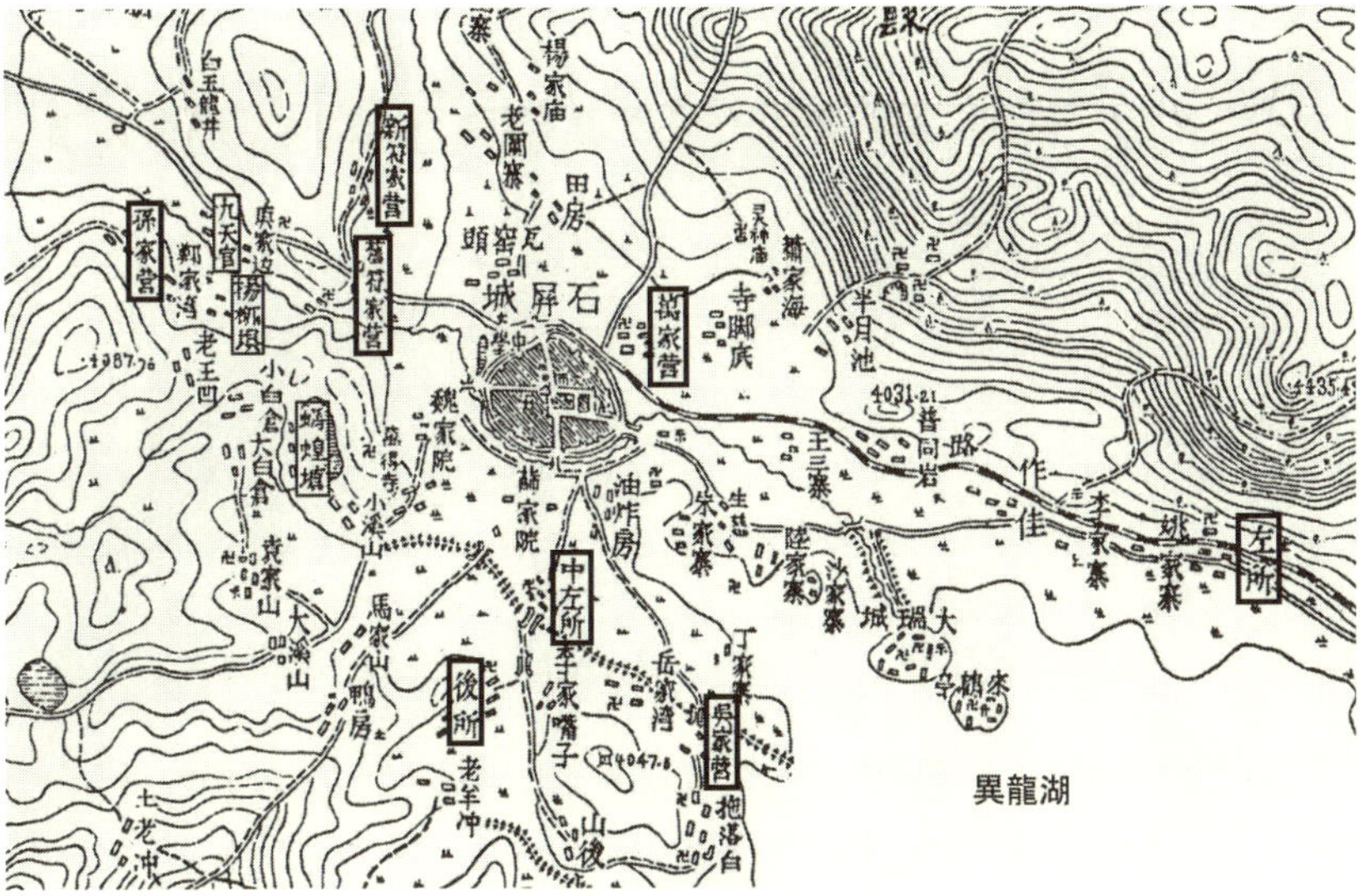

図5　州城周辺集落図

典拠：『中国大陸五万分の一地図集成』科学書院、1986-2002 年。

表2はこうした貯水施設をまとめたものであるが、州城の西部には、このように集落と寄り添うように螞蝗塘・九天観閘・楊柳壩などの貯水池が点在しており（図5）、これら集落が貯水池を利用して耕地開発を行なっていた様子がうかがわれる。

これまでをまとめると、明初に屯田設置を契機として始まった石屏盆地の耕地開発は、西部の宝秀盆地と州城周辺の山脚部を中心に進められた。宝秀盆地では、平地が広がる赤瑞湖の西側に集落が多く形成され、流水灌漑による耕地開発が進められた。一方、石屏盆地中部では山脚部に沿って集落を設置し、貯水池を造成することで溜池灌漑を行なった。こうした水利技術は、江南デルタ地帯の開発展開過程に照らしあわせれば、自然の傾斜を利用して灌漑を行なう扇状地などの微高地で採用されていた方法であり、水利技術としては原始的な段階にとどまっており、初期段階の耕地開発に属す。

石屏盆地の水系は、周辺の山々から盆地中央に向けて集まり、二つの湖を形成しながら、最終的に建水に流出しており、安定的に水資源が供給され、石屏盆地の自然

表2　貯水池一覧表

貯水施設名	記載内容	典拠	備考
楊柳壩	その近くにまた楊柳壩があり、わずかな水を溜めて、居民の便に役立たせている（其近処又有楊柳壩，以蓄浅水，利居民便之）。	景泰『雲南図経志書』巻三、臨安府、石屏、山川	
螞蝗塘	螞蝗塘は、州城の西方三里に位置し、幅は二里であり、秋から冬にかけて水を溜め、春から夏は水を流し、屯田を灌漑する（螞蝗塘在城西三里，広闊二里許，秋冬蓄水，春夏開泄，灌漑屯田）。	康熙『石屏州志』巻二、地理志、堰塘	
酸水塘	酸水塘は州城西方の符家営に位置する。幅は三里で、軍民の水利に利用される（酸水塘在城西符家営，広闊三里許，軍民資其水利）。	康熙『石屏州志』巻二、地理志、堰塘	
九天観閘	九天観閘は州城の西方三里に位置し、明の万暦六（一五七八）年に知州曽所能が古い堤を百歩上に移して、丘陵地の狭くなっている所で塞ぎ、水を蓄えて灌漑に資した。中に石製の閘を設け、必要な時に開閉することで、これまで民はその利益を享受している（九天観閘在城西三里，明万暦六年知州曽所能移旧堤于百歩之上，就其岡陵之隘而扼塞之，蓄水以資灌漑。中為石閘，以時啓閉，至今民頼其利）。	康熙『石屏州志』巻二、地理志、堤閘	明の万暦六（一五七八）年に知州曽所能が古い堤を百歩上に移すとあることから、ここには古くから貯水施設が存在していたことが伺われる。

環境もまたその確保と管理に理想的な条件を提供していたといえよう。こうして明代初期の石屏盆地では、屯田設置を端緒に、比較的容易な流水灌漑や溜池灌漑などの自流灌漑の技術を活用することで耕地開発が展開されたのである。

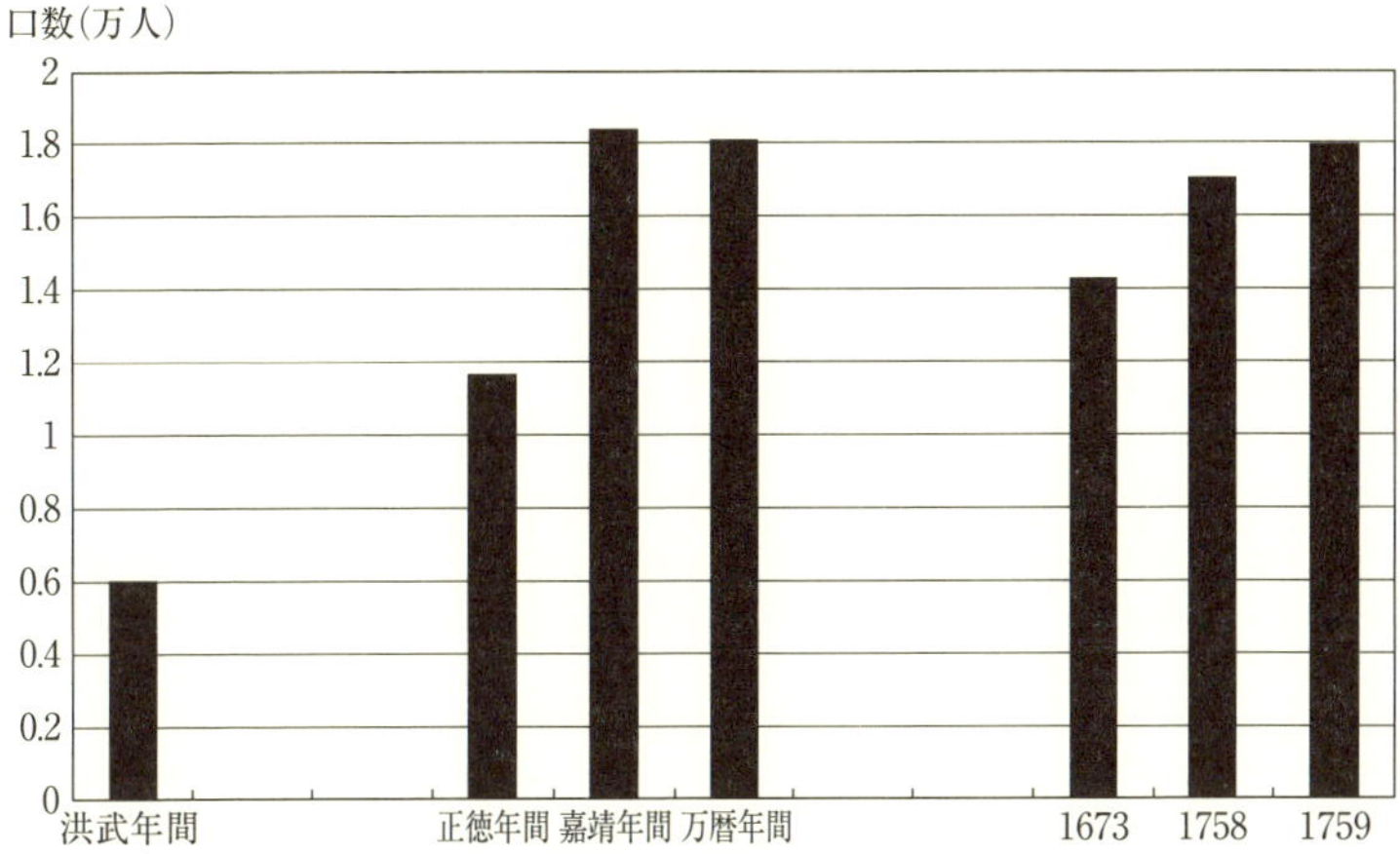

グラフⅠ　雲南石屏人口変遷（1398-1759）

2　人口増加と耕地不足

石屏盆地の耕地開発は、こうした恵まれた条件下で順調に進展し、人口も次第に増加していった。グラフⅠは明代洪武年間から乾隆年間までの石屏の人口変遷を示している。[12]勿論こうしたデータは納税対象者のみに基づいたものであるので、当時の人口を正確に反映しているとはいえないが、一定の傾向を読み取るには有用であろう。グラフⅠによれば、洪武年間の六〇二〇人から嘉靖年間の一八三七五人まで順調な増加傾向を示している。

しかし、間もなくして万暦年間には若干の減少傾向を示すようになり、それ以降は清朝乾隆年間半ばに至るまで増減を繰り返すなど、明朝後半期には早くも人口が飽和状態に達していたことが分かる。万暦年間に石屏州知州を務め、人口増加に起因する諸問題に取り組んだ蕭廷対は、一六世紀から一七世紀にかけて石屏に起こった変化に関して次のように述べている。[13]

正徳嘉靖年間（一五〇六―一五六六）の初めは（穀物などの）生産が多く、消費は少なかったため、隆慶万暦年間（一五六七―一六二〇）までに、こうした利益を求めて次々と人々がやって来て、集落を形成し、身を落ち着けるようになった。

このように石屏盆地で生み出された余剰の富は、盆地自身の自然増加に加えて、周辺地域からも多くの人々を招き寄せたのである。これと同時に、石屏盆地では人口増加が引き起こす多くの問題に直面することとなるのである。蕭廷対は、この中の一つである耕地不足について以下のように指摘している(14)。

田は昔から屏のみであり、人口が多く、田の価格は高く、一金はただ租一、二斗を買うのみであり、貧民は僅かな利益を得ようとして、稲・粱・甘苦二種の菽で酒を醸造するので、米は益々消費される。

つまり、元来の石屏盆地の平野部の狭さが耕地開発の障害となり、早くも明代後期には高度な水利技術を必要としない開発容易な土地が消失しつつあり、土地不足が、水田の高騰や米不足を引き起こしつつあったのである。加えて、さらなる利益効率を求め、米などの穀物を使って造酒に励んだことが、食用の穀物の供給を一段と圧迫した。

また、人口増加は、土着民との関係性の悪化にも及んだ。石屏には、もともと土着の人々が居住しており、漢人と雑居する状態が続いていたが(15)、この頃、土着民に対する高利貸しの問題が深刻化してきた。蕭廷対はその実態に関しても次のように言及している(16)。

明律の明文に見えていることであるが、禁令に反して利子を取っている。即ち夷民の富がよこしまな連中にしゃぶり尽くされており、利息は一年で元金にも達している。たとえ利子を逃れて翌年になっても、求められる金額は利子を含む元の返済額であり、夷民が困窮没落しそうになっている。

こうした漢人と土着民との間の摩擦は、一八世紀末に大規模な人口爆発により大量の漢人移民が流入し、雲南省内で急激な人口増加が生じた際にしばしば見られるが(17)、石屏盆地では両者間の摩擦が早くも出現しつつあり、明代後半期にはすでに議題に上りつつあったのである。そこで、蕭廷対は、これら諸問題を解決するために、溜池の造成、湖水の活用など官による大規模な耕地開発を以下のように打ち出していくのである(18)。

水利事業を興すべきである。曲がりくねった山のふもとに溜池を造成し、灌漑を行なう。また、その東の湖に接する土地に湖の水を引いたり、或いは百花壟河を切り崩したりして、衛軍の村々の利益とする。蕭廷対のこうした主張は、万暦年間以降に本格化する低湿地開発を対象とした一連の官主導の大規模治水灌漑事業として実現され、一旦行き詰りつつあった耕地開発の打開が図られるのである。

ちなみに、明・清期の中国西南地域の社会経済を論じた李中清は、地方誌に基づき試算した人口データを基に、明代を通して、雲南の人口は全体的に増加傾向にあったとし、人口増加が官によって重点的に耕地開発が行なわれた雲南中部に集中していたことを明らかにし、人口増加と明朝の耕地開発の相関性を指摘した。こうした全体的に人口が増加傾向にある中で若干ながらも同時期に減少傾向を示したのは、石屏の大きな特徴であり、恵まれた自然環境ゆえに耕地開発が急速に進展した結果と見なすことが出来る⑲。

以上から明らかなように、石屏盆地では軍事移民が入植してきた明朝以降、傾斜を利用した流水灌漑や溜池灌漑などの水利技術を使い、耕地開発が進められた。こうした水利技術はあまり大きな土木工事も必要としないため、ある程度民間レベルで進めることが出来たと考えられる。しかし、間もなくして従来の土地の狭さが障壁となり、万暦年間には自流灌漑に依拠した耕地開発も限界を迎えることとなる。そこで、人口増大に比して耕地不足に悩む石屏盆地では、赤瑞湖と異龍湖およびそこに流れ込む周辺の河川といった豊富な水資源を活用すべく、官主導による大規模水利事業をともなう低湿地開発へと邁進していくこととなるのである。

第二節　官主導による大規模低湿地開発

本節では、明朝前半期に生じた人口と耕地の不均衡を解消すべく、万暦年間以降に本格化した低湿地開発を企図した官主導の大規模水利事業について論じていく。屯田設置に端を発した石屏盆地の耕地開発は、流水灌漑や溜池灌漑などの重力による自然の流れを利用した自流灌漑によって進められてきた。しかし、こうした自流灌漑による民間レベルでも可能な耕地開発も明代後半には頭打ちとなり、その対象は、適度な傾斜を持つ微高地から、高度な水利技術を駆使する大規模水利事業が必要な低湿地とその周辺部へと移っていくこととなる。

石屏盆地の低湿地開発において、その要となる水利事業は、周辺の山々から盆地部に集まり、西から東、そして高所から低所へと流れる水を制御しつつ、同時に淹水を防ぎ、それを如何に活用して土地の灌漑に資するかにあった。このような石屏盆地の水利を制御し、低湿地の耕地開発を進めていくには、水を引いて土地を潤す灌漑に加え、堤防の整備や河道の付替えおよび河床の浚渫による水害の防止、さらには水流の管理による治水という二種類の作業が必要となる。

石屏盆地の低湿地開発において官主導による大規模水利事業が実施された地域は、地形と気候との関係性から大きく三つに分類される。水が流れる西方から東方に順に示せば、①宝秀盆地赤瑞湖の湖出口部、②石屏州城の西側の平野部、③異龍湖周辺部の三つの地域である（図2参照）。つまり、①と③の地域は水に恵まれているものの、雨季には増水するため、その活用と排水が耕地開発の鍵となり、②の地域は乾季の水源確保が主な課題となる。そして、これら地域の特性に合わせて、（1）クリーク灌漑（2）湖田や囲田の造成などの各種の水利技術を用い、安定した耕地の開発を目指して水利事業が行なわれるのである。

1　赤瑞湖の湖出口部

宝秀盆地の低湿地開発の中心は、赤瑞湖の湖出口部である。図3にも見えるように、赤瑞湖から流れ出た河川は、九天観を経由し、石屏州城を南北から囲むようにして迂回し、異龍湖に流れ込んでいる。つまり、宝秀盆地はそれ自体があたかも水がめの役割を果たし、周囲の山々の水を一旦盆地に溜めた上で、赤瑞湖の東部に位置する湖出口部か

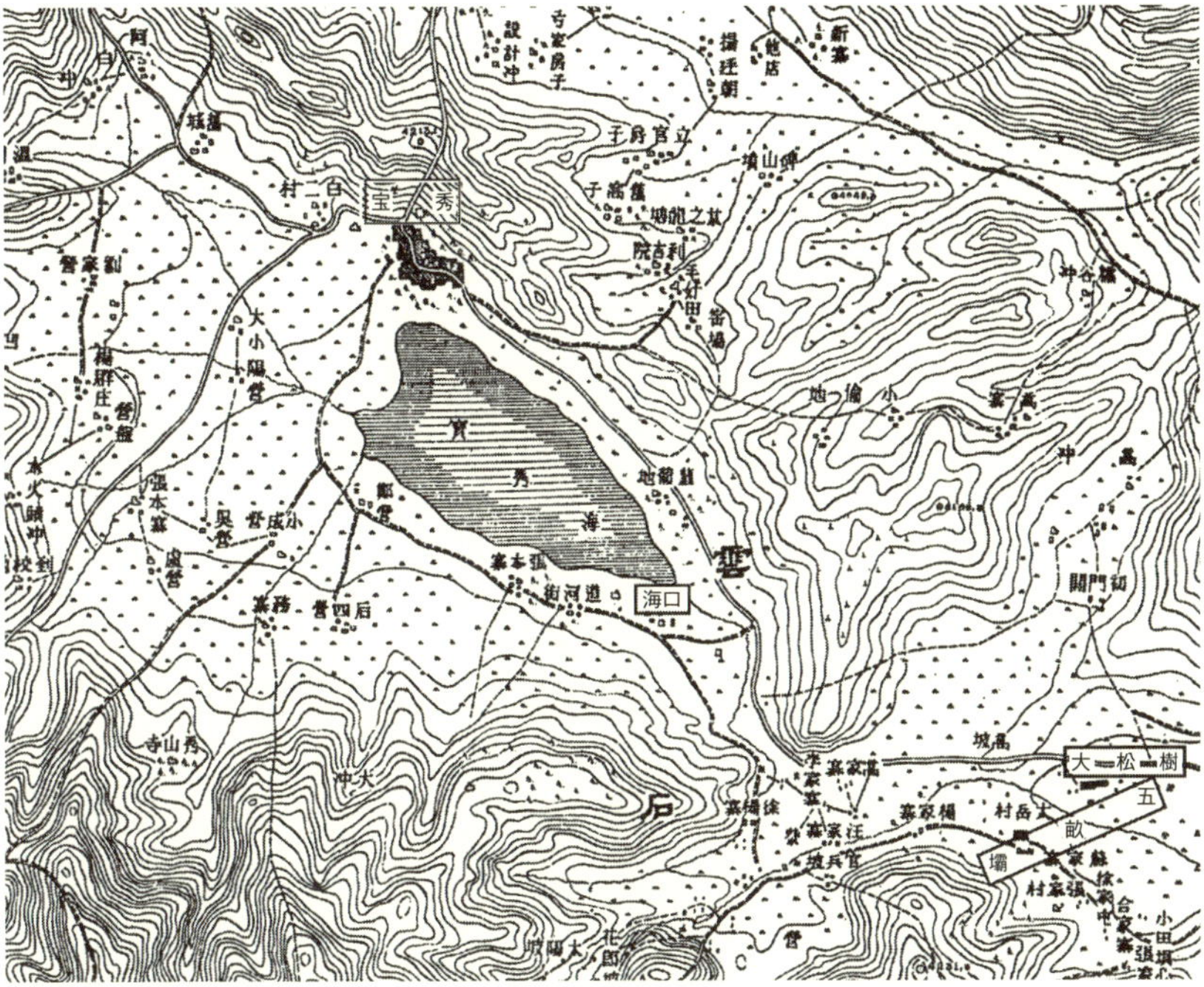

図6　赤瑞湖周辺図

典拠：『中国大陸五万分の一地図集成』科学書院、1986-2002 年。

ら県城および異龍湖方向へと流し込むのである[20](図2・図6)。このため、唯一の排水機能を担う赤瑞湖の湖出口部では、土砂が堆積しやすく、しばしば水の滞留と湖面の上昇を引き起こし、赤瑞湖湖畔に位置する村々の農作物に久しく被害をもたらしたのである[21]。

こうした事態に対して、天啓年間に知州を務めた顧慶恩はその解決に着手した。その様子について、明末の石屏出身の挙人楊忠亮によって書かれた「宝秀新河碑記」に「宝秀の草海…即ち三方が山に阻まれ、山水が発生する。もともと河川は山に沿って流れているので、屈曲してぶつかり、土砂を浚渫してもすぐに塞がる。そのため土砂は、上には積もり益々高くなり、下ではぶつかりどんどん溜まった…昔、長老御史の白塘許はこれを目撃し嘆いて『ああ、草海は上流に位置し、妨げるような岩もない。もし水田にまっすぐ河を開き、水を流すことが出来ればぶつかることもなく、広く恩恵に預かることが出来る』といった…この言葉が伝わること三〇年にして、顧慶恩がこの地に赴任し…また水利について議論した。思うに時機到来である」とあり[22]、赤瑞湖から流れ出す河川が山に沿って屈曲していたために土砂が堆積しやすく、浚渫工事もその効果は限られていたことが分かる。そこで、問題の抜本的解決を図るべく、河道の付替え工事を行なった。この経緯について同碑文は次のように説明する[23]。

屯長は、湿地に位置する人戸と田畑を選び、作業者に命令を下した。皆これを褒め称え、食糧を包み、喜び争って鍬を手にし、河を決壊させた。しかし、水の勢いはすさまじく、溢れ出して、皆畏れるばかりであった。そして、再三それを止めようと試みたが、どんどん流れ出し、最初は五畝一帯におよび土地を水浸しにし、次に九天観の溜池に流れ込み、そこに溜まり、さらに州城周辺の水田に到り、南北に流れて東西から異龍湖に注ぎ込んだ…溝やあぜの跡を調べ、境域を定め、この機会を利用して水田を拓き、新たに数千頃を得た。

即ち、河川を決壊させ、水を流させることで新たに広大な水田を獲得したのである。さらに顧慶恩は、土砂の堆積を防止するべく、役職を設けて管理させようとした[24]。こうした水利事業は、ある程度功を奏したようであり、その様子について乾隆『雲南通志』巻一三には「宝秀湖（赤瑞湖）は州城の西方三〇里に位置し、水源は湖の中心にある。夏から秋にかけて雨が降って水が溢れ、それが集まり巨大な水溜りとなり、東方の異龍湖に流れ込み、非常に広い地域の灌漑に役立っている」とあり[25]、乾隆年間には赤瑞湖が下流地域への灌漑用水を供給する源として重要な役割を担うようになっていた。

宝秀盆地周辺の低湿地開発では、赤瑞湖の湖出口部から東南の五畝へ広がる一帯がその中心となった。即ち、官主導で河道の付替えや浚渫などの治水工事を行ない、雨季に殺到する水を管理して灌漑に資し、耕地の開発を進めたのである。

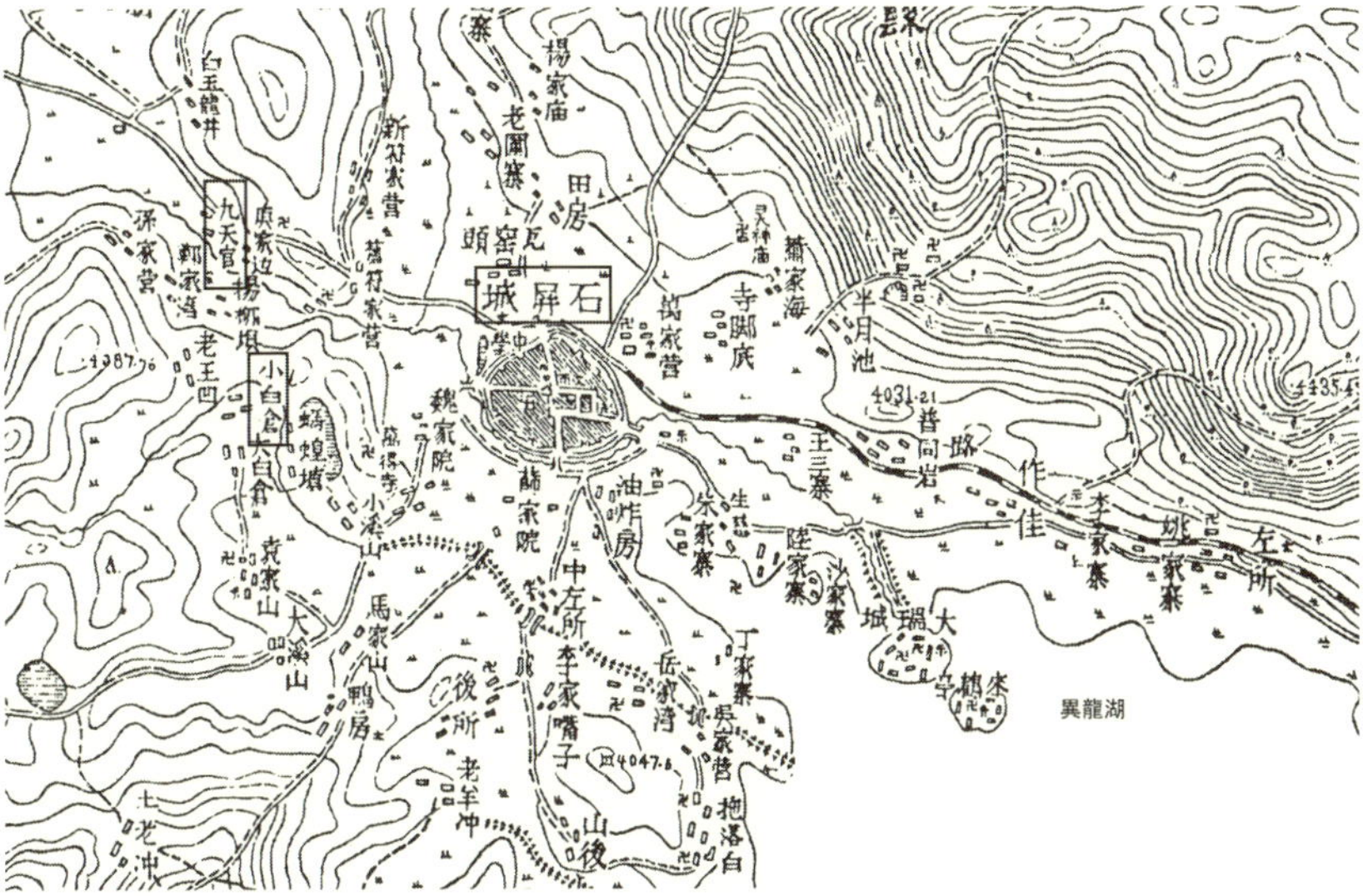

図7　州城周辺図

典拠：『中国大陸五万分の一地図集成』科学書院、1986-2002年。

2　州城一帯を中心とする平野部

宝秀盆地から流れ出た水は州城の傍を通り、異龍湖西岸へと流れ込むが、ここには、図7に見えるように州城の東南方面を中心に平坦な土地が広がっていた。州城は、成化一六（一四八〇）年に知州の蒋彝が民居の四方に門を設けたのに端を発し、嘉靖三〇（一五五一）年に土城が築かれた[26]。州城一帯を中心とする地域では、平野が広がり、人口も集中していた。そこで、官はこの平野部を耕地に変えるべく、水利事業に着手するのである。

万暦五（一五七七）年に石屏に赴任した四川出身の知州曽所能は、こうした州城の周囲に広がる平野部を活用すべく、大規模な灌漑工事を実施した。これについては曽所能自身が「九天観水塘記」に「万暦五（一五七七）年一〇月に私は石屏に赴任した。その年は凶作で春から夏まで雨が降らなかった…一〇日余り霧のように雨が降り、さらに五日間雨が降れば事足りたが、結局、田畑は元のように水が涸れたままであった。州の治所は城壁から一歩外に出れば、肥沃な土地が一面に広がっているものの、水源が存在しない。治所の東に異龍湖があるが、それもまた最も土地の低い場所にある」と記しており[27]、問題点として城外には豊かな土地が広がっているものの、水源がないため天水に頼らざるを得ず、安定した水の供給に難があったことが知られる。そこで、曽が着目したのが異龍湖にある豊富な水資源であった。続いて碑文には工事の様子について次のように記されている[28]。

私は昔の道に沿って湖に行ってみたところ、人力で水を上流に引くことが可能であるようであった。そこで土を浚うように命令を下した…わずかでも土を浚えば、それだけ水を得ることが出来、水が行き渡れば、種を播くことが出来る。民は一様にみな喜んで赴き、数千人もの人が力を惜しまず朝早くからもくもくと作業に従事したため、一箇月後、工事の完成は二三箇所を数えた。また職人を招いて車を作らせ、水を汲みあげたので、人々はまるで降雨のように水を得ることが出来、日照りで心配することはなくなった。さらに有力者には湖田（湖沼の一部を堤防で囲み、干拓した田地）を耕させ、権勢家がそれらを独占してしまわないよう戒め、そこから収穫物の一〇分の一を税金として徴収し、社に納入し救済用に準備させた。この穀物は三〇〇石余りにも上った。社倉（飢饉に備えて食糧を貯えた倉）はこれによって運営され、社学もまたしかりであった。

また、この時の工事については、「曽公生祠記」にも詳しい記載が見え、史料上に「異龍湖に沿って一〇余りの用水路を掘削し、人を募って龍骨車を作った」とあることから、「九天観水塘記」に見える「車」とは「龍骨車」のことを指していることが分かる[29]。龍骨車とは低所から高所へと連続的な給水および排水が出来る足踏み式揚水機であり、一一世紀には江南地域ですでに広く普及しており、江南の低湿地開発を進める原動力ともなった[30]。龍骨車が石屏盆地で使用されたのがこの時が初めてか否かは不明であるが、龍骨車の存在は、沿岸地域の灌漑技術が雲南に積極的に取り入れられていたことを示している。

このように曽所能は、湖面より高い県城周辺に広がる平野部では、二三本の用水路を掘削し、そこから龍骨車で揚水することで灌漑を行なった。また、同時に湖面より低い湖岸沿いの低湿地帯では、有力者に土手で囲い込ませ、干拓化することで湖田を耕させ、そこから税金を徴収して社に納入させ[31]、社倉や社学の運営資金に充てたのである。

加えて、曽所能は、州城西方にある貯水施設である九天観の修理工事を行ない、平野部の西側においても耕地の拡充を図った。「九天観水塘記」には、「ある日、父老が私にこう告げた、州城の西方三里に九天観があり、俗に海と呼んでいる。土地が窪んでおり、山谷の水が四方から流れ込む…私は遂に皆の力でこれを改修すると決め、古い堤防を一〇〇歩上にずらし、丘陵の狭まっている所を塞ぎ、真ん中に開閉可能な水門を設置し、石碑を立てたのである。さらに水利官一名と壩夫二名を選び、これを管理させた。工事は万暦六（一五七八）年八月に完成した」とあり[32]、曽所能は地形をうまく活用し水門を設けたことが分かる。さらに、この水門は、同碑文に「けだし滇南では冬はほとんど雨が降らない。もし秋に水門を閉めておかなければ、冬は必ず水が枯れてしまい、春の耕作用の水は供給出来ない。冬に水がなくなれば、春の耕作は不可能になるのである。それゆえ秋に雨が降れば、厳命して水門を閉じさせなければならない。邪魔する者には罰を与え、時機を逸してはいけないのである」とあるように秋には固く閉じられ水を溜め、春に開いて耕作に供したのである[33]。

前節で詳述したように、この地域には古くから多くの集落が点在し、貯水施設が造成され、灌漑に資されていた。大規模水利事業の一環としてこうした施設に補強が加えられ、州城西側にある平野部の田畑に水を供給したのである。また、こうした貯水池の一部は、前述した明末天啓年間に顧慶恩が行なった水利事業により、宝秀直河の恩恵を蒙ることが出来た。乾隆『石屏州志』巻一の白倉堰の項には「また日照りに際しては、宝秀河を浚渫して流れを良くする。これにより水流が五畝や大松樹から九天観に達し、さらに劉公堤（楊柳壩のこと）の西南に及び、田畑の灌漑水利に供されるのである」とあり[34]、二つの丘陵の間を貫く宝秀直河の水がこれら溜池に流れ込むことにより、この一帯の灌漑に大きく寄与した。つまり、これら水利施設が、宝秀直河と有機的に結び付くことで日照りに対してもその効果をより一層発揮したのである。

異龍湖西岸地域は、平らかで肥沃な土地が広がっているものの、水資源に恵まれておらず、耕作は天水に頼らざるを得なかった。加えて、秋冬は乾季であったために、春の耕作にも水が不足しがちであった。そこで、この問題に対処するために、州城の東側の平野部では、用水路の掘削によって足踏み式揚水機を利用したクリーク灌漑を行ない、ついで沿湖部では有力者に命じて土手を造らせ、干拓化することで、湖田を拓いたのである。また、州城の西方では古くから存在する貯水池を補強し、宝秀直河の水も引きつつ、水資源を確保して、この平野部を官主導で豊かな耕地へと変えていったのである。

3　異龍湖周辺地域

本章の冒頭で述べたように、石屏の水系は最終的に異龍湖に集まり、その湖出口部である海口から蘆子河を通り、建水へ流れる仕組みとなっている（図2・図8参照）。こうした水系は、自然に存在したのではなく、異龍湖東岸から建水に水を排出させる治水工事によって確立されたものであり、弘治一六（一五〇三）年に参政の陳宣等が中心となって行なわれた[35]。この工事に関して陳宣が記した「臨安新開石屏湖水利記」には、次のようにある[36]。

滇南の南方の臨安において私（陳宣）は副使の包好問とともにこの地を管理しており、全てに責任を負っている。時に弘治一六（一五〇三）年、春から夏の五月半ばにかけて雨が降らず日照りが続いた…報告によれば、臨安府城（建水県城）から西のかた五〇里程に石屏湖があり、俗にこれを敬して「海」と呼んでいる。もし人力で浚渫すれば、水を通すことが出来る。これはただ枯れた土地を潤すだけでなく、水が湖から流れ出ることで、土地が肥沃になる。副使の王行之は我々二人を派遣し、ともに三日で湖に到着し、開工式を執り行なうことを望んだ…三〇日にして工事は完成し、水が通じて土地が潤った。郷は四箇所、畝は数百万を数え、距離は臨安府城まで四

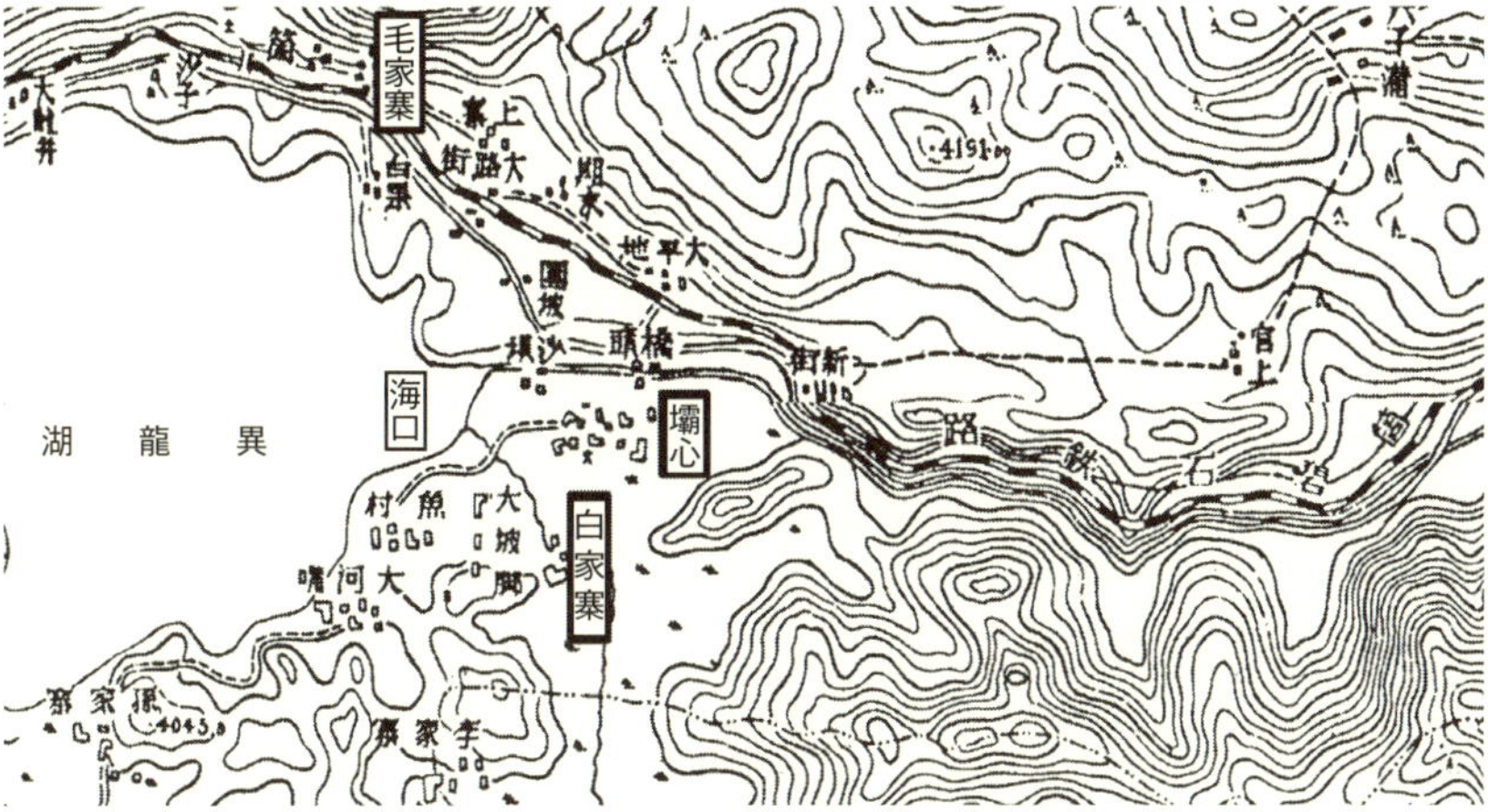

図 8　異龍湖東岸地域図
典拠：『中国大陸五万分の一地図集成』科学書院、1986-2002 年。

○里である。
臨安府は日照りに際して、石屏の豊富な水資源に注目し、治水工事を通じて異龍湖から灌漑用の水を引いたのである。これ以降、石屏の水系は西方から東方に流れ、異龍湖東岸から建水に流れ出ていくこととなる。

ただし、建水県に水を通すことには成功したものの、異龍湖の湖出口部にあたる海口では、両側から山が迫っているために、河床に堆積物が溜まり、水が滞留する原因となっていた。これにより異龍湖では水面の上昇が引き起こされ、異龍湖の湖岸沿いに広がる田畑、とりわけ湖出口部を中心とする一帯は水害を受けやすくなっていたのである。そこで、湖出口部の堆積物を取り除き、水の流れを改善するべく、官主導の水利事業が求められることになるのである。

① 海口地域の淹水問題

海口地域は、土砂の堆積によって水が滞留し淹水被害が慢性的な状態になっていた。これに関しては史料上においてその被害を数多く確認出来る。石屏出身の許賀来（康熙二四〔一六八五〕年進士）は、「新濬海口碑記」の中で明末天啓年間の知州顧慶恩の言を引きつつ、「石屏の地勢は東が低くなっているので、水が集まり湖を形成する。湖の周囲は一一〇余里で、山麓の石龍峡が湖の出口である。水が通じれば、湖の周辺部は肥沃な土地となり、塞がると淹水に苦しむ。旧『石屏州志』によれば知州の顧慶恩は、『すでに手を尽くしたが、数十年来、土砂の堆積はひどくなる一方で、夏から秋にかけて長雨が続き、淹水に遭い、豊かに実った穀物は尽く大水に飲み込まれ、人々は苦しんでいる』といった」と記しており、(37) 海口一帯は水資源に恵まれ、肥沃ではあるものの、同時に淹水の被害を受けやすかった。時間が下った一八世紀においても堆積物の問題は存在し、乾隆一八（一七五三）年に石屏州知州となった管学宣も同様に以下のように述べている。(38)

恐れるのは海口が塞がってしまうことである。ここは利だけでなく害もあるので、毎年春の初めに必ず一度役人の監督の下で大工事を実施する。田畑に応じて人夫を選び、古くからの慣例に従い、必ず深さ三尺まで浚渫工事を行ない、水害を防ぐのである。雍正五、六年から九年に至るまで（一七二七―一七三一）の工事は前の吏目である葉世芳の功績であり、今日に至るまで最も賞賛すべきものである。それから二〇余年海口は相変わらず塞がっており、民は非常に苦しんでいる。

つまり、海口は肥沃な土地である反面、雨季になると土砂の堆積により慢性的に水害が発生するので、毎年春の初めには官主導で浚渫工事を行なわなければならなかったのである。

続いて個々の水利事業を通して問題の詳細を明らかにしていく。知州顧慶恩が記した「海口説」には海口の被害について次のようにある。(39)

異龍湖は石屏の巨大な湖である…湖の広さは五〇里で、湖畔にある一〇〇〇頃の田畑はすべてこれに拠っている。その湖出口部は海東にあり、峡谷は石龍を通り、関底より西荘を経て、臨安府の屯田もまたこれにより潤うのである…湖畔の山は、この地点から東に転じて西に向かい、湖の出口に立ちふさがるために、傍らにある王家

衝と蘆子溝という二本の川が逆流して遡り、両方とも砂が溜まり塞がってしまう。川を浚渫してもすぐに塞がる
…もし定期的に浚渫しなければ、石屏は沈んでしまう恐れがあり、そうなれば臨安にも僅かな水も行き渡らない。

即ち、湖出口部に山が立ちふさがり、水が滞留することにより、附近に流れ込む王家衝と蘆子溝の二本の河川で逆流が起きるのである。これに対して一七世紀末の知州張毓瑞は海口の浚渫を行なうなど対応を図った。この際、張毓瑞は土砂の堆積を引き起こす要因について「災害により田畑の穀物が被害を受けることは、民と自然のバランス関係にかかっており、石屏の治水は急務であり、最も重要な事項である」と述べ、課題点を以下のように四点にまとめている。[40]（1）「乾溝水（沙河）は修沖関より流れて来ており、昔の人はここに堤防を築いた。もし堤防が壊れれば、土砂や岩石が直接海口に流れ込む。これが災いの一つである」（2）「王家冲（王家衝）の水は必ずその勢いを抑え、分流した上で湖に流し込まなければならない。さもなければ川の堤防は、その衝撃を受けてしまう。これもまた災いの一つである」（3）「南の岸の干上がった渓流数箇所に杭を打ち込み、さらに石を積んで壁を作り、これを防いで別に流すべきである。さもなければ雨水が集中すると、土砂が流れ込む。これもまた災いの一つである」（4）「さらに急流を田畑に流し込もうとする農民がおり、木材を設置して囲堰を作り、横から川を遮る。そのため土砂や泥が日々堆積していく。これが最も大きな災いである。こうした災いのために、幾ら浚渫工事を施してもまた塞がってしまい、結局うまくいかないのである」、つまり、図3および図9にも見えるように、海口から修沖関一帯にかけて王家衝（王家冲）を中心に枯れ川を含め数本の河川があり、雨季には雨水がこれらの川をつたって土砂とともに一気に流れ込むのである。もともと異龍湖の湖出口部は、ここ一箇所しかなく、地形的にも山が迫り峡谷となっているため、水流が滞留しやすかった。加えて附近の河川から土砂や岩石が流れ込み、水の流れを妨げることもあり、雨季には水かさが増し、しばしば淹水被害に悩まされた。また（4）の囲堰にあるような人為的な要因もこうした状況をさらに悪化させた。囲堰とは川を堰き止め、横から水を引いて灌漑に利用する水利施設であり、史料にもあるように土砂の堆積を

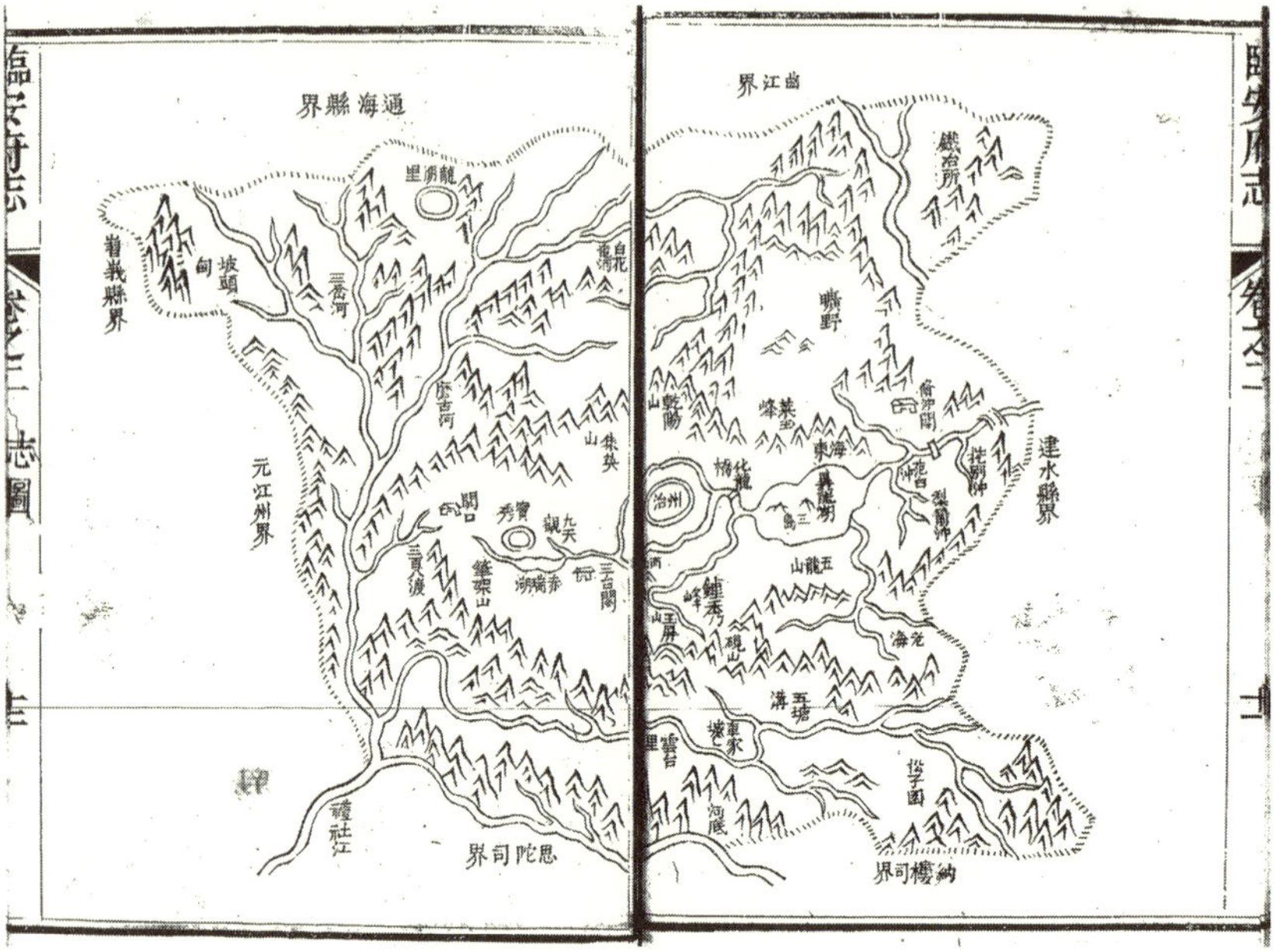

図9　石屏州図
典拠：嘉慶『臨安府志』巻2　嘉慶4年〔1799〕刊

引き起こす。同様の例は、明末崇禎一二（一六三九）年に知州朱統燧が実施した治水工事にも見ることが出来る。(41)

異龍湖の周囲は一五〇里であり、数万頃の田畑が湖と錯雑しており、田畑が湖面より高いため、あちこちで表土が湖に流れ込んで塞がってしまう。また地元の人が囲堰を築き、灌漑に利用しようとするので、湖水がうまく流れない。さらに漁民が杭を打ち真菰《まこも》を積んで梁《やな》をしかけるので、湖水の流れが一層悪くなる。それゆえ湖水が溜まり水位が高くなり、桑田に流れ込み、水の被害を受け、困窮した人々は賠償に苦しむのである。一〇〇年余りもこうした状況が続いている。公（朱統燧）は「土砂を取り除かずして、湖口の浚渫は不可能である。それゆえ、郷民の古い囲堰は命令を下して壊させ、川底を浚い、土砂は残さないようにしなければならない。石堤を築かなければ、土砂の問題を解決することは出来ないのである。そのためには下に杭を並べ、土で堤防を築き、数百丈にわたり楡や柳を植え、甕城のように堅固にして、さらに木材や石を運び、堤防の内外を保護しなければならない。こうすれば湖水が流れて東に集まり、泥を数百畝の水田に押し流すことが出来る」といった。公は崇禎一二（一六三九）年冬から崇禎一三（一六四〇）年春にかけて雨や雪にも拘らず現場に赴き、土や石を運び、給料を与え、牛や酒を振舞い、たくさんの鋤や杵を集め、河川工事を数箇月の内に完成させた。その結果、長年、湖であった場所は一面の桑田となった。

つまり、異龍湖の周囲では湖岸に沿って耕地開発が行なわれていたので、海口に囲堰を設置することは、水の流れをせき止め、湖面の上昇を促し、これらの田畑を水没させる危険性を孕んでいたのである(42)。そもそも異龍湖西岸にも堤防を設けて干拓化した湖田も広がっており、湖面の急激な上昇はそれらにも影響が及ぶ危険性があった。

さらに、周辺から流れ込む土砂の増加が、この囲堰の被害に拍車をかけた。雍正五（一七二七）年に知州となった周勲は次のような事実を指摘している(43)。

　州城の東隅に異龍湖がある…湖の出口の川筋に沿って山々は荒れており、ひとたび雨が降れば、土砂や岩石が流れ、いつも川を塞いでしまう。両岸の堤防は長さ約一〇里にも及び、もし工賃の補助をしなければ、必ず問題が生じるであろう…かつて浚渫して水通しを改善したが、土砂が附近から流れ込んでくるので、浚ってもすぐに塞がる。ましてやそこで人が監視しているわけではなく、しばしば附近の村人が山に火を入れ、樹木を根っこから掘り起こすために、土壌がもろくなって浮き上がり、雨がこれを洗い流してしまう。さらに好き勝手に牛馬を放つ上に、皆で魚を捕り、船いっぱいに乗せ直接石橋までやってくるので、堤防は踏み荒らされ砂が崩れ落ちる。しかし、数年来これを禁止出来ないでいる。日照りになれば湖水が不足し、海田がわずかに耕作出来るだけであり、長雨になれば水が溢れ、人々はどうしようもなくなる。

流入土砂の増加の背景には、附近の村人による山焼きなどの山林の破壊行為があり、それが結果的に土壌浸食を引き起こしていたのである。加えて堤防上での家畜の放牧や漁民の踏みつけが、砂の崩壊を助長した。海口地域の淹水の要因を辿っていくと、こうした人為的な要素が大きく作用していたことが分かる。

異龍湖の湖出口部では、元々地理的条件から水が滞留しやすかった上に、山焼きや囲堰灌漑などの人為的な要因によってより一層多くの土砂が生み出され、この問題を悪化させた。この結果、異龍湖の水位は上昇し、湖岸沿いに分布する「海田」などの田畑が水に浸かり、農作物に大きな被害を与えたのである。雲南ではしばしば湖のことを海と称するが、ここに見える「海田」も、元々は湖の一部を土手で囲い込み干拓化した湖田であったと推測され、淹水が頻発したため、周辺を堅固な堤防によって包囲され、いわゆる囲田へ変化していったものと考えられる。

②　治水工事と耕地開発

こうした海口地域で頻発する淹水問題に対して抜本的な解決は容易ではなかった。表3は、史料上に見える異龍湖の湖出口部の治水工事についてまとめたものであるが、清朝初めや末期などの混乱期を除き、政治的に安定した時期を中心に工事が実施されている。

海口地域における水利事業は、基本的には河川の流路を確保し淹水を防止することを目的としていたが、同時に耕地開発の意味合いも兼ねていた。表3にも見えるが、張毓瑞が行なった治水工事について乾隆『石屏州志』巻一では、以下のように記す(44)。

東湖とは即ち異龍湖である。湖は最も低い所にあり、長雨になれば、人々は淹水に苦しんだ。康熙三七（一六九八）年に知州の張毓瑞は、海口の田畑に溜まった土砂を浚渫し、自らの俸給を使い、長い間地中に埋もれていた田畑に水を通し、だんだんと畦を作った。

つまり、土砂を取り除き、田畑の復旧を行なっていることから、耕地の確保も重要な要素であったと考えられる。

表3　明・清代における異龍湖の湖出口部の水利事業年表

年代	事項	典拠
天啓年間	知州顧慶恩が湖出口部に流れ込む河川の工事を行ない、土砂流入を防ぐ。	乾隆『石屏州志』巻六、芸文志二、伝、「海口説」
崇禎一二年（一六三九）	知州朱統熸が湖出口部に流れ込む河川の浚渫工事を行なう。	乾隆『石屏州志』巻五、芸文志一、記、「朱州守生祠碑記」
康熙三七年（一六九八）	知州張毓瑞が湖出口部の浚渫工事を行なう。	乾隆『石屏州志』巻五、芸文志一、記、「新濬海口碑記」
康熙五七年、五八年（一七一八－一七一九）	吏目の葉世芳が湖出口部の浚渫をして異龍湖東岸で新田開拓を行なう。	乾隆『石屏州志』巻一、地理志、堤閘 乾隆『石屏州志』巻五、芸文志一、記、「新置海口田租碑記」
乾隆二三年（一七五八）	知州管学宣が湖出口部の浚渫をし、さらに廻龍山に別の水路を開き、川の逆流に備える。	乾隆『石屏州志』巻一、輿図志、輿図 乾隆『石屏州志』巻一、地理志、堤閘
乾隆三八年（一七七三）	知州蔣振閲が浚渫工事を行なった上で、堤防を修築してその上に柳を植える。	乾隆『続石屏州志』巻二、芸文、「廻瀾亭記」 嘉慶『臨安府志』巻五、山川
乾隆五五年（一七九〇）	知州台弼は堤防を建設する。	嘉慶『臨安府志』巻五、山川
乾隆五六年、五七年（一七九一－一七九二）	知州漆炳文らが台弼の事業を引き継ぎ堤防を完成させる。	嘉慶『臨安府志』巻五、山川
光緒七年（一八八一）	署知州顧芸が湖出口部の浚渫工事を行なう。	光緒『雲南通志』巻五三、建置志、水利
光緒一〇年（一八八四）	署知州王秉鑑が湖出口部の浚渫工事を行なう。	光緒『雲南通志』巻五三、建置志、水利

このような官主導による大規模な水利事業には、まとまった労働力の動員やそれを支える経済的システムの構築が求められる。当初、こうした大規模水利事業に際して、労働力として屯軍から人を動員していたと推測されるが、時間の経過とともに地元の人間が負担するようになった。天啓年間に知州を務めた顧慶恩は「海口説」の中で次のように記している(45)。

石屛と臨安はともに利があり、七分の軍を率いて助力とすべきである。しかし、私が思うに、屯田の軍丁は助役を名目としているが、却って海東では問題を起こす。それよりはむしろ石屛人は自分の田畑であるので、湖の畔に住む者を田畑の面積に応じて一時的に派遣し、浚渫に従事させる。これは自ら利用して営むものであるので、臨安府に報酬を求めない。

つまり、屯軍を動員せず、一般住民に浚渫の責任を負わせることで官の負担の軽減を図ったのである。しかし、この方法は、思惑通りに機能しなかった、あるいは実施されなかったようで、表3に示したようにその後も官主導の治水工事が継続された。こうした中、康熙五七（一七一八）年に水利事業に着手した吏目（知州の下で庶務を司る役職）の葉世芳は、浚渫工事を継続的に行なっていくシステムの構築を試みた。これについて乾隆『石屛州志』所収の「歳修海口碑記」は次のように記す(46)。

昔、康熙五七、八（一七一八—一七一九）年に吏目の葉世芳は紳士とともに上部の許可を得て、毎年農閑期に三〇〇人の人手を集めて、二〇日間かけて河川を浚渫し、堤防を築いた…こうすることで湖水がだんだんと退き、広大な土地が耕作可能となった…しかし、日照りや淹水は絶えることなく、改修や浚渫工事に必ず努めなければならないことを考えれば、たとえ最初に力を入れても最後に怠れば、以前の苦労は無駄になってしまう。それゆえ、以後、農閑期に人夫を使って浚渫工事を行ない、水が引いた後に出来た田畑から地租を得れば、一〇石につき人夫一名雇うことが出来る。これこそまさに自ら利益を図るための善策である。もし水が溢れたり、山崩れにより土砂で埋まったりし、家田畑が水に浸かれば、周辺の村人が協力して改修しなければならない。怠って規律に従わず以前のように振舞う者がいれば、必ず法で罰する。これを石碑に刻み、永く後世に伝える。即ち、治水工事にともない新たに拓いた田畑を利用し、そこから生み出される利益を人件費に当て、農閑期の人夫を雇い、毎年の治水工事に備えようとした。

こうした土砂の堆積と官による治水工事は、表3の如く長年に渡り、止むことなく繰り返された。結局、この問題は、一九七二年に異龍湖南岸の青魚湾から水路を掘削し、分水嶺を越え、元江（＝紅河）水系に水を通す工事が行なわれ、異龍湖の水位が降下するまで持ち越された(47)。

以上より海口地域の工事を通して、次のことが確認出来よう。異龍湖周辺では湖岸沿いに囲田・湖田などの田畑が作られ、耕地開発が進められてきた。また淹水被害に苦しむ異龍湖の湖出口部では、官側が、土砂の浚渫や堤防の修築などの治水工事を通して河川の流路を確保し、これと同時に治水工事の費用捻出も兼ねて、元々水に浸かっていた土地を田畑へと変えることで耕地開発も進めたのである。後世この異龍湖東岸の湖出口部にあたる海東から多数の移民が輩出されるが、その背景には、こうした長年に渡って淹水被害に悩まされ続けるという経済的な事情も関連していたと考えられる。

ここで、明代後期以降に官主導の下で実施された①宝秀盆地周辺部、②州城一帯を中心とする平野部、③異龍湖周辺地域の水利事業をまとめると、次の通りとなる。つまり、石屏では入植当初の屯田設置をきっかけとして、耕地開発が比較的容易な山脚部などを中心に進められたが、明代後半には早くも頭打ちとなり、低湿地を対象とした官主導の大規模水利事業が開始された。赤瑞湖と異龍湖の湖出口部では、雨季の淹水に備えて、治水工事を実施し、湖水の排水に努めつつ、水を管理することで耕地開発を行なった。そして、異龍湖周辺の湖岸沿いでは囲田・湖田の造成などの技術を適用しながら、田畑の拡大を進めた。この一方で、石屏州城の周辺一帯の平野部では秋冬の水不足を克服するべく、足踏み式揚水機の利用を通してクリーク灌漑を行ない、豊かな土地へと変えていった。このように石屏盆地では、官主導の下で様々な水利技術を駆使して自然環境を改良する、いわゆる工学的適応により耕地の拡大を目指したのである。

最後に、こうした工学的適応に加え、自然環境に合わせて品種の選択などを行なう農学的適応も行なわれていたことも若干補足しておく。例えば、康熙『石屏州志』巻四には、穀物の種類として冷水穀や百日草などの名前が見える。(48) 冷水穀とは、冷水に強い晩稲であり、江南の徽州新安の耕地開発においても同様の品種の栽培が確認される。(49) また、百日草とは、水に浸かることの多い湖田や囲田などで栽培される占城稲の一種と考えられる早稲である。(50) こうした早稲や晩稲などの導入による農学的適応も行ないつつ、農業生産の絶対量を増やすことで、石屏盆地が直面した窮状の打開を図ろうとしたことがうかがわれる。

第三節　商品作物の栽培と手工業の発達

石屏盆地では、これまで述べてきたように明朝後半期以降、大幅な耕地拡大が困難な状況が形成されつつあり、土地投資への限界が見えるにつれて、農産物の商品化や手工業の発達を通して生計を立てる途が模索された。

こうした兆候は、人口が飽和状態となり、土地不足が深刻になりつつあった万暦年間にすでに現れていた。例えば、耕地不足の解決に取り組んだ知州蕭廷対は、第二節で詳述した如く、収穫した稲・粱・菽を食用に利用せず、僅かな利益を求めて造酒用に回したことがこの問題を深刻化させたと指摘しており、民間において穀物の商品化が確実に進行しつつあった。

また限られた土地資源で富を生み出すために商品作物も積極的に栽培された。例えば、綿の栽培は明代から盛んであった。天啓年間の知州顧慶恩は、「石屏の害は走馬役であり、利は綿花である」としており、続いて次のように記す。[51]

今漁業、宝秀の綿花業・家畜業、それから州中（石屏州城周辺地域）の綿花業は取引が盛んである…州中の綿花業もまた紡織の家々に対して、一枚織る度に、一年に貝の銭三索（一索は六〇枚）を補助するが、利益は甚だ少ない。

このように綿業は、利益が少ないながらも宝秀や州城附近を中心に活況を呈しつつあり、家の中では女性が綿を紡ぐ紡織の役割を担うことで、家計の補助にした様子がうかがわれる。こうした様子について、乾隆『石屏州志』巻二にも関連記事が見え、女性は機織に勤しみ、毎日深夜まで機を織る音が家々から聞こえるとある。[52]家内工業的綿業の隆盛は後世まで続いたが、民国期に外国から機械製の綿糸が輸入されるに至り、石屏の綿業も深刻な打撃を被り、多くの女性が放棄せざるを得ない状況に追い込まれた。[53]このことは、綿業が民国に至るまで石屏の主な産業の一つであったことを物語っている。そもそも綿は本来湿地に向かない作物であり、土地が高く淹水する可能性が比較的低い宝秀盆地や州城周辺で栽培されていたことは立地としても理に適っていたといえよう。[54]

こうした宝秀および州城周辺の綿業に対して、異龍湖周辺では桑や麻の栽培が行なわれた。第二節で述べたように異龍湖周辺では囲田・湖田が造成され、稲に加えて、桑や麻も植えられた。明代天啓年間に海口地域の大規模治水工事を行なった知州顧慶恩は、「石屏州旧志序」の中で、その成果により「一〇〇年の蒼海が桑畑に変わった」と記している。[55]また、明朝崇禎年間に同地域の浚渫工事を行なった朱統熾も、工事実施の原因として湖水の膨張により浸水する桑畑の存在を挙げており、[56]さらには、乾隆年間半ばの石屏の知州蒋振閲が異龍湖の堤防工事完成を祝して作成した詩にも桑や麻が登場する。[57]

一帯の平地が水辺から守られるためには、高い堰を築き泥や砂を締め出し、村の周囲から水を引いて流し、田地を畦で幾つにも分割する。こうすれば連年農作物の被害を心配することなく、どこでも桑や麻の栽培に耐えられる。幸いにも何事もなく諸々の御力をお借りすることが出来たため、私のうわべだけの評判ばかりが世間に広がっている。

このように顧慶恩が知州を務めた明代天啓年間以来、異龍湖周辺で桑や麻の栽培が行なわれ、海口地域の重要な収入源の一つになっていたことが知られる。おそらく、こうした異龍湖周辺の桑栽培は、知州顧慶恩の郷里である江南デルタの低湿地開発がその模範になったと推測される(58)。つまり、江南デルタでは明代以降、囲田の造成とともに、囲田を取り囲む堤防に湿地に強い桑が盛んに植えられたが、石屏盆地で土地使用の効率化が叫ばれる中、顧慶恩自身が異龍湖周辺の囲田造成や桑栽培を江南デルタに倣った可能性は十分に考えられる(59)。

これら商品作物の栽培に加えて、手工業にも力が入れられた。例えば銀を散りばめた赤銅品は、工芸品としてその名を国内外に轟かし(60)、一九世紀末の海関報告の中にも関連記載が確認出来る(61)。そもそも石屏の赤銅品は、その製造技術を代々一族で受け継いできたが、民国期に人気が高まるにつれて、職人を招聘しこれを学ぶものが増えたという。民国『石屏県志』巻一六には以下のように見える(62)。

　烏銅つまり、赤銅とは金と銅を化合して作り上げた容器であり、淡い紅色である。岳家湾の生産するものは最も立派である。赤銅品は、最初、岳姓の者たちだけが制作することが出来たが、今では日に日に増加しており、省市ではほしいままに流行し、工場では指南役が招聘されている。

こうした赤銅品のほかに、石屏は雲南省において豆腐の名産地としても知られており、地元の塩井で汲み上げられる水を利用して製造した(63)。現在においても石屏豆腐の名で多くの人々に親しまれており、雲南各地でしばしば耳目に触れる。

このように人口の増加と耕地開発の限界に直面する中で、新たな生活の糧を得るために商品作物の栽培や手工業の発展など様々な方法が試みられた。おそらくこうした多岐に渡る生業は当初副業として登場し、耕作の傍ら行なわれていたが、耕地不足の深刻化に比例して主業へと転じていったのであろう。ただ、こうした努力も、官による大規模耕地開発同様、石屏盆地の構造的飽和状態を打開する解決方法とはなりえず、移住への流れを止めることは出来なかった。しかし、石屏盆地における度重なる水利事業の実施や農作物栽培を通して習得した経験と技術は、外界で生計を立てていく際に大いにその強みを発揮することとなり、後世、石屏漢人の移住活動を縁の下で支える役割を果たすのである。

第四節　耕地開発の限界と水利事業への影響

これまで論じてきたように、明代初め屯田設置により始まった石屏盆地の耕地開発は、明代後半には早くも行き詰りつつあった。そこで、耕地拡充のために官による大規模な治水灌漑工事が実施され、並行して商品作物の栽培や手工業の発展にも力が注がれた。しかし、これも間もなく限界に達し、新たな生活の糧を求めて外界へと移住せざるを得ない状況が生み出されていくこととなる。こうした歴史について石屏出身で清末民国期の著名な政治家であった袁嘉穀は、次のように述べている(64)。

我が石屏は土地が痩せ、民も貧しく、生活は容易ではない。明代の頃は人家もまばらで、生活していくのも容易であったが、清代になり人口が次第に増加し、周辺地域に生活の糧を求めざるを得なくなった。

即ち、清代以降、活路を求めて外界へと向かう移住の潮流が生じたことが分かる。そしてこの流れを一層加速させたのが、一八世紀に人口爆発を契機に起こった人口圧力の増大とそれにともなう環境変化であったと考えられる。清代半ば、新大陸からトウモロコシやジャガイモなどの作物が中国に伝来した。これら作物は、厳しい環境でも栽培することが可能であり、また栄養価も高かったため、全中国規模で急激な人口増加を引き起こした。その結果、多くの人々が新たな生活の場を求めて周辺地域へと移住し、この一部は貴州や雲南などの西南中国に流入した。一九世紀初頭雲貴総督を務めた伯麟は、移民の流入について「臨安・開化・広南三府は…昔から人が少なく土地も広かったので、四川・貴州・湖北・湖南・広東・広西より多くの人々がやってきて、土地を掘り起こし耕すため、有象無象の連中の流入を防ぐことができない」と述べており[65]、石屏州が所属する臨安府にもこうした経済移民が大量に押し寄せたことが分かる。実際、この時の影響は、宝秀に現存する「秀山寺封山育林碑」（嘉慶四（一七九九）年立碑）の中においても確認することが出来る[66]。

元来宝秀の盆地の周囲にある山々は、皆高く険しく、龍潭湧泉もなく、ただ山中から滲みだした水を引いて糧田を灌漑してきた。昔は木々が鬱蒼と茂り、山から水が滲み出し、その量も豊富で、稲作に適していた。今は山肌がむき出しになり、水量も少なく、稲作が困難になった。このような弊害は、方々で無知な連中が火を放って山林を焼き、次々と木の根を掘り起こして土地を耕したことに起因する。その結果として、山は崩れて水は枯れ、雨で大水が出ると、土砂が押し流されて田畑を埋めてしまうようになった。利益は少なく、損害は大きく、ここ数年来の被害は、特に甚大である。

ここでいう「無知な連中」とは、おそらく石屏に流入してきた大規模移民の一部を指していると考えられるが、当時こうした移民が、宝秀盆地周辺の山々に火を放ち、樹木を根こそぎ抜いて土地を耕したために土壌浸食の被害が深刻化したことが読み取れる。

さらに、同碑文の冒頭部には「本年（一七九九年）三月五日、正街の郷約の李鳳章・前所の郷約の楊済美・外三甲の郷保の鄭源と李正昌・昌明里の郷約の李鳳閣…等がこの案件を上申した」との記述があり[67]、正街・前所・外三甲・昌明里の郷約と郷保が集まり、この問題を申し出たことが分かる。ここに見える郷約とは行政組織の末端で、地域において決まり事の遵守や治安維持などの実務の役割を担う役職であり、地域住民によって選ばれた人物に官憲が任職することでその任務の執行を行なう。おそらく郷保に関しても、郷約と協力して山林伐採に対応していることから同様の任務を帯びていたと推測される。また、正街・前所・外三甲・昌明里区とは宝秀盆地周辺の地区名であり、これら地区には合計八〇箇所の村々が存在し、宝秀盆地のほぼ全域がここに含まれることとなり(68)、漢人移民による山地開発の田畑への被害が宝秀盆地全体を揺るがすほどの懸案となっていたことを物語っている。実際、同碑文の被害状況に関する文章の後には次のような内容が続いている(69)。

> ここで、石屏州の老幼が、本年二月二七日に当州の城隍廟に集まって相談した。現在の郷保と私は荘知州に告知を出してもらうように願い出た。宝秀盆地の周囲の山々に火を放って林を焼き、樹木の根を掘り起こして耕作することを禁止する。さらに松・栢《コノテガワシ》・沙松《チョウセンハリモミ》・和木・株木といった樹木の伐採も禁止する、ということである。利益が生まれ、弊害が取り除かれる、実に喜ばしい。石碑を立てる許しをいただき、永久に後世に伝える。我々がみな法を尊重することを知り、敢えて前轍を踏まなければ、末永く功績を残すであろう。

つまり、石屏盆地の住民たちは城隍廟で集会を開き、住民と官憲の仲を取り持つ郷約らを代表者として、石屏州知州に山林への放火や伐採を禁止する告知を出してもらうように嘆願することにしたのである。知州の荘復旦はこの願いを聞き入れ、これまでの経緯、郷保や頭人に違反者捕獲の権利を付与したこと、さらに違反者には厳罰を科すことを石に刻み碑文として公開することで世間に広く知らしめようとしたのである(70)。

当時、大規模移民流入に起因する環境破壊と資源確保を巡るこうした軋轢は、石屏に限らず雲南各地に共通する問題であり、郷約などの官憲だけでなく、地域社会が自主的に環境保全を目指して、役職を設ける事例も存在した。例えば、現在棚田で有名な元陽では、森林伐採による水資源の枯渇を防ぐため、特別に箐長という森林監視の役職を設け、有力者の中から選出する措置を行なっている。しかし、こうした努力にもかかわらず大抵は思惑通り行かず何度

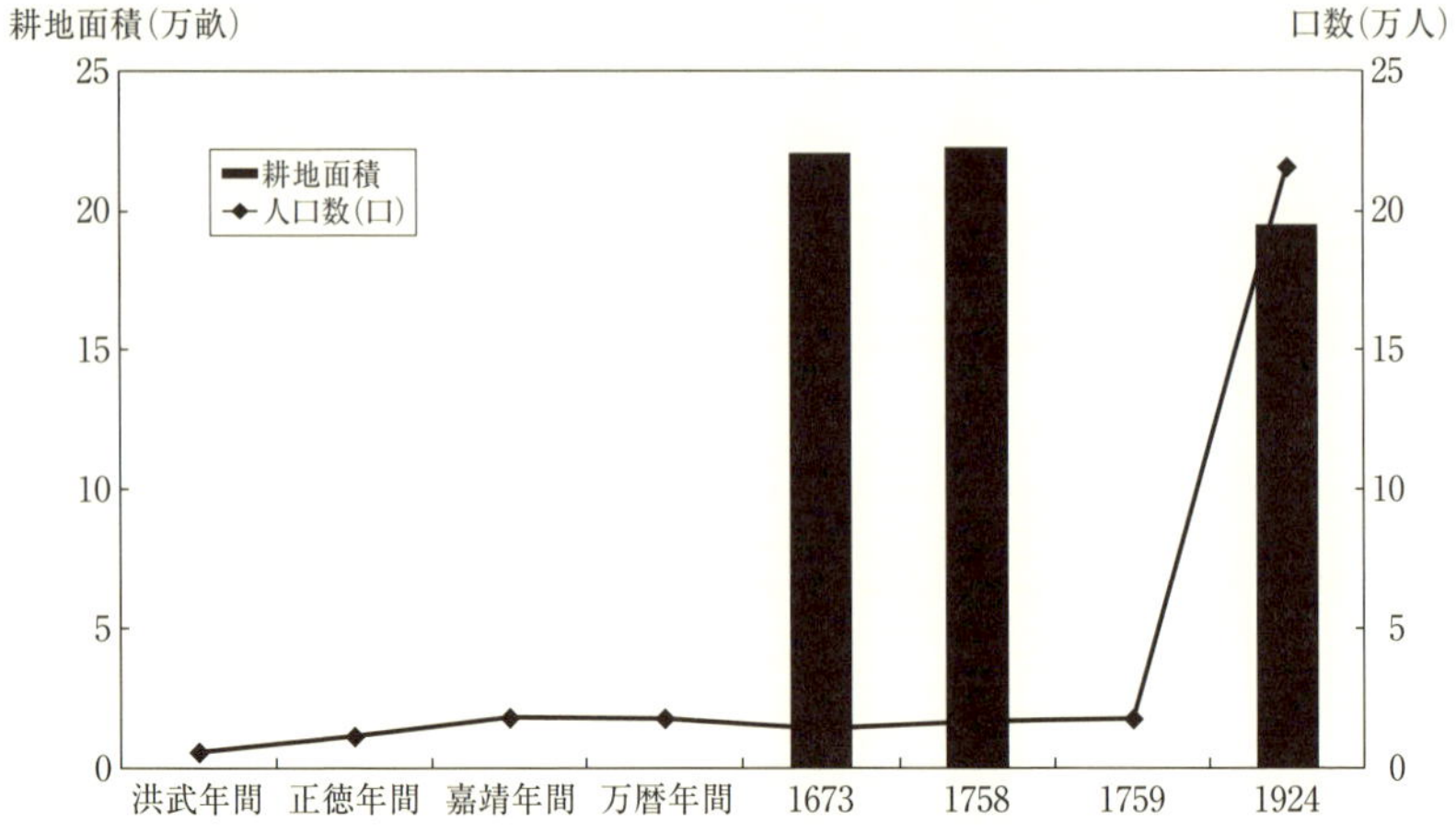

グラフⅡ　石屏の人口と耕地面積（1398-1924）

も碑文を立てるなど問題の解決は容易ではなかった。[71]

こうした漢人移民流入に起因する環境悪化の影響は、宝秀においても土砂の流出を引き起こすなど非常に深刻であった。宝秀盆地の中央に位置する赤瑞湖についていえば、以前から湖出口部における土砂の堆積が問題となっていたことは前述した如くであるが、道光年間に書かれた史料を見ても、「宝秀湖（赤瑞湖）は州城の西方に位置する。湖水の出口と川沿いの堤防は毎年常に修築と浚渫を行なう」とあり、[72]赤瑞湖周辺の山地の乱開発が相変わらず大量の土砂を生み出し、それが湖出口部にまで悪影響を及ぼしていたことが示唆されている。[73]また、異龍湖の湖出口部でも表3にあるようにほぼ碑文と同時期に当たる乾隆五五年から五七年（一七九〇—一七九二）にかけて二人の知州が三年に渡り堤防工事を行なっており、土砂の問題に悩まされていたのである。

このように乾隆末期以降、移民の流入による人口圧力の増大にともない、環境変化が起き、新たな水利事業はいうまでもなく、従来の耕地を維持することすら儘ならない状況であった。

石屏盆地の官主導の水利事業による耕地開発は、清代半ばには完全に頭打ちとなり、その後はいわゆる民間主導型の経済移民の流入にともなう環境の変化も重なり、これ以上の耕地面積の拡充は困難な状況であった。その反面、人口は明代後半期より飽和状態が続いており、大規模な漢人移民の流入が一層状況を深刻化させた。ここで袁嘉穀がいう「我が石屏は土地が痩せ、民も貧しく、生活は容易ではない」というのも、人口圧の高まりに対して従来の耕地面積では対応出来なくなったということを示唆しているのであろう。グラフⅡは、明朝洪武年間から民国年間までの人口と耕地面積の変化を表わしており、参考ではあるものの、一八世紀後半から二〇世紀初頭にかけて口数が一七九五八人から約一〇倍の二一五六九九人まで急増しているのに対し、耕地面積は二二二九〇四畝が一九五〇四九畝と減少傾向にある。無論こうした数字自体の信憑性には甚だ疑問があるものの、人口に比して耕地面積が増加していないという一定の傾向は読み取ることが出来よう。即ち、結果的にこうした環境への負荷が、安定した農業生産を妨げ、石屏漢人の外界へ向かう流れを後押しする要因の一つともなったのである。

以上から明らかなように、明代後半期以降の官主導による低湿地開発も耕地不足を部分的に補うことは出来たものの、根本的解決には至らなかった。乾隆年間以降史料上では新たな水利事業もほとんど見当たらず、耕地開発の速度はそれ以前と比較して鈍化したと推測される。この背景には、当時の水利技術で開発可能な場所は、ある程度開発され尽くしてしまったという事情があろう。そもそも石屏盆地は、その面積において大理盆地や昆明盆地に較べて格段に狭く、可耕地自体が限られていた。

こうした一方で、明朝後半期から石屏盆地の低湿地開発で実施された一連の水利事業は、この地域の土木技術の発達と組織力強化に貢献したと考えられる。とりわけ、数世紀に渡り淹水対策を迫られた海口地域の人々は、土木工事の経験が豊富であった。清代以降、石屏漢人は積極的に外界への移住活動を行なうが、鉱山開発は彼等の得意とした分野であった。その際に、海口地域、とりわけ海東出身者が、長年蓄積された土木工事の経験を糧に石屏漢人の外界での鉱山開発で中心的役割を果たすようになるのである。

おわりに

明代初めに王朝主導型移住の屯田設置を契機として始まった石屏盆地の耕地開発は、恵まれた自然環境の下で順調に推移した。宝秀盆地西部の平地と州城周辺の山脚部には多くの集落が形成され、周辺の山々から安定的に盆地中央に供給される水資源を、自然環境に合わせて流水灌漑や溜池灌漑といった自然の傾斜を利用した自流灌漑によって管理することで耕地開発を進めたのである。この間、石屏盆地は周辺地域から流れ込む人々も吸収しつつ、急速に人口を増大させ、一六世紀半ばには開発容易な土地は消滅し、構造的飽和状態が生み出された。そこで、明代後半以降、石屏盆地では窮状を打開すべく様々な方法を通して富の充実が図られたのである。即ち、明代後半から低湿地とその周辺部を対象として官が主導的役割を果たす形で、自然に人工的な改良を加える工学的適応に当たる（1）足踏み揚水機を利用するクリーク灌漑（2）囲田・湖田の造成といった各種の水利技術を活用し、治水工事と合わせて、大規模水利事業を推進しつつ、稲に関して品種の選択などによって自然環境に適応する農学的適応を行ない、収穫量の充実を図った。これと同時に、限られた土地を活用する中で、穀物の商品化や商品作物の栽培といった土地資源の効率化が進められ、各種特産品が生み出された。こうした石屏の土地資源開発の特徴は、江南デルタ地域の開発展開のプロセスと比較した場合、官主導の大規模低湿地開発と民間による農作物の商業化がほぼ同時に進行した点にあろう。そして、これを可能にしたのは、江南デルタに代表される沿岸部の先進地域の開発のノウハウをそのまま石屏に持ち込むことが出来たことが背景にあると考えられる。しかし、これら努力も結局のところ一次凌ぎに過ぎず、地域の構造的飽和状態を根本的に解決するには至らなかった。最終的に清代以降、石屏の人々は、新たな生活空間を求めて移民の途を選ぶこととなるのである。

ただし、石屏盆地に出現した人口の飽和状態と耕地開発の限界は、自然環境の点から数ある盆地でも早晩直面する問題であり、あくまでも石屏盆地特有の問題でなかったことは確認しておかなければならない。即ち、後世見るような石屏漢人の活躍には、こうした外界に押し出す内因に加えて、当然彼等を引き付けるだけの外因があり、石屏盆地から離れて生計を立てていける見込みや社会的上昇の期待を抱かせるだけの最低限度の条件が存在したのである。そして、この外因を十二分に活用し、移住先に自分たちの生活する余地を生み出すことを可能にするのが、後で述べるように石屏盆地の土地資源開発、つまり、工学的適応の過程で発達した土木技術であり、作物の商品化を進める農学的適応の際に身につけた栽培技術などであった。石屏の人々は、限定された土地資源の中で富の充実を図るべく奮闘する過程で様々な技術と経験を積み重ね、これが長い時間をかけて蓄積され、知識資源として実を結ぶのである。そして、この知識の集合体である資源を十二分に活用することでその後の移住活動を優位に展開していくこととなるのである。

註

（1）雲南省石屏県志編纂委員会 一九九〇『石屏県志』五二―五五頁。雲南省地方志編纂委員会 一九九八『雲南省志』巻一、二三一―二三六頁。

（2）雲南省には一平方キロメートル以上の盆地が一四四五箇所存在するが、石屏盆地はこの中でも順位的に八〇番目に位置し、相対的にも決して広いとはいえない。ちなみに、省都昆明のある昆明盆地（一〇七一・三四平方キロメートル）や滇西の中心である大理の洱海盆地（六〇一平方キロメートル）に比べると、石屏盆地の面積は僅か六一・六平方キロメートルにとどまる（前掲 雲南省地方志編纂委員会『雲南省志』巻一、二三一―二三六頁）。

（3）盆地部の気候と水系については前掲 雲南省石屏県志編纂委員会『石屏県志』（五六―六一・六四―六六頁）を参照されたい。

（4）乾隆『石屏州志』巻一、輿図志、輿図。内容は以下の通り。「山々からの谷川や田水が、東に向かい、周囲二〇里余りの宝秀草海（赤瑞湖）に流れ込む。そして、草海の出口から二〇里余り流れ、大松樹泉や九天観大塘を経由し、三台閣、旧壩、新壩に到り、州城の南を還流し、州城北の番卜竜、化龍橋に到達する。さらに附近の山々から谷川が集まり巨大な水溜まりを作る。これを異龍湖と呼ぶ。広さは周囲六〇里余りで、湖尾には二つの山が門のように横たわり、水はそこから流れ出る。これを海口と呼ぶ、つまり、湖の出口にあたる。またここから鎖龍湾に到り、建水の瀘江水に達する。これは皆西から東に向かい、それから東北方向へ行き、すべて盤江に帰する。異龍湖周辺の水田は全部で三〇〇頃余りにのぼる。湖出口部の南には河川があり、王家冲から白家寨を通り、湖に流れ込む。また北にも沙河があり、修衝関から龍山を回り王家地に向かい、湖出口部に流れ込む。これが宝秀および異龍湖の概要である（各山澗田水倶東趨於宝秀草海，海環囲二十餘里，由草海口延綿二十餘里，歴大松樹泉、九天観大塘至三台閣、旧壩、新壩，還流州城南，北達番卜竜、化龍橋，又旁納沿山四面渓澗諸水，匯為巨津，名異龍湖。寛広週六十餘里，湖尾両山如門，水従出焉，号曰海口，即湖口也。由湖口至鎖龍湾，達建水之瀘江水，倶由西而東而東北，総帰盤江，計湖上下両旁灌田三百餘頃。湖口迤南有水，自王家冲廻流至白家寨，入湖。湖口迤北有沙河自修衝関，廻龍山，廻流至王家地，会於湖口。此宝秀及異龍湖之大概也）」。

（5）乾隆『石屏州志』巻二、沿革志、沿革。原文は以下の通り。「（洪武）十六年，傅友徳、藍玉班師，留沐英鎮雲南。英念地遠兵多，軍餉難継，即奏請屯田，従之。遣宣寧侯金朝動，指揮僉事万徳，経理臨安屯田，置石屏屯十六伍、宝秀屯十八伍，分田給従征将卒，以為世業」。ただし、ここに見える「宣寧侯金朝動」というのは、「宣徳侯金朝興」の誤りだと考えられる。『明史』（巻三一三、列伝二〇一、雲南土司）には「洪武一四（一三八一）年に征南将軍（傅友徳）が雲南に赴き、宣徳侯の金朝興を派遣し、それぞれ道に分かれて進軍し臨安を占領した（洪武十四年，征南将軍下雲南，遣宣徳侯金朝興分道取臨安）」とある。

（6）前掲 方国瑜「明代在雲南的軍屯制度与漢族移民」（林超民編 二〇〇三『方国瑜全集』第三輯、一四五―三三二頁）。

（7）ここで使用する地図は、軍事委員会軍令部陸地測量総局によって中華民国二八（一九三九）年に測図され、三〇（一九四一）年に製版されたものである。『中国大陸五万分の一地図集成』（科学書院）所収。

（8）「秀山寺封山育林碑」。原文は以下の通り。「原宝秀一壩，周囲皆崇山峻嶺，原無龍潭湧泉，只是山中浸水，引取灌漑糧田。在昔樹木深叢，山浸水大，栽挿甚易」。本碑文の全文および詳細については、前掲 唐立編『中国雲南少数民族生態関連碑文集』（九〇―九三頁）所収。

（9）「蘭梓営清理納糧分水碑」は、乾隆四一（一七七六）年に立てられた。また、当該碑文のほかにも赤瑞湖周辺には、水の分配規則に関する史料として、「呉営村水班碑記」嘉慶三（一七九九）年立碑・「蘭梓営分水禁規碑」民国二（一九一三）年立碑・「清理鄭営民水碑記」民国一二（一九二三）年立碑などの碑文がある。これら碑文は、前掲 唐立編『中国雲南少数民族生態関連碑文集』（「蘭梓営清理納糧分水碑」八六―八九頁・「呉営村水班碑記」二〇六―二〇七頁・「蘭梓営分水禁規碑」二〇八―二〇九頁・「清理鄭営民水碑記」一〇二―一〇五頁）に所収。

（10）景泰『雲南図経志書』巻三、臨安府、石屏、山川。内容は以下の通りである。「その近くにまた楊柳壩があり、わずかな水を溜めて、居民の便に役立たせている（其近処又有楊柳壩，以蓄浅水，利居民便之）」。

（11）景泰『雲南図経志書』巻三、臨安府、石屏、井泉。内容は以下の通りである。「大小の龍井は、州の西方二里余りのところにあり、二つの泉は隣り合っており、湧きだす水は清潔で、楊柳壩に注ぎ込み、ともに異龍湖に流れ込む（大小龍井去州西二里許，二井相隣，混流清潔，注於楊柳壩，倶入異龍湖焉）」。

（12）グラフIは、乾隆『石屏州志』（巻三、賦役志、戸口）に基づき作成。

（13）乾隆『石屏州志』巻五、芸文志一、記、「三社倉記」。原文は以下の通り。「正嘉之初，生衆食寡，迄隆万攘攘為利来者，聚廬而托処」。

（14）乾隆『石屏州志』巻五、芸文志一、記、「三社倉記」。原文は以下の通り。「田故屏耳，仕籍衆，田価高，一金止市租一二斗，小民僅規刀錐之利，至以稲、粱、甘苦二菽醸酒，而米益耗，富戸又忍於閉糴，其弊四也」。

（15）乾隆『石屏州志』巻一、地理志、風俗。内容は以下の通り。「石屏はもともと荒服の土地であり、住民の多くは猓夷《ひかんじん》であった。元朝の時に帰服し、慣習が次第に開化した。明朝初め州が設置され、政教の施行により教化された。また石屏と宝秀の軍屯二屯が加わったが、屯軍は皆長江流域の人々であり、土着の人々と入り混じって暮らしていた（石屏旧為荒服，居

民多猓夷。自元時内附，風気漸開。明初置州牧，布政教以化導之，復添石屏、宝秀二屯，屯軍皆江南北人，与土著之民錯綜）」。

(16) 乾隆『石屏州志』巻五、芸文志一、記、「三社倉記」。原文は以下の通り。「違禁取利，律有明条，乃夷民膏脂尽吸於豪猾，一歳而子銭之入等於母也。逋息再歳，後責之子母猶初，欲民亡貧得乎」。

(17) 前掲 野本敬・西川和孝「漢族移民の活動と生態環境の改変—雲南から東南アジアへ—」。

(18) 乾隆『石屏州志』巻五、芸文志一、記、「三社倉記」。原文は以下の通り。「宜興水利。透迤山麓鑿陂塘，以需灌漑，其東濱湖山田則引湖水，或謂百花壟河可決，以利老衛諸寨」。

(19) 前掲 李中清『中国西南辺疆的社会経済：1250—1850』一三一—一四〇頁。李中清は、石屏の他に、屯田が設置された騰越庁・太和県（大理）・安寧州の人口データを挙げ比較しているが、石屏のみが若干ながらも減少傾向を示している。

(20) 康熙年間の石屏出身の進士張漢は「赤瑞湖記」（乾隆『石屏州志』巻五、芸文志一、記）の中で「湖に水が満ちても出口が狭まっているため、壷をひっくり返したようにしか流れない。この川は一本の帯となり、まっすぐ一〇里ばかり進み、九天観の鑑湖に流れ込む。それから二方向に別れ、城を囲みながら、南北から東湖（異龍湖）に入る…湖には石板があり、俗に雲梯と呼ばれている。また、湖の中から泉が沸いており、その様子を目にすることは出来ないものの、水はきれいで髪の毛さえも映るほどである。たとえ雨で水があふれ出ても、濁ることはない（湖腹充而口隘，如倒壷而流，一衣帯水直走十餘里，入九天観鑑湖，又分両帯抱城，南北入東湖…湖中有石版，俗号雲梯，有龍孔泉沸発，伏湖中莫見，水冽可鑑毛髪。雖雨漲淖流赴入，不能濁）」と記している。

(21) 万暦年間の石屏州知州蕭廷対は、「宝秀水利碑記」（乾隆『石屏州志』巻五、芸文志一、記）の中で「宝秀は、州城から西方に一日歩いた場所にある…ただ周囲を高い山々に囲まれ、水田の灌漑に利用出来る源泉もなく苦しんでおり、山に雨が降れば、にわかに水が増え、久しく人々に二つの災いをもたらしている…その（問題の）一つは、臨安衛の中所と左所二ヵ所の屯田が草海（赤瑞湖）に迫っていることである。雨が降れば、水が集まり巨大な水溜りとなり、山の麓の河川が流れにくくなる。しかし、土砂の浚渫は数十年議論されることもなく、土砂の堆積は、浚渫作業よりも簡単に進行するのであ

る（宝秀去城西舎許…惟是四山嵂嶪，苦無原泉灌注田畝，山雨暴漲，歳久為民患二焉…其一中、左二所屯田逼草海，雨集輙為巨浸，山下旧河一溝勢難容洩。又数十年無議開者，濬之難不勝其壅之易也）」と記している。

(22) 乾隆『石屏州志』巻五、芸文志一、記、「宝秀新河碑記」。原文は以下の通り。「宝秀之草海…乃三面阻山，山水時発，旧有河沿山足下，屈曲沙衝，随濬随塞，上積而益深，下激而愈壅…先長老御史白塘許公目撃而嘆曰，嗟乎，草海拠上流，無山石為梗，若於田間開一直河以洩水，則沙不能衝，為利最溥…此語伝三十年，而判府顧公適至…復議水利，蓋機之会者」。

(23) 乾隆『石屏州志』巻五、芸文志一、記、「宝秀新河碑記」。原文は以下の通り。「屯長列沮洳人戸、若干田，下令河工，多寡称是，人人裹糧，競躍挙鍤為雲，決渠為雨。然水勢建瓴而下，漫漶可虞也。酌為三停，混混而出，洋洋而去，初及五畝一帯，浸灌菑畬，次及九天観之陂池，呑納沈蓄，又次及州治之附郭田，南北交流，東西互注…審溝塍之遺跡，正疆界之定分，乗時率作，獲田以数千頃計」。

(24) 乾隆『石屏州志』巻五、芸文志一、記、「宝秀新河碑記」。内容は以下の通り。「以前は河の流れが妨げられ、土砂が堆積した。それゆえ直河に水利官を置き、河道が塞がらないように管理させた…宝秀直河は長雨に際して、水が溢れれば、これを開いて浚渫する。それから後、直河が埋まり塞がれば、これは水利官の責任である。上流が塞がれば、水を導き下に流し、下流が塞がれば、上流の水を通して流させる。これが水利の善後策の第一義である。公は速やかにこれを計画する（旧河存之，用遏流砂。直河設水利官，領疏瀹之寄…宝秀直河，当霪雨連綿，客水暴集，即開濬。後勢不能保無填闕，責成水利官，上闕則導之使下，下闕則通之使流，水利中善後第一義，公蚤籌之矣）」。

(25) 乾隆『雲南通志』巻一三、水利。原文は以下の通り。「宝秀湖在城西三十里，源出湖心，夏秋雨漲，匯為巨津，東入異龍湖，資灌甚広」。

(26) 乾隆『石屏州志』巻二、建設志、城地。内容は以下の通り。「州には昔、城地がなかった。成化一六（一四八〇）年に知州蒋彝が民居の四方に門を設け、東は迎恩、西は通貢、南は拱辰、北は鐘秀とそれぞれ名づけた。嘉靖三〇（一五五一）年に元江で反乱があったため、周囲四里三分の土城を築き、そこに東西二つの櫓を建てた（州旧無城地，成化十六年知州蒋彝因民居為四門，名東迎恩、西通貢、南拱辰、北鐘秀。嘉靖三十年元江兵変，築土城周囲四里三分，就地建東西両城楼）」。

（27）乾隆『石屏州志』巻五、芸文志一、記、「九天観水塘記」。原文は以下の通り。「万暦丁丑冬十月，予承乏来守石屏，時年饉久不雨，越春徂夏不雨…越旬雨如霧，又五日雨霑足，而田畝之涸如故。蓋州治自城垣外可数歩，即沃壌平衍，而無水源，独治東有異龍湖，又其最下」。

（28）乾隆『石屏州志』巻五、芸文志一、記、「九天観水塘記」。原文は以下の通り。「予循故道抵湖源，似可通人力引水上流，遂下令浚治之…已而浚尺土，得尺水，水所至咸得播種。民翕然楽趨，不自愛力，日出而服労者幾千百人無倦。匝月而河工告成者計二十有三，復召車工，作車汲水，民得水如得雨，可無旱憂。又令有力者耕湖田，戒豪家兼併，賦十一入社備賑，計得穀三百餘，社倉已行，而社学亦因以立矣」。

（29）乾隆『石屏州志』巻五、芸文志一、記、「曽公生祠記」。内容は以下の通り。「万暦丁丑の年〔一五七七年〕の九月から翌年六月まで雨が降らず、厳しい日照りが続いた…（曽所能）は食糧を配り、俸禄を与え、大いに人夫を労い、異龍湖に沿って一〇余りの用水路を掘削し、人を募って龍骨車を作り、およそ数千頃の土地に水を引いて灌漑した。これによって藻や葦の生い茂っていた場所が尽く農地に変った。湖田は豊かであり、水の便にも優れ、一箇月足らずで苗が生い茂るようになり、秋の収穫の時期になったが、米は高騰しなかった（万暦丁丑歳自九月不雨至明年六月，旱尤甚…乃発廩捐俸，大犒役夫，沿湖開竇十餘，募人造龍骨車，引水灌漑無慮数千頃，由是藻葦之場尽変禾稼之区。湖田既饒，引水又便，不一月而其苗油油芊芊，至秋熟，米不騰踊）」。

（30）前掲 北田英人「唐代江南の自然環境と開発」および前掲 北田英人「稲作の東アジア史」を参照。

（31）社とは元々民間で随意に設けられた集合の単位であったが、時代が下るにつれて統治機構の一部に組み込まれるようになった。とりわけ元代以降は為政者がこれを利用し、社長が選出されるなど制度として整えられていった。

（32）乾隆『石屏州志』巻五、芸文志一、記、「九天観水塘記」。原文は以下の通り。「一日父老告予，以州西去可三里，有九天観，俗名以海，地勢平窞，深山長谷之水四面匯入…（予）遂欲民力浚治之，移旧堤於百歩之上，就其岡陵之隘而阨塞之，中為石閘，以通啓閉，立碑一所，僉水利官一員，壩夫二名，掌之，工成，蓋戊寅八月也」。

（33）乾隆『石屏州志』巻五、芸文志一、記、「九天観水塘記」。原文は以下の通り。「蓋滇南冬多不雨，秋雨不閉閘，則冬水必涸，春耕無頼，是無冬水，即無春耕也。必乗秋雨之後，即厳閉閘之令，而阻撓者罰之，毋使失時」。

(34) 乾隆『石屏州志』巻一、地理志、堰塘。原文は以下の通り。「白倉堰…又因時亢旱，濬開宝秀河，由五畝、大松樹達九天観，及劉公堤西南，田畝咸資水利」。

(35) 乾隆『石屏州志』巻二、沿革志、沿革。内容は以下の通り。「弘治一六（一五〇三）年に参政陳宣・副使包好問・知府王資良・指揮龐松は軍丁を使役し、異龍湖の水を決し、臨安の田を灌漑した（弘治十六年参政陳宣、副使包好問、知府王資良、指揮龐松役軍丁決異龍湖水灌臨安田）」。

(36) 正徳『雲南通志』巻三三、「臨安新開石屏湖水利記」。本文中で一部欠けて見えない箇所については、乾隆『石屏州志』巻五、芸文志一、記、「石屏州水利記」を参照して適宜補う。原文は以下の通り。「滇南之南属郡臨安，予与憲副包公好問，是守巡其地，皆有責焉。時弘治癸亥自春徂夏五月望，尚旱不雨…間有言，公城之西不五十里，有石屏湖，俗重之曰海。若假人力開濬，水可下行，豈惟潤及枯槁，湖落地出，尽膏腴也。憲副王公行之遺我二人，望三日偕至与湖，作謀始式…三旬而成。水通物潤，且以郷計者四，以畝計者数百万，以程計者抵城下四十里」。

(37) 乾隆『石屏州志』巻五、芸文志一、記、「新濬海口碑記」。原文は以下の通り。「屏郡地勢東下，匯而為湖，環匝百十餘里，海門山麓石龍峡其尾閭也。洩則沿湖沃壌，塞則苦澇焉。旧志州守顧公言之已悉，数十年来，壅滞愈甚，値夏秋之交，霪雨不息，狂流暴発，黄茂尽委巨浸，民益苦之」。

(38) 乾隆『石屏州志』巻一、輿図志、輿図。原文は以下の通り。「惟海口虞壅滞，有利亦有害，毎年春初必官為督率大修一次，按田撥夫，旧有成例，修深必三尺，乃差免水患。雍正五、六年至九年，前吏目葉世芳之功，至今称最，嗣二十餘年壅塞不治，民甚苦之」。

(39) 乾隆『石屏州志』巻六、芸文志二、伝、「海口説」。原文は以下の通り。「異龍湖為屏陽巨浸…湖広五十里，瀕湖千頃，悉頼以灌。其尾閭乃在海東，峡過石龍，由関底経西荘，臨郡屯田亦藉以潤…沿海山勢由此転東而西，捍衛水口，旁有王家冲、蘆子溝二水逆流而上，両沙壅淤，随開随塞…若開不以時，屏有沈没之虞，而臨無涓滴之潤」。

(40) 乾隆『石屏州志』巻五、芸文志一、記、「新濬海口碑記」。原文は以下の通り。「（康熙）乙亥歳芝山張公来守吾屏…瞿然曰，田稼災傷，民天所係，治屏急務，莫有大於此者…乾溝水自修冲関来，昔人堤之，堤壊則土石直奔海口，此一患也。王家冲水必令分流帰海，以殺其勢，否則河堤難免衝撃，又一患也。南岸乾渓数処，須布樁甃石，捍之別流，否則雨水暴集，砂礫随至，亦一患也。更有村農欲激水入田，架木作壩，横截河中，沙日壅，水日淤，其患尤甚，縁此数患，故屢開屢塞，卒無成功」。

(41) 乾隆『石屏州志』巻五、芸文志一、記、「朱州守生祠碑記」。原文は以下の通り。「異龍湖水周遭百五十里，民田相錯湖濱者幾万頃，田高湖卑，浮沙四塞，土民築壩，希灌漑之利，湖水不得行，漁者排樁，積葑草為梁，湖水又不得行，於是壅而上侵桑田，為陽侯所拠，窮民賠納者，且百年餘。公曰，浮沙未去，湖口未可濬也。郷民旧壩，下令折毀，力濬河身，沙無留行。石堤未築，浮沙未可砥也。下排樁，築土埂，樹楡柳数百丈，如鉄甕焉，又搬運木石，培護内堤外堤，湖水趨下而匯於東，出淤田数百畝。公自己卯冬歴庚辰之春冒雨雪踏勘，擔土運石，給工銭、牛酒、万杵、千鋤，雲集子来，不数月而河功成，百年滄海一望桑田」。

(42) 海口部の水流の滞留によって引き起こされた湖面の上昇による被害は、対岸の州城においても確認出来る。例えば、乾隆『続石屏州志』巻二、芸文志、「廻瀾亭記」には、「海口は石屏の州城東方四〇里余りに位置し、異龍湖の水が流れ出ていく場所である…乾隆三八（一七七三）年夏に思いがけなく長雨があり、水害が起こり、水が城に及んだ。私（知州の蒋振閲）は人々と相談し、浚渫工事を行ない、長堤を修築し、さらに堤防に沿って柳を植えた。河川の堤防を保護するためにしっかりと備えをし、翌年橋の上に亭を建設した（屏城東四十餘里有海口，異龍湖水所従出焉…癸巳夏恒雨不時，波臣為患，水及城闉，予謀於衆，大事濬疏，既又修築長堤，復繞堤栽柳。凡所以捍蔽河堤者頗備，逾年作亭于橋上）」とあり、知州の蒋振閲が、治水工事を行なった原因として州城への被害を挙げている。

(43) 乾隆『石屏州志』巻五、芸文志一、記、「歳修海口碑記」。原文は以下の通り。「州城東隅異龍湖…祇縁水口河道，箐山多破，一経雨水，沙石下行，毎遭阻塞。両岸沙堤約長十里，若非倍費人工，難保無虞…向曽開挖疏通，皆由沙不遠発，以致随掘随淤，況要地無人巡守，屢被附近村民放火焼山，挖掘柴根，土鬆上浮，雨霖成瀏，兼之縦放牛馬，聚衆捕魚，載重行船，直抵石橋，沿堤践踏砂坍，歴年莫能禁止，旱則湖水不泛，海田稍可佈種，潦則一望汪洋，民人束手無策」。

(44) 乾隆『石屏州志』巻一、地理志、堰塘。原文は以下の通り。「東湖即異龍湖。湖地最下，久雨苦淹。康熙三十七年知州張毓瑞清理海口堆沙田畝，捐俸疏通久淹之田，漸次成塍」。

(45) 乾隆『石屏州志』巻六、芸文志二、伝、「海口説」。原文は以下の通り。「屏臨両利，応率七分軍以助一臂。吾謂屯軍以助役為名，反於海東生擾，不若就屏之人有田，而瀕海者臨時照畝派之以助濬，則以自利而自営之，不責報於臨邑」。

(46) 乾隆『石屏州志』巻五、芸文志一、記、「歳修海口碑記」。原文は以下の通り。「前於康熙五十七、八等年已経吏目葉世芳公同紳士遵奉上行，毎年農務稍暇，斉集人工三百名，動工二十日，疏濬河道，堵築堤埂…由是湖水漸消，海田得種，所獲不下万計…但思天時之旱澇無常，人事之修濬必力，若始勤終怠，自是前功廃棄，嗣後時当農隙，疏濬動夫，於水退得栽田畝者，計租十石，応夫一名，是誠使之自営其利之善術也。倘遇大水淋漓，山崩，砂石壅阻，田垣受淹，則用四門村寨人夫協力共修，設有偸安抗違，仍前作践者，必以法懲，合勒諸石，以垂永久」。

(47) 水路が完成したことは、短期的に見れば洪水の防止などの効果も生まれたが、現在では異龍湖の水位の低下にともない、周辺地域への生態環境の変化や湖水の富栄養化などの多くの深刻な問題を引き起こしている。これに関しては、前掲 雲南省地方志編纂委員会『雲南省志』（巻一、三〇八―三一〇頁）および張秀敏 二〇〇三「異龍湖退田還湖及其対策」『雲南環境科学』（二二、増刊一、五一―五四頁）を参照されたい。

(48) 康熙『石屏州志』巻四、賦役志、物産、穀部。

(49) 冷水穀については、石屏に隣接する新平県県誌の民国『新平県誌』（第一一、農政）に「冷水穀は最も耐寒性があり、晩熟である（冷水穀，最耐冷，多晩熟）」とある。また、斯波義信の研究によれば、徽州新安の例では「冷水白」と記している（前掲『宋代江南経済史の研究』三九八―四〇三頁）。

(50) 周藤吉之 一九六〇「南宋に於ける稲の種類と品種の地域性」『宋代経済史研究』一九四―一九九頁。

(51) 康熙『石屏州志』巻一〇、芸文志、「屏役税」。原文は以下の通りである。「屏之害莫如走馬等役，屏之利差棉花等行…今魚鰕行、宝秀棉花行、活豬牛羊行及州中棉花行往来稍裕…中棉花行又于紡織之家，毎機一張，歳出蚆三索貼之。一歳三索，所出甚微」。

（52）乾隆『石屏州志』巻一、地理志、風俗。内容は以下の通り。「女性は女子の仕事を習い、紡織に精を上げ、毎日深夜まで機を織る音が家々から聞こえる（婦人習女紅，勤紡織，毎深夜猶聞機杼之声）」。

（53）民国『石屏県志』巻六、風土志、婦工。内容は以下の通りである。「関税を失ったため、機械製の綿糸が満ち溢れた。およそまともな職業の女性は綿価が高騰したため、その業を放棄せざるを得なくなった。これは、憂うべきことである。政府はこれを憂慮し、防止するべきである（自関税失政，洋紗充斥。凡正当職業之婦女因棉価昂，遂至輟業，是則可憂也。政府当慮及而防維之）」。

（54）こうした綿作の状況は、江南デルタ地域の開発とも合致しており、沿岸微高地では稲作転換が行なわれた。前掲 渡部忠世・桜井由躬雄編 一九八四『中国江南の稲作文化：その学際的研究』一二三七頁。

（55）乾隆『石屏州志』巻六、芸文志二、序、「石屏州旧志序」。内容は以下の通り。「新河ではちょうど浚渫工事が行なわれ、一〇〇年の蒼海がたちまち桑畑に変わり、石屏の一大事であると褒め称える（新河適濬，百年滄海倏為桑田，更称屏中一快事）」。

（56）乾隆『石屏州志』巻五、芸文志一、記、「朱州守生祠碑記」。原文は以下の通り。「異龍湖水周遭百五十里，民田相錯湖濱者幾万頃，田高湖卑，浮沙四塞，土民築壩，希灌漑之利，湖水不得行，漁者排椿積葑草為梁，湖水又不得行，於是壅而上侵桑田，為陽侯所拠，窮民賠納者，且百年餘」。訳文は前掲註（41）を参照のこと。

（57）乾隆『続石屏州志』巻二、芸文志、詩、「異龍湖尾堤成誌喜以沙堤新築為韻」。原文は以下の通り。「一帯平横扼水涯，塁成高堰截淤沙，村前環引流千派，隴外斜分路幾叉，不用頻年憂稼穡，已堪随処種桑麻，安瀾幸借諸賢力，浪博虚名已渉誇」。

（58）乾隆『石屏州志』（巻三、官師志、知州）に顧慶恩の名が見え、「江南呉県人」とある。呉県は現在の蘇州に当たり、太湖の湖畔に位置しており、宋代以降に急速に進められた江南デルタ低湿地開発の中心となった地域である。

（59）江南デルタの開発については、前掲 濱島敦俊「明代の水利技術と江南地主社会の変容」『シリーズ世界史への問い 2 生活の技術 生産の技術』（七五―一〇三頁）および、前掲 松丸道雄・池田温・斯波義信・神田信夫・濱下武志編『世界歴史大系 中国史4―明～清―』（一五五―一五七頁）を参照。

（60） 民国『石屏県志』巻六、風土志、工業。内容は以下の通り。「赤銅器の名は国内外に轟いている（烏銅器名馳中外）」。

（61） China Imperial Maritime Customs, *Decennial Reports, on the Trade, Navigation, Indursties, etc., of the Ports Open to Foreign Commerce in China and Corea, and on the Condition and Development of the Treaty Port Provinces, 1882-1891, with Sundry Maps and a Sketch Plan of Each Port; also Statistical Tables Relating to the Foreign Trade of China,* Published by Order of the Inspector General of Customs,Shanghai（以下 *Decennial Reports,1882-91* と略称）, p.674. 石屏の人々は、このほかにも錫や銅製品、さらには木彫りなどにも長けていたという。China Imperial Maritime Customs, *Decennial Reports, on the Trade, Navigation, Industries, etc., of the Ports Open to Foreign Commerce in China, and on the Condition and Development of the Treaty Port Provinces, 1892-1901, with Maps, Diagrams, and Plans, Southern Ports, with Appendices,* Published by Order of the Inspector General of Customs, Shanghai（以下 *Decennial Reports, 1892-1901* と略称）, Vol2. p. 462.

（62） 民国『石屏県志』巻一六、物産志、鉱物。原文は以下の通り。「烏銅以金及銅化合成器，淡紅色。岳家湾産者最佳。按烏銅器始惟岳姓能製，今時能者日衆，省市肆盛行，工廠中有聘作教師者」。

（63） 民国『石屏県志』巻六、風土志、工業。内容は以下の通り。「城内に塩水の井戸が数箇所あり、渋味のため飲用水には適さず、（豆腐のにがり用の）水として使用することで、豆腐の味は非常に優れたものとなり、石屏豆腐の名は、全省に轟いている。このように廃棄物を利用する術として最も優れており、その功績は大きい。惜しむべきは発明者の名が伝わっていないことである（城内有塩水数井，渋不可飲，用以点水，豆腐味極佳，石屏豆腐之名伝於全省，廃物利用其術最精，其功尤鉅，惜不伝発明者名）」。また、民国『石屏県志』（巻一六、物産志、加工製造品附）には石屏の加工製造品として「豆腐干（豆腐）」、「豆腐皮（湯葉）」の名が挙がっている。

（64） 民国『石屏県志』巻六、風土志、商業。原文は以下の通り。「吾屏地瘠民貧，謀生不易，有明一代，煙戸稀少，尚易為力，入清以来戸口漸繁，不能不謀食於四方」。

（65） 道光『雲南通志稿』巻二〇八、芸文志、「雲南種人図説」序。原文は以下の通り。「滇省東南臨安、開化、広南三府…在昔民稀土昿，川、黔、楚、粤以就墾至者為多。耕鑿既衆，不能保無稂莠之滋」。

(66)「秀山寺封山育林碑」。前掲 唐立編『中国雲南少数民族生態関連碑文集』（九〇―九三頁）参照。原文は以下の通り。「原宝秀一壩，周囲皆崇山峻嶺，原無龍潭湧泉，只是山中浸水，引取灌漑糧田。在昔樹木深叢，山浸水大，栽挿甚易。今時山光水小，苦於栽種。弊因各処無知之徒放火焼山林，連挖樹根，接踵種地，以致山崩水涸，及雨水発時，沙石冲滞田畝。所得者小，所失者大。数年来受害莫甚於此」。

(67)「秀山寺封山育林碑」。原文は以下の通り。「本年三月初五日，抛正街郷約李鳳章、前所郷約楊済美、外三甲郷保鄭源、李正昌、昌明里郷約李鳳閣、寨民王済川、李作桧、張崑、唐華盧、王龍、唐誥、陳文燦、向綱、普霖、孫朝陽、李鳳林等稟前事一案稟称」。

(68)それぞれの村名については乾隆『石屏州志』（巻一、地理志、村寨）に詳しい。

(69)「秀山寺封山育林碑」。原文は以下の通り。「合郡老幼，於本年二月二十七日，集本境隍祠妥議，今郷保同小的等稟明天台，懇恩出示。将向宝秀壩前面周囲山勢，禁止放火焼林，挖樹根種地，並禁砍伐松、栢、沙松、和木、株木等樹数款。既禁則興利除害，感戴不尽。賞准泐石以垂久遠，庶愚民咸知畏法不敢仍踏前轍，陰功万代矣等情。抛此除批示外，合行出示，泐石暁諭」。

(70)「秀山寺封山育林碑」。内容は以下の通り。「知州である私はこれを許して告示を出し、さらに石碑を立ててその内容を附近に住んでいる漢・夷人たちに周知させる。告知の後、山に入って林を焼いたり、木の根を掘り起こし耕作したり、禁止されている木々を伐採したりしてはならない。故意に違反した者がいれば、郷保や頭人が違反者を捕えて報告し、州の役所に連行せよ。厳しく取り調べて処罰し、決して容赦はしない。みなこのことを遵守し、違反してはならない。特に告示して石に彫らせ、永久に伝える。本来、それぞれの山に植えられている樹木は、山主の管理に属しているので、みなが異議を唱えることは出来ない（為此仰附近居民漢夷人等知悉，示後，毋得再赴山場，放火焼林，挖取樹根，随即種地，砍伐所禁諸樹。倘敢故違，許爾郷保頭人扭稟赴州，以憑従重究治，決不姑貸。各宜凛遵，毋違。特示泐石，以垂不朽。原有各山所種之樹，係有山者，管業衆人不得争競）」。

(71)　前掲 唐立編『中国雲南少数民族生態関連碑文集』「解説」三―二二頁。

(72)　道光『雲南通志稿』巻五三、建置志、水利、臨安府。原文は以下の通り。「宝秀湖〔石屏州採訪〕在城西。宣洩之口、経行之堤，毎歳常為修築疏濬」。

(73)　赤瑞湖の湖出口部における土砂の堆積は民国年間においても確認出来、毎年堤防の修築と土砂の浚渫が繰り返されていた。民国『石屏県志』（巻四、山川志、堤閘）にも、「採訪したところ、宝秀湖堤は州城西方にあり、排水口と河道では毎年必ず修築と浚渫を行なっている（宝秀湖堤〔採訪〕在城西，宣洩之口、経行之堤，毎歳常為修築疏濬）」とある。

第二章　石屏漢人の移住地域と省外交易ルートへの進出

はじめに

ある社会において何らかの歪みが生じ、安定化を目指し再編を求める際、社会的身分を上下に移動させる社会移動が起こされ、商業活動や移住活動が活発化する。そして、こうした現象を通して社会は再び正常な状態を取り戻し、安定化に向かうのである。石屏の場合は人口と土地の不均衡が社会不安を引き起こす主因となっており、土地の有効利用や手工業の発達などでも克服することが出来ず、最終的に余分な人口を外部に排出することで石屏盆地内の土地資源と労働力のバランス回復を目指すこととなる。スキナーは移動を規定する要素の一つとして故郷を取り巻く周辺地域の存在を挙げたが、ここでは周辺地域と故郷とを連結する交通路について検討していく。

そこで、具体的な手順としては最初に石屏漢人の移住先を明示し、続いて石屏盆地とそれら移住先を結ぶ移住ルートに関して、交易との関連性から論じる。そして、こうしたルートが如何にして全中国規模の交易ルートと連結し、石屏漢人の移住を後押しする条件を形成していったかについても言及する。

第一節　石屏漢人の周辺地域への移住

石屏盆地では明代後半期に人口増加と耕地不足という構造的飽和状態に陥って以降、官主導による低湿地開発や商品作物の栽培など有効的土地利用を通して富の増産を目指したものの、清代初頭には再び頭打ちとなった。盆地の土地資源活用の限界が明らかになるにつれ、石屏の人々は新たな生活の糧を求め、外界に向けて移住を開始したのである。民国『石屏県志』巻六にはこうした石屏盆地の辿った歴史を以下のように記している(1)。

我が石屏は土地が痩せ、民も貧しく、生活は容易ではない。明代の頃は人家もまばらで、生活していくのも容易であったが、清代になり人口が次第に増加し、周辺地域に生活の糧を求めざるを得なくなった。それ故に元江から墨江・普洱・思茅・茶山一帯にまで及ぶほとんどの地域が、我々石屏の植民地となっている。石屏の民は冒険心に富み、鉱山開発を得意とする。雍正年間に車里（西双版納州タイ族自治州景洪市）が開かれて以降、錫泥（耿馬県）や班洪（耿馬県猛永鎮）の銀山は石屏人が開き、石屏の銀や他郎（墨江県）の金も同様に石屏人の残した成果である。箇旧錫山の開発は、これら鉱山開発の後に行なわれた。

即ち、土地利用が頭打ちとなり、社会に閉塞感が広がり始めた清代以降、石屏盆地から多くの人々が周辺地域に移住していったのである。その主な受け入れ先となったのが、元江（＝紅河）以南の墨江から普洱、思茅、それから現在の西双版納タイ族自治州猛臘県の普洱茶の茶山に至るまでのフロンティア地域であった。この地域は非漢人が多数を占めており、石屏漢人は、現地の言語習得、あるいは婚姻を通じて巧みに地元社会に根付き、持ち前の勤勉さも手伝い、商業活動に頭角を現した。時にその活動範囲は、普洱府西方の順寧府からミャンマーにまで及び、雲南南方一帯では俗に「煙があるところには必ず石屏人がいる」といわれるほどであったという(2)。こうして進出した石屏漢人は、

先々にその活動拠点として会館を建設した。石屏漢人の会館について、民国『石屏県志』巻六は次のように記している。(3)

石屏人は群居を好み、知識人は研究や討論を、商人は集まりをそれぞれ重んずるため、遠くに出かける者は往往にして会館を建設する。規模は壮大で、まるで京師にある美しい彩りを持つ別墅のようである。省城・思茅・蒙自・箇旧・元江・普洱・他郎・磨黒・雅口・茶山にそれぞれ会館がある。

このように石屏会館は、西は元江府・普洱府一帯から東は蒙自県・箇旧県と、滇南に広く分布していた。この中でも会館が集中する普洱府一帯では、強力な経済的地盤を築くことに成功し、清朝末期、普洱府の主要交易品は、ほぼ石屏出身の商人に握られることとなる。(4)ただし、石屏漢人の主な活動範囲は、元江（＝紅河）以南の普洱や思茅を中心として、雲南省と東南アジアの交界地域にまで及ぶものの、北は順寧府にとどまり、さらにその北に位置する永昌府や騰越庁に至ることはなかったのである。

第二節　雲南省内における商人勢力と会館の分布状況

本節では、こうした特定地域に石屏漢人の移住が集中した原因について探っていく。石屏漢人の移住先は、前節で述べたように元江（＝紅河）以南の普洱府を中心とする一帯に集まっていたが、その要因として、これら地域では人口密度が低く耕作可能な土地が広がっていたこと、鉱物資源が豊富であったこと、商品作物に転換可能な植物の存在などが考えられる。しかし、こうした条件は、東南アジアと長い境界線で接する雲南では、普洱府に限らず、多かれ少なかれ省内どの地域においても共通していた。

では、なぜ石屏漢人の移住活動は元江（＝紅河）以南の元江府や普洱府などの雲南南部に集中し、雲南北部や中部、または同様に土着民が多数を占める順寧府北部や永昌府、さらには騰越庁にまで及ばなかったのであろうか。逆にいえば、なぜ石屏漢人が普洱府一帯においてのみ植民地と称するような強大な勢力を築くことが出来たのであろうか。この疑問を解明することは石屏漢人の移住範囲を規定する要因を知る手がかりとなりうる。そこで、この命題の重要な要素として考えられるのが、他の漢人商人勢力との関係性である。そして、各地の商人勢力の分布を測るメルクマールとなるのが雲南各地に建設された会館の存在である。

石屏漢人の活動にも見られるように、漢人は郷里を離れ外界で商業活動に従事する際、しばしば現地で郷里の地縁を紐帯とした互助会を組織し、その活動拠点として会館を建設する。そこで、本節では、こうした会館の特性に注目し、雲南省内の各地域の商人勢力に関して、雲南省内各地に設置された会館の分布と数字を比較することを通して、省内の商人勢力の分布と概況を示した上で、石屏漢人商人の活動地域における商人勢力の状況と特徴を理解し、進出を可能にした前提条件を明らかにする。そのため、まず雲南省内の会館の設置状況を把握する作業を行ない、続いて会館の集中する特定地域の商人勢力を分析し、最後にそれらを互いに比較して特徴を割り出すこととする。

1　会館一覧表から見る雲南省内における商人勢力

会館については、北京を中心として中国領内の会館の分布を明らかにした何炳棣の研究がある。(5) また、藍勇は、四川・貴州・雲南などの中国西南地域の会館を取り上げ、各省内の会館の位置と数について一覧表を作成し、漢人移民との関係性の中でその存在を位置付ける試みを行なっている。(6) ただし、藍勇の作成した雲南省内の会館一覧表は、民国期に編纂された『新纂雲南通志』にのみ拠っているため、各地域の会館について網羅的に把握しているとは言い難い上に、時間軸における会館の増減の変化を追うことが出来ない。

そこで、こうした問題を解決するために、ここでは、まずは各歴代の『雲南通志』、即ち康熙『雲南通志』・乾隆『雲南通志』・道光『雲南通志稿』・光緒『雲南通志』および民国期に編纂された『新纂雲南通志』で省内各県庁州の会館を調べ、その後それぞれの県庁州の地方誌から各『雲南通志』に記載されていない会館を補い、雲南省の会館一覧表を作成した。各『雲南通志』は、省内全域の情報を満遍なく記している一方で、それぞれの県庁州レベルに関しては必ずしも詳しく記されていないため、出来うる限り各地の地方誌を参考にすることでこの欠点を補った。そもそも会館は、規模や形態において様々であり、全てを把握することは困難であろう。しかし、各地方誌に記される一定以上の規模を持つと考えられる会館を調べる作業を通して、各地域の会館の状況と傾向を把握することは可能である(7)。そして、建設された会館の数を歴代年号ごとに表記したのが会館一覧表4であり、府庁県ごとの各省各地域の会館の数を表記したのが会館一覧表5である。

雲南会館一覧表より雲南省には合計二九〇の会館が存在したことが確認出来る。このうち、八五パーセントが省外の会館で占められ、残り一五パーセントが省内の会館である。この中でも大きな勢力を誇ったのが江西および湖広商人であり、その会館数はそれぞれ一〇一箇所、六〇箇所に上り、これら二省によって雲南省の会館の半数以上が占められている。江西会館と湖広会館は、雲南省においてその規模と歴史は群を抜いており、史料上にも明代から活発な活動を行なっていたことが確認出来る。明代の王士性は『広志繹』の中で「雲南は広いが、人が少なく、江西の商人が雲南に居留しなければ、この地は成り立たない」と記しており、雲南の商業は江西人の活動の上に成り立っていた(8)。さらに時代が下った清朝半ば頃には、江西商人に加えて、湖広商人の動きも活発化した(9)。この他にも外省の代表的会館としては、四川会館・貴州会館があり、これら雲南以外の商人が強い影響力を持っていたことがうかがわれる。このように、明代から続く江西と湖広商人の存在、それから大部分の会館が外省商人に属していたことから鑑みると、雲南の経済自体がこうした外省商人によって支えられていたのである。

外省商人の会館が大勢を占める中で、清代乾隆嘉慶年間から地元雲南省内の会館が徐々に現れてくる。この中でも

表4　雲南省会館年代一覧表

府直隷庁	県州庁	詳細な地名	会館名	戸数	建設時期	名称	順治康熙雍正年間の史料上の記載	乾隆年間の史料上の記載	嘉慶道光咸豊年間の史料上の記載	同治光緒宣統年間の史料上の記載	民国期の史料上の記載
雲南府	昆明県		福建会館	1		天后宮		1	1		
			山西・陝西会館	1		関聖行宮				1	1
			貴州会館	2	順治年間／光緒年間	黒神廟			1	2	2
			江西会館	2	同治年間／―	蕭公祠		1	1	2	2
			湖広会館	2	康熙二三年（一六八四年）／同治一二年（一八七三年）	寿仏寺		1		2	2
			四川会館	2	光緒八年（一八八二年）／―	西来寺				2	2
			迤西会館	1		彩雲観				1	1
			湖広会館	1		福国寺				1	1
			江南会館	1	康熙三四年（一六九五年）	興福寺				1	1
			浙江会館	1		浙江先賢祠				1	1

		広東・広西会館	1		両粤会館				1	1
		臨安会館	1		建陽会館				1	1
		大理会館	1	民国元年（一九一二年）	大理会館					1
		石屏会館	1		石屏会館					1
富民県		無	0							
宜良県		江西会館	1		万寿宮					1
		四川会館	1	光緒二〇年（一八九四年）	川主宮					1
羅次県		無	0							
晋寧州		貴州会館	1		忠烈祠／忠烈廟	1	1		1	1
		江西会館	1		万寿宮				1	
呈貢県		無	0							
安寧州		無	0							
禄豊県		江西会館	1		蕭公廟					1
		四川会館	1		川主廟					1
昆陽州		無	0							
嵩明州		無	0							
易門県		江西会館	1		蕭公廟		1	1	1	1

大理府	太和県		江西会館	1		蕭公祠			1	1	1
	趙州		無	0							
	雲南県		江西会館	1	康熙三年移築（一六六四年）	蕭公祠			1	1	1
			江西会館	1		万寿宮				1	
	鄧川州		無	0							
	浪穹県		無	0							
	賓川県		大理会館	1		大理会館					1
	雲龍県		無	0							
臨安府	建水県		無	0							
	石屏州		江西会館	1		万寿宮		1			1
	阿迷州		江西会館	1	雍正八年（一七三〇年）	万寿宮	1				1
			江西会館	1		蕭公廟	1				
	寧州		江西会館	1		蕭公祠			1	1	1
			江西会館	1		万寿宮					1
	通海県		江西会館	1	崇禎年間	蕭公廟	1		1	1	1
	河西県		江西会館	1		蕭晏二公廟			1	1	1
			江西会館	1		万寿宮				1	
	嶍峨県		無	0							

蒙自県	県城	江西吉安会館	1		万寿宮		1		1	
		江西撫州瑞州会館	1		水府廟	1			1	
		江西臨江会館	1	乾隆三三年（一七六八年）	仁寿宮				1	
		江西南昌会館	1		万寿宮				1	
		湖広会館	1		寿仏寺		1		1	
		福建会館	1		天后宮		1	1	1	
		石屏会館	1		石屏会館					1
		臨安会館	1	光緒年間	建陽会館				1	
	箇旧	雲南会館	1		関聖宮				1	
		湖広会館	1		関聖宮				1	
		江西会館	1		関聖宮				1	
		江西会館	1		万寿宮				1	
		江西会館	1		水府廟	1				
		湖広会館	1		寿仏寺		1		1	
		石屏会館	3		石屏会館					3
	鶏街	陝西会館	1		関聖宮		1		1	

楚雄府			江西吉安会館	1		万寿宮		1		1	
		倘甸	貴州会館	1		黒神廟			1	1	1
	楚雄県		湖広会館	1	嘉慶一八年（一八一三年）	寿仏寺				1	1
			江西会館	1		蕭公祠／蕭公廟	1		1	1	1
			四川会館	1		川主廟				1	
	鎮南州		江西会館	1	康熙八年（一六六九年）	蕭公祠			1	1	1
	南安州		四川会館	1		川主宮					1
	姚州		湖広会館	1		禹王宮				1	1
			江西会館	1		蕭公廟				1	1
	大姚県		江西会館	1		蕭公廟			1		
			江西会館	2		蕭公廟			2		
			湖広会館	2		寿仏寺			2		
			福建会館	1		天后宮			1		
			四川会館	1		川主廟			1		
			貴州会館	2		黒神廟			2		
	広通県		無	0							
	定遠県		無	1		万寿宮			1		

澂江府	河陽県		無	0							
	江川県		無	0							
	新興州		江西会館	1		万寿宮					1
	路南州		四川会館	1		川主宮					1
開化府	開化府文山県		江西会館	1	乾隆二年（一七三七年）	蕭公廟			1	1	3
			江西会館	2		万寿宮／蕭公廟			2	2	
			江西会館	1	乾隆年間	万寿宮					1
			湖広会館	4	不明	寿仏寺			3	3	4
	開化府安平県	本関	江西会館	1		万寿宮					1
			湖広会館	1		寿仏寺					1
			湖広会館	1		禹王宮					1
		中区別格	江西会館	1		万寿宮					1
			湖広会館	1		寿仏寺					1
		中区新発寨	福建会館	1		天后宮					1
		中区唐家坡	四川会館	1		川主廟					1

中区木臘街	四川会館	1		川主廟					1
中区凹塘	四川会館	1		川主廟					1
中区仁和	四川会館	1		川主廟					1
	湖広会館	1	道光一九年（一八三九年）	寿仏寺				1	1
	江西会館	1		万寿宮					1
中区花枝格	五省会館	1		五省公祠					1
北区岩脚	貴州会館	1		黒神廟					1
北区古木	江西会館	1		万寿宮				1	1
	四川会館	1		川主廟				1	1
西区八寨	江西会館	1		万寿宮					1
西区大栗樹	江西会館	1		万寿宮					1
西区河口	福建会館	1		天后宮					1

		西区古林箐	四川会館	1		川主廟					1
			江西会館	1		万寿宮					1
		南区都竜	五省会館	1		五省廟					1
広南府	宝寧県		江西会館	1	嘉慶二四年（一八一九年）	万寿宮			1	1	
			江西会館	1		万寿宮			1		
			湖広会館	1		三楚会館				1	
			広東会館	1		嶺南会館				1	
	土富州	州城	広西会館	1		粤西廟					1
		剥隘	広西会館	1		粤西廟					1
			広東会館	1		粤東廟					1
順寧府	順寧県	県城	江西会館	2	天啓五年（一六二五年）／—	蕭公祠／江右会館	2	2	2	2	2
			大理会館	1	嘉慶年間	太和会館				1	1
			湖広会館	1		両湖会館				1	
			広東・広西会館	1		両粤会館				1	
			四川会館	1		川主宮				1	

	右甸城	四川会館	1		川主宮				1	
		江西会館	1		万寿宮				1	
		大理会館	1	咸豊年間以降	大理会館				1	1
		湖広会館	1		寿仏寺				1	
	阿林寨	湖広会館	1		寿仏宮				1	
雲州		四川会館	2		川主廟		1	1	2	1
		江西会館	3		蕭公祠／蕭公廟	2	2	2	3	2
		大理会館	1	道光年間	太和会館／大理会館				1	1
		大理会館	1	道光年間	大理会館					1
		湖広会館	1		寿仏寺		1		1	1
緬寧庁		江西会館	1		蕭公祠			1	1	1
		江西会館	1		万寿宮				1	
		湖広会館	1		寿仏寺				1	1
		四川会館	1		瑭琨宮				1	
		大理会館	1	嘉慶元年（一七九六年）	太和会館				1	
		大理会館	1	嘉慶元年（一七九六年）	大理会館					1

			貴州会館	1		黒神廟				1	
曲靖府	南寧県		四川会館	1	雍正二年（一七二四年）	川主宮			1		
			江西会館	1		許真君廟			1		
	霑益州		江西会館	1		真君廟／真君殿			1	1	1
			湖広会館	1		寿仏寺				1	1
	陸涼州		無	0							
	馬龍州		江西会館	1		万寿宮	1	1			
	羅平州		貴州会館	1		黒神廟			1	1	1
	尋甸州		無	0							
	平彝県		無	0							
	宣威州		湖広会館	3	清初	寿仏寺			1	1	3
			江西会館	3	清初	万寿宮		1	1		3
			四川会館	2		財神廟			1	2	2
麗江府	麗江県		江西会館	1	雍正一二年（一七三四年）	蕭公祠		1	1	1	1
	鶴慶州		無	0							
	剣川州		無	0							
	中甸庁		無	0							

	維西庁		無	0							
普洱府	寧洱県		江西会館	1		江西会館／蕭公祠			1	1	1
			江西会館	1		盱江会館／盱江廟（江西省撫州）			1	1	1
			湖広会館	1		両湖会館／寿仏寺		1	1	1	1
			四川会館	1		四川会館／恵琨宮			1	1	1
			陝西会館	1		陝西会館			1		1
			石屛会館	1		石屛会館			1		1
			臨安会館	1		臨安会館			1		1
			新平・嶍峨会館	1		新嶍会館					1
			通海・河西会館	1		通西会館／通河廟			1	1	1
			新興会館	1		新興会館					1
			貴州会館	1		忠烈宮			1	1	1
			剣川会館	1		魯班廟			1	1	1

思茅庁		湖広会館	1		両広会館／寿仏寺				1	1
		貴州会館	1		貴州会館				1	1
		四川会館	1		四川会館					1
		江西会館	1		江西会館／蕭公祠			1	1	1
		石屏会館	1		石屏会館					1
		臨安会館	1		臨安会館					1
		玉渓・新平・嶍峨会館	1		玉新嶍会館					1
		通海・河西会館	1		通河会館／通河廟					1
		大理会館	1		大理会館					1
		迤西会館	1		迤西会館					1
威遠庁		江西会館	1		万寿宮／蕭公祠			1	1	1
		江西会館	1		吉安会館			1		
		湖広会館	1		寿仏寺			1	1	
		石屏会館	1		石屏会館			1		
他郎庁		石屏会館	1		石屏会館			1	1	1

			新興会館	1		新興会館			1	1	1
			江西会館	1		蕭公祠			1	1	1
			湖広会館	1		寿仏寺			1	1	
永昌府	保山県		湖広会館	1	道光四年（一八二四年）重修。	寿仏寺				1	1
			湖広会館	1	嘉慶一六年（一八一一年）	呂祖楼				1	
			四川会館	1	嘉慶元年（一七九六年）重修。	川主廟／川主宮			1	1	1
			江西会館（撫州会館・吉安会館）	2		蕭公祠（昭武祠・二忠祠）	1	2	2	2	2
			騰越会館	1	嘉慶元年（一七九六年）	騰陽会館			1	1	1
			大理会館	1		白鶴観				1	
			大理会館	1	嘉慶一五年（一八一〇年）	双鶴観				1	
			大理会館	1	明朝期	大理会館					1
			鶴慶会館	1	乾隆四二年（一七七七年）	鶴雲寺				1	
	騰越庁		江西会館	2		蕭公祠			2	2	2

			大理会館	1		大理会館					1
			貴州会館	1		黒神廟				1	
			鶴慶・麗江・剣川会館	1		雲鶴寺				1	
			湖広会館	1		禹王宮				1	
			四川会館	1		川主宮				1	
	永平県		湖広会館	1	康熙四九年（一七一〇年）	寿仏寺				1	1
			江西会館	1		蕭公祠			1	1	1
	龍陵庁		江西会館	1		蕭公祠			1	1	1
			大理・保山・騰越会館	1		財神廟				1	1
			貴州会館	1		忠烈公祠				1	1
			湖広会館	1		寿仏寺				1	1
			四川会館	1		川主廟				1	1
東川府	会沢県		湖広会館	2		寿仏寺		1		2	
			四川会館	2	雍正四年（一七二六年）	川主廟		2	2	2	2
			陝西会館	1		陝西会館		1			

			貴州会館	1	乾隆三七年（一七七二年）	忠烈宮			1	1	1
			江西会館	1		蕭公廟			1	1	1
			江西会館	1		真君殿		1	1	1	1
	巧家庁		四川会館	1		川主廟			1	1	1
			湖広会館	4		寿仏寺				3	4
			湖広会館	1	道光年間	禹王宮					1
			湖広会館	1	乾隆九年（一七四四年）	三楚廟			1	1	1
			江西会館	1	乾隆四年（一七三九年）	真君廟／江西廟			1	1	1
			江西会館	1	道光年間	真君廟／江西廟			1	1	1
			江西会館	1		真君廟			1	1	1
			江西会館	1		真君廟			1	1	1
			貴州会館	2	道光年間	黒神廟			2	2	2
			雲貴会館	1	乾隆年間	雲貴宮					1
			広東会館	1	乾隆一一年（一七四六年）	南華宮					1
昭通府	恩安県		江南会館	1	光緒年間末	財神廟				1	1
			四川会館	1	乾隆三六年（一七七一年）	川主廟			1	1	1

		湖広会館	1	雍正一三年（一七三五年）	寿仏寺		1		1	1
		陝西会館	1	乾隆二四年（一七五九年）	陝西廟			1	1	1
		江西会館	1	乾隆二四年（一七五九年）	万寿宮			1	1	1
		江西会館	1	道光一五年（一八三五年）	玉皇閣					1
		貴州会館	1	乾隆二四年（一七五九年）	忠烈宮			1	1	1
		貴州会館	1		忠烈宮／忠烈祠					1
		福建会館	1	乾隆二五年（一七六〇年）	天后宮／天上宮			1	1	1
		広東会館	1	乾隆三一年（一七六六年）	南華宮			1	1	1
鎮雄州志		貴州会館	1		忠烈宮／忠烈廟			1	1	1
		江西会館	1		万寿宮			1	1	1
		湖広会館	1	乾隆五七年（一七九二年）	楚聖宮			1	1	1
		四川会館	1		川聖宮／西源寺				1	1

	永善県		江西会館	1		蕭公廟			1	1	1
			福建会館	1		天后宮			1		
			湖広会館	8		禹王廟			1	1	8
			貴州会館	1	乾隆年間	忠烈宮					1
	大関庁		無	0							
	魯甸庁		江西会館	1	乾隆年間	万寿宮				1	1
			湖広会館	1	乾隆年間	三楚宮				1	1
			四川・貴州会館	1	嘉慶年間	川黔宮				1	1
景東直隷庁	景東直隷庁		江西会館	1		蕭公祠			1	1	1
			四川会館	1		川主祠			1	1	1
			湖広会館	1		寿福寺					1
			大理会館	1		大理会館					1
蒙化直隷庁	蒙化直隷庁		江西会館	1		蕭公祠			1	1	1
			貴州会館	1		忠烈祠		1	1	1	1
永北直隷庁	永北直隷庁		江西会館	3		蕭公祠		2	3	3	3
			大理会館	1		大理会館					1

			大理会館	1		大理会館					1
			大理会館	1		大理会館					1
鎮沅直隷州	鎮沅直隷州		無	0							
	恩楽県		無	0							
広西直隷州	広西直隷州		江西会館	1		万寿宮				1	1
			江西会館	1		蕭晏二公祠			1	1	1
	師宗県		江西会館	1	万暦年間	万寿宮		1			1
	邱北県		江西会館	1		万寿宮				1	1
			江西会館	1		万寿宮					1
			江西撫州会館	1		撫州廟					1
			江西会館	1		万寿宮					1
			湖広会館	1	乾隆一三年（一七四八年）	寿仏寺				1	1
			貴州会館	1	民国一一年（一九二二年）	忠烈祠					1
	弥勒県		江西会館	1		万寿宮		1			
			湖広会館	1		寿仏寺		1			

武定直隷州	武定直隷州		貴州会館	1			1				
	元謀県		無	0							
	禄勧県		江西会館	1	同治一〇年（一八七一年）	万寿宮					1
元江府	元江府		石屏会館	1							1
	新平県		江西会館	1	乾隆年間	蕭公祠			1	1	1
			四川会館	1	光緒年間	川主宮					1
黒塩井直隷提挙司	黒塩井直隷提挙司		江西会館	1		万寿宮			1	1	1
琅塩井直隷提挙司	琅塩井直隷提挙司		無	0							
白塩井直隷提挙司	白塩井直隷提挙司		江西会館	1	康熙二九年（一六九〇年）	蕭公祠／万寿宮	1			1	1
			江西吉安会館	1		安福祠				1	
			湖広会館	1		寿仏寺／寿福寺	1			1	1

石膏井直隷提挙司	石膏井直隷提挙司		無	0							

表4・表5史料典拠：『雲南省地誌（思茅県）』第三巻・『雲南省地誌（寧洱県）』第三巻・咸豊『南寧県志』巻三祠祀・道光『普洱府志』巻一城池図・道光『普洱府志』巻一二祠祀・乾隆『雲南通志』巻一五祠祀・乾隆『永北府志』巻一五寺観・乾隆『易門県志』巻八祠祀志・乾隆『河西県志』巻二祠祀志・乾隆『広西府志』巻一輿図・乾隆『順寧府志』巻四壇廟・乾隆『騰越州志』巻四寺観・乾隆『東川府志』巻七祠祀・乾隆『弥勒州志』巻一五祠祀・乾隆『蒙自県志』巻三祠祀・乾隆『麗江府志略』巻一〇寺観・光緒『雲南県志』巻六祠祀・光緒『雲南通志』巻九一祠祀志・光緒『雲南通志』巻九二祠祀志・光緒『永昌府志』巻二六祠祀志・道光『広南府志』巻一図説・光緒『順寧府志』巻一九祠祀志・光緒『続修白塩井志』巻四祠祀志・光緒『続修順寧府志』巻一九祠祀志・光緒『鎮南州志略』巻五祠祀・光緒『鎮雄州志』巻一群祀・光緒『鎮雄州志』巻一城図・光緒『霑益州志』巻三寺観・光緒『騰越郷土志』巻六・光緒『騰越庁志』巻九祠祀志・光緒『普洱府志』巻二六祠祀志・光緒『普洱府志』巻一思茅庁城図・光緒『姚州志』巻四祠祀志・康熙『雲南通志』巻一八祠祀・康熙『永昌府志』巻一五祠祀・康熙『通海県志』巻三建設・康熙『蒙自県志』巻三祀祠・新纂『雲南通志』巻一一二祠祀考四・新纂『雲南通志』巻一一三祠祀考五・宣統『続修蒙自県志』巻三社会・宣統『楚雄県志』巻五祠祀・道光『威遠庁志』巻二図考・道光『雲南通志稿』巻九一祠祀志・道光『雲南通志稿』巻九二祠祀志・道光『続州易門県志』巻八祠祀志・道光『開化府誌』巻二寺観・道光『広南府志』巻二祭祀・道光『大姚県志』巻九祠祀・道光『宣威州志』巻一図考・道光『宣威州志』巻四祀典附群廟・道光『普寧州志』巻七祠祀志・民国『宜良県志』巻七祠祀志・民国『邱北県志』巻六祠祀部・民国『景東県志稿』巻四建設志・民国『巧家県志』巻二壇廟寺観・民国『昭通県志稿』巻三政典志・民国『昭通県志稿』輿地・民国『石屏県志』巻五建設・民国『石屏県志』巻六風土志・民国『宣威県志稿』巻三輿地志・民国『新平県志』第一三商会・民国『大理県志稿』巻三建設部・民国『馬関県志』巻二祠祀志・民国『蒙化県志』巻一二地利部・民国『富州県志』寺観・民国『龍陵県志』巻七祠祀志・民国『禄勧県志』巻九祠祀志・民国『禄豊県志条目』・民国『黎県旧志』壇廟・民国『路南県志』巻五祠祀・雍正『阿迷州』巻九寺観・雍正『白塩井志』巻三寺祠

Decennial Reports 1882-1891, Vol2.Mengtsz.p.679.*Decennial Reports 1892-1901*, Vol2. Mengtsz, p.477.

表5　雲南省内会館一覧表

府直隷庁	県州庁	江西会館	湖広会館	四川会館	貴州会館	四川貴州会館	広東広西会館	福建会館	陝西会館	山西陝西会館	江南会館	浙江会館	五省会館	雲貴会館	雲南会館	滇西会館	大理会館	大理保山騰越会館	騰越会館	鶴慶会館／剣川会館／鶴慶麗江剣川会館	臨安会館	石屛会館	通海河西会館	新興会館	玉渓新平嶍峨会館／新平嶍峨会館	合計
雲南府	昆明県	2	3	2	2		1	1		1	1	1				1	1				1	1				18
	富民県																									0
	宜良県	1		1																						2
	羅次県																									0
	晋寧州			1	1																					2
	呈貢県																									0
	安寧州																									0
	禄豊県	1		1																						2
	昆陽州																									0
	嵩明州																									0
	易門県	1																								1
大理府	太和県	1																								1
	趙州																									0
	雲南県	2																								2
	鄧川州																									0
	浪穹県																									0
	賓川県																1									1
	雲龍県																									0
臨安府	建水県																									0
	石屛州	1																								1
	阿迷州	2																								2
	寧州	2																								2
	通海県	1																								1
	河西県	2																								2
	嶍峨県																									0
	蒙自県	8	3		1			1	1						1						1	4				20
楚雄府	楚雄県	1	1	1																						3
	鎮南州	1																								1
	南安州			1																						1
	姚州	1	1																							2
	大姚県	3	2	1	2			1																		9
	広通県																									0
	定遠県	1																								1
澂江府	河陽県																									0
	江川県																									0
	新興州	1																								1
	路南州			1																						1
開化府	文山県	4	4																							8
	安平県	7	4	6	1			2					2													22
広南府	宝寧県	2	1				1																			4
	土富州						3																			3

合計	石膏井直隷提挙司	白塩井直隷提挙司	琅塩井直隷提挙司	黒塩井直隷提挙司	元江府		武定直隷州			広西直隷州				鎮沅直隷州		永北直隷庁	蒙化直隷庁	景東直隷庁	昭通府					東川府		永昌府				普洱府				麗江府							
	石膏井直隷提挙司	白塩井直隷提挙司	琅塩井直隷提挙司	黒塩井直隷提挙司	新平県	元江府	禄勧県	元謀県	武定直隷州	弥勒県	邱北県	師宗県	広西直隷州	恩楽県	鎮沅直隷州	永北直隷庁	蒙化直隷庁	景東直隷庁	魯甸庁	大関庁	永善県	鎮雄州志	恩安県	巧家庁	会沢県	龍陵庁	永平県	騰越庁	保山県	他郎庁	威遠庁	思茅庁	寧洱県	維西庁	中甸庁	剣川州	鶴慶州	麗江県	宣威州	平彝県	尋甸州
101		2		1	1		1			1	4	1	2			3	1	1	1		1	1	2	4	2	1	1	2	2	1	2	1	2					1	3		
60		1								1	1							1	1		8	1	1	6	2	1	1	1	2	1	1	1	1						3		
35					1													1				1	1	1	2	1		1	1			1	1						2		
23									1		1						1				1	1	2	2	1	1		1				1	1								
1																			1																						
8																							1	1																	
7																					1		1																		
4																							1		1								1								
1																																									
2																							1																		
1																																									
2																																									
1																								1																	
1																																									
2																																1									
17																3		1										1	3			1									
1																										1															
1																													1												
3																												1	1				1								
3																																	1								
10						1																								1	1	1	1								
2																																1	1								
2																														1			1								
2																																1	1								
290	0	3	0	1	2	1	1	0	1	2	6	1	2	0	0	6	2	4	3	0	11	4	10	15	8	5	2	7	10	4	4	9	12	0	0	0	0	1	8	0	0

大理は一五箇所、石屏は一〇箇所、臨安（建水）は三箇所それぞれ省内に会館を持つに至っている。このほか小規模の会館としては騰越会館・新興会館・鶴慶会館などがあり、また、勢力の小さい複数の地域が共同運営する鶴麗剣会館（鶴慶州・麗江県・剣川州）・新嶍会館（新平県・嶍峨県）・通河会館（通海県・河西県）なども存在した。こうした共同運営を行なう会館は、それぞれの地域勢力が充実するにつれて分かれて単独で会館を設置するようになる。(10)

2　省内特定地域における商人勢力の集中と特徴

ここでは、会館の集中する地域を重点的に取り上げ、会館分布を通してそれぞれの地域の特徴と商人勢力について検討する。一般的に会館分布の特徴として、交通の要衝、鉱山一帯、あるいは特産品があるなど交易の盛んな地域に集中する傾向がある。雲南会館一覧表5より雲南府（昆明県）、臨安府（蒙自県）、開化府（文山県・安平県）、順寧府（順寧県・雲州・緬寧庁）、普洱府（寧洱県・思茅庁）、永昌府（保山県・騰越庁）、東川府（会沢県・巧家庁）、昭通府（恩安県・永善県）に会館が集中していることが分かる。

省都である雲南府昆明県には、江西・湖広・貴州・四川・広東・広西・福建・陝西をはじめとする各省会館、省内の他地域ではあまり見られない山西・江南・浙江、それから大理・石屏・建水などの一八の会館が集中していた。昆明は、雲南省の政治機能が集中する省都としての機能だけでなく、省内外の物資を東西南北に運搬する際の交通の要衝でもあったことから、多くの外省商人と雲南省内の地域商人が重要な活動拠点としてここに会館を置いていた。この他にも交通の要衝として、大理から緬甸に続く交易ルートの重要な経由地である永昌府保山県・騰越庁・龍陵庁には二二の会館が集中している。この地域の特徴としては江西・湖広・四川・貴州といった外省の会館だけでなく、大理・保山・騰越・鶴慶・麗江・剣川などの地元滇西地方の会館が多く存在し、当地の会館数の約三分の一を占めていた点にある。また、滇東北部に位置する昭通府も交通の大動脈である長江に接しており、多くの物資がこの地を経由して北京や外省に運搬された。そのため、ここには、江西・湖広・四川・貴州・両広・福建・陝西・江南などの二〇を超える外省の会館が林立する。開化府は、東は広西省、南はベトナムに隣接する交界地域であり、乾隆年間にベトナム北部で漢人による活発な鉱山開発が行なわれていたこともあり[11]、江西・湖広・四川・貴州・福建出身者がここに会館を建設した。

雲南省は鉱物資源が豊富な土地で知られており、清朝乾隆年間以降、銅を中心として銀や錫の採掘が雲南各地で本格的に開始された。この過程で鉱山附近には商人が殺到し、外省を中心とする様々な地域の会館が建設されたのである。この中でも東川府には乾隆年間に中国最大の採掘量を誇った湯丹廠、それから碌碌廠などの大銅山が存在した。この地域で採掘される銅は、「高銅」と呼ばれ、非常に高品質であったため、その多くが長江を使って北京に運ばれ、銅銭の材料として使われたのである[12]。ここには、江西・湖広・四川・貴州・両広・福建・陝西などの外省の会館が多数建設された。この他に、雲南の代表的銅山の一つである寧台廠を含め[13]、石屏漢人が開発にかかわった班洪や茂隆銀山などの複数の鉱山を抱える順寧府にも会館が多く分布していた[14]。ここでは、江西・湖広・四川・貴州などの外省会館を始めとして、大理商人が会館を六箇所に設けている。また、雲南南方の蒙自県には、錫や銀の採掘で有名な箇旧や金釵などの複数の鉱山が集中しており[15]、二〇余りの会館が存在した。この中で江西会館が最も多く、湖広、貴州、福建、陝西がこれに続き、省内地域商人である建水や石屏も会館を設置していた。

普洱府には、後で詳述するように普洱茶を産する六大茶山があり、茶が生み出す利益を求めて各地の商人がこの地に押し寄せた。ここには江西・湖広・貴州・四川・陝西の各会館の他に、滇西商人の大理・迤西会館、さらには臨安・石屏・通海・河西・新興・新平・嶍峨などの滇南各地の会館が存在した。雲南省内では最も多くの地域がこの地に会館を設置していたのである。

以上のように、会館は、交易が盛んに行なわれていた雲南府（昆明県）、臨安府（蒙自県）、開化府（文山県・安平県）、順寧府（順寧県・雲州・緬寧庁）、普洱府（寧洱県・思茅庁）、永昌府（保山県・騰越庁）、東川府（会沢県・巧家庁）、昭通府（恩安県・永善県）に多く分布していた。そして、省内地域商人は、これら地域の中でも雲南府昆明県・順寧府・普洱府・永昌府に特に集中する傾向にあった。政治の中心である省都昆明県を除き、順寧府・普洱府・永昌府は、いずれも東南アジアに接しており、雲南省内においても辺疆地域に位置し、雲南の東方部に比べて漢人の進出が進んでいなかった。このため、外省の商人勢力との競合も比較的少ない上に、現地の人間も利に疎いので益を得やすく、市場に参入しやすい条件が整っていたと考えられる。

3　地域商人の動向

次に雲南省内の個々の地域商人についての分析を通して、さらに雲南省内の地域商人の市場への新規参入を可能にした要因を探っていく。雲南省内の地域商人は、会館の分布を通して大きく二つの地域に分類される。一方が大理府を中心として麗江府および永昌府一帯を含む太和県・麗江県・鶴慶州・剣川州・騰越庁などの商人であり、ここでは彼等のことを一括して滇西商人と称する。活動範囲は主に永昌府を中心として雲南から緬甸に続く一帯である。もう一方が雲南中部から東南方向に伸びる哀牢山東側に沿う臨安府所属の建水県・石屛州・嶍峨県・通海県・河西県・澂江府新興州・元江府新平県などの商人であり、彼等の主な活動範囲は、元江（＝紅河）北岸に位置する箇旧を除き、順寧府を北限とする元江（＝紅河）以南の一帯であり、普洱府がその中心であった。ここでは、滇西商人に対して滇南商人と呼ぶ。

これら省内地域商人の中で最も早くからその活動が確認されるのが大理出身の商人である。各地の大理会館を整理したのが表6である。大理商人は明代に永昌府保山県に会館を設置したことを皮切りとして[16]、清朝半ば以降一気に滇西から滇南にまで活動範囲を拡大し、大理を中心として西は永昌府に四箇所、東は賓川県に一箇所、北は永北直隷庁に三箇所、南は順寧府に五箇所、景東直隷庁に一箇所、さらには普洱府思茅庁に一箇所それぞれ会館を建設した。そして、民国初年には省都昆明にも会館を設置するに至り(17)、省内地域商人としては最も広い活動範囲を誇ったのである。この他にも会館一覧表5から昆明や普洱府などに大理永昌などの諸地域が共同して運営した迤西会館があったことが確認される。滇西商人は、こうした広い地域で綿花・塩・茶などの商品を扱ったという(18)。また、剣川の人々は、家屋の建築や木彫りの技術に優れ、昭通などでも貴州会館の建設に携わっていたことから(19)、滇西商人が広い地域で商業活動に従事していたことがうかがい知れる。

表6　大理会館一覧表

場所	建設時期	史料（民国『大理県志稿』巻三、建設部、交通、外境会館附）
雲南省城	民国元年冬	大理会館在城西南隅華興巷（即五福後巷）。民国元年冬邑人周汝敦、張大義、李琛、楊允昌、厳鎮圭、趙国聂等倡議勧集，捐貲購地，修建新式大庁楼三楹、東西廂楼各三間、新式大門三間，又西向花庁北向厨房各二間、東南隅厠房一間，二年冬落成，共用款銀四千五百零。内蒔花草竹木甚多。另墳地二段均在城外陲山麓。
永昌保山県	明朝期	大理会館在城西太保山麓。前明時郷人捐集修建。東向大門三間、正庁前後庁各三楹、前後両廂楼屋十二間、内外厨房六間、大花庁三間、花園一区。地址面積寛広弘闊。原置有珠市街大門。北向大桟房一所、前後進両庁皆五楹，前後両廂皆六間，転東有馬房数連，能容馬百餘匹，又珠市袁氏同豊等街共有舗房二十餘間，又東城外各村有田畝数段。
順寧県	嘉慶年間	大理会館在旧城東南隅。太和巷（土名下村）。満清嘉慶間修建地址。面積極其弘廠。咸豊間燬於兵。地基現存後経。郷人張景垣、蘇耀春、張慶珍等以旧城的煙寥落，另於新城東北隅太陽山脚購屋一所，改修西向正庁三楹、南北廂楼各三間，又東南角楼三間、東北角房一間。原存旧城太和巷口，西向舗房三間，又北大街西向舗房二間、平村大田壩田二段、金竹村田一段、毛家拐下三擺地方田一段。

雲県（雲州）	道光年間	大理会館在売糖街口。満清道光年間修建，地方変乱朽壊。嗣経郷人楊利溥、張福吉等清理存款重修。現有正庁二庁各三楹、花庁、書閣、大門、前後各廂楼屋厨房十数間，弘麗為雲城各公所冠。原存、新置収息産業有舗店，房屋二餘間，田二十餘畝，約値五千餘金。
雲県属公郎街	道光年間	大理会館在正街南首。満清道光間修建。因乱毀壊。民国三年郷人熊直卿、楊恒昌等提倡捐款重修正庁三楹、大門及両廂屋各三間。
緬寧県城	道光年間	大理会館在南城外太和街。満清道光間建。因乱燬。嗣経郷人楊雨春、楊徳臣清理旧遺、貲産，並集捐重修正庁三楹、及大門、両廂。原存収息産業約値二千餘金。
騰越県城		大理会館在四保全仁街。旧有大庁三楹、両廂、大門各三間、厨房厠所各二間。
永北県城	乾隆年間	大理会館在鐘鼓楼東街。満清乾隆間邑人周興祖、李垣等鉱廠生易，在永建有向南大庁、二庁各三楹、前後両廂房及大門、角房共十餘門。原有大門、東首舗房四間、西首舗房三間、鐘鼓楼北面舗房一間。
永北県金江街	民国成立前九年	大理会館在街大路左。民国成立前九年郷人楊桂香、王福等倡首捐貲購地修建西向正庁三楹、大門、両廂各三間、両角房各二間、大門外左右舗房七間。
永北三川中州街		大理会館在本街西。旧有正南庁三楹、両廂、大門厨房共十開，又置有館前後田四丘。
賓川県牛井街		大理会館在本街北堡門内。因変乱燬，尚未重建。現於該地址建有当街舗房三間、後屋二進餘，隙地尚寛。另街東屋地一区現建有舗房多間，又田二段，共弐拾餘畝。其餘産業尚有綜計各項契券，完全存大理県商務分会。
景東県城		大理会館在城内十字街下。旧有正庁三楹、両廂屋六間、大門、角房、照壁皆修整。另有田参拾餘□、塋地一段，現帰大理南郷羊皮村人銀匠王姓経理。
思茅県城		大理会館在南関外。修建時代、地址、庁屋数目暨其餘購置各業均未詳，待調査明確，続載。

滇南商人の活動開始時期は、滇西商人より遅れて清代以降となる。その舞台となったのが元江府から普洱府に渡る一帯である。普洱府では、省内地域商人である滇西商人や建水・石屏・嶍峨・通海・河西・新興・新平などの滇南商人も会館を建て商業活動を行なった。滇南商人の出身地は、いずれも明代に漢人が入植し、雲南省では比較的古くから漢人による入植が始まった地域である。(20)そして、これら地域と哀牢山を挟んで西南に位置する場所が普洱府である。普洱府は、清朝雍正年間の直轄地化を契機として初めて設置された歴史的背景を持っていることもあり、(21)雲南の他の地域に比べて、外省商人にあまり時間的遅れを取らずに進出することが出来たため、(22)省内地域商人が地元市場に参入する機会に恵まれた。こうしたことから普洱府には外省だけでなく、滇南・滇西商人という地域商人勢力が多数乱立することとなったと考えられる。

一方、哀牢山東側に位置する臨安府蒙自県の箇旧は、建水や石屏と隣接していることもあり雍正年間から石屏漢人が会館を建設し商業活動を行なっていたことが確認されるものの、江西・湖広・陝西などの外省商人がすでに確固たる基盤を築いており、(23)地域商人が参入するのは容易ではなかった。乾隆年間に編纂された『蒙自県志』巻六には、江西・湖広・福建・陝西などの会館の存在が多数確認される一方で、石屏会館の記述は見えないことからも、当時その規模は小さく、活動範囲も限られていたことがうかがわれる。(24)結局の所、石屏や建水といった省内地域商人が存在感を示すようになるには、錫の需要が急激に高まる清末民国期まで待たなければならなかった。

以上のように雲南省では明代から江西や湖広を始めとする外省商人が雲南各地に会館を建設し、商業活動を活発に行なってきた。彼等は、これまで蓄積した豊富な知識と経験に加え、複数の省に跨る広いネットワークを持っており、雲南の経済自体が明代から一貫してこうした外省商人によって支えられてきたのである。こうした中、清朝半ば以降、地元から地域商人が出現し、徐々に力を蓄えつつあったが、外省商人に比べると経験も浅く、外省商人が活動する地域で新たに商売を始めることは明らかに不利であった。このような条件下では、地域商人として地元周辺を中心に、外省の漢人商人があまり根付いていない空白地帯を選択し、徐々に活動範囲を広げていくほかなかったのである。この点で滇西商人は明代から活動を開始し、時間的に滇南商人より一歩先んじることが出来たため、順寧府・景東直隷庁・普洱府にも進出することが可能となった。これに対して、滇南商人は、雍正年間以降に普洱府を中心に本格的な活動を開始した。普洱府は、滇南商人の出身地と地理的に近い上に、外省の漢人の進出も他地域に比べ進んでおらず、雍正年間に直轄地化が実施されたこともあり、新たに参入しやすい環境が整っていた。こうして普洱府には外省商人とともに省内各地の商人が入り込み、会館が多数建設されたのである。このように多くの商人勢力が群雄割拠する中で、石屏漢人は外省商人を凌駕し、その勢力を広げていくこととなる。一方、箇旧では、石屏漢人は清代雍正年間から会館を設置し、商業活動を行なっていたが、江西・湖広・広東などの外省商人が強い基盤を築いており、彼等の牙城を崩すのは容易ではなかった。即ち、石屏漢人は、外省商人勢力が市場を独占するに至っていない、まだ参入の余地が残る商業の空白地帯を移住先として選択し、その地域に重点的に移住を進めていったと考えられる。ただし、普洱府が商業の空白地帯であったことは、直ちに石屏漢人が、経験豊富な他の商人を退け、当該地域で最大勢力を誇るに至った直接的原因とはなりえず、あくまでも市場開拓という面で同じスタート地点に立ち、新たな勢力が台頭しやすい状況が形成されていたに過ぎなかったのである。

第三節　石屏からの移住ルート

石屏漢人は、市場の独占化が進んでいない地域を中心に進出し、自らの勢力基盤を徐々に構築していった。ただし、市場の独占が確立していない空白の土地であれば、雲南省内のどこにでも入り込めるわけではなく、出身地である石屏とその移住先を結ぶルートの存在が不可欠であった。一般的に、漢人が陸上において自らの居住地から離れて外界に向かう際、移住行動は周辺地域に向かって平面上を満遍なく行なわれるのではなく、特定のルートに沿って広がっていくことから、石屏漢人の移住ルートを知るには、石屏盆地から外界へ延びるルートを把握することが鍵となる。(25)

こうした移住ルートを特定する上においても、会館は重要な存在意義を持つ。会館は単に商業活動の拠点であるだけでなく、遠隔地に赴く途中に病気や怪我で苦しむ人々の休憩施設としても活用された。(26)事実、乾隆年間初頭、普洱府の北に接する鎮沅直隷州は、普洱府の茶山や鉱山を目指して南下する人々の中継地点となっており、行き倒れる者が後を絶たず、その骸があちこちで晒されたままとなるなど問題となっていた。(27)この当時、石屏漢人も彼等と同様にこうした過酷な環境の中で各地に移住していったと推測される。

以上から鑑みると、石屏漢人の移住ルートを明らかにするには、鉱山や茶山などの石屏漢人の主要活動拠点に、こうした会館の設置場所を加え、さらにその間を結ぶ作業が必要となる。

石屏漢人の商業活動の範囲は、前述したように石屏を起点にして元江（＝紅河）を挟んだ南側の元江府から、普洱府、順寧府、そして、ミャンマーまでの一帯に及んだ。つまり、これに石屏に隣接する箇旧を加えたのが、石屏商人の大まかな活動範囲となる。また、石屏漢人の出張機関の役割を果たした会館は、民国期に海関が設置された蒙自や雲南省の省都昆明から、古くから活動の中心であった思茅・普洱・他郎・磨黒・雅口・茶山などの雲南部全域にまで広がっている。

次に見える図10は、こうした石屏漢人の主要活動地点に幹線ルートを重ねて作成した。(28)

このように石屏を起点として、西は元江府、他郎庁を経由して、石屏漢人の主要な活動地域である普洱府に続き、思茅、茶山へと繋がる。このルートに関して、乾隆『石屏州志』巻八には、次のように紹介している。(29)

石屏州から進むこと三日で元江に到り、七日で普洱に到る。山では茶を産し、美しく聳え立っており、茶山と呼ばれる。車里の頭目がここに居住しており、諸葛孔明の砦がここにある。また二日で大平原に到るが、その広

図10　石屛漢人の移住経路
典拠：譚其驤主編　1982　『中国歴史地図集』清時期を参考に作成。

さは一〇〇〇里に及び象が飼育されている。その山は孔明が身を寄せた場所であり、孔明の碑が存在するが、苔むして見分けがつかない。また、四日にして車里（現在の景洪市）に到るに、九龍山の下に大河を臨むが、これが即ち黒水の末流である。車里の西南に行くこと八日で八百媳婦（ラーンナータイ〔現在のチェンマイ〕）に到る。ここには村ごとに寺が一つあり、寺ごとに塔が一つ立っていることから、村の塔は万を数え、これを慈国と呼ぶ。その頭目は敵を殺すのを忌み、相手が侵せば、やむを得ず兵を挙げ、報復すれば、戦いを止める。また西南に進むこと一箇月で老撾（現在のラオス）にたどり着く。ここの頭目は一代ごとに一人の子供を生み、継承させ、決して女の子を産まない。西に行くこと一五、六日で西洋海岸（ベンガル湾）に到る。即ち擺古莽酋（現在のミャンマーのペグー）の地である。

ここには、元江、普洱を通過して茶山に到るルートに加え、そこから車里、メコン川を渡り、現在のラオスやミャンマーに当たる地域に行くことが出来、さらにはベンガル湾へと続くことが示されており、当時、石屏が、普洱や車里を経由して西に向かう交易ルートによって、これら東南アジア地域と繋がっていたことがすでに一定程度認識されていたことが分かる。

また、この元江から普洱へと続く当該ルートは、そのまま北上すれば、嶍峨県、新興州、晋寧州を経由して、省都昆明に辿り着く。省都昆明は、雲南省における政治の中心であると同時に、多くの人間が集住する消費地でもあり、後で述べるように長江に向かう際の流通の重要な中継地点でもあった。石屏盆地は、宝秀から少し西方に向かうことで、こうした省内の幹線ルートに連結することが出来たのである。このように消費地と生産地に当たる両地を結ぶほぼ中間地点に石屏盆地が位置していることは、交易活動において有利に働いたと推測される。

さらに、こうした元江府経由のルートは、南西方向の普洱府に向かうだけでなく、元江府から枝分かれして東南に延び、臨安府元江（＝紅河）以南地域にも続いていた。このルートの先に位置し、元江府に接する臨安府属の思陀土司地域には、建水・石屏・元江出身の漢人移民が居住しており[30]、土司の衙門が設置されていた楽育村には、石屏の民俗習慣の影響が見られたという[31]。

こうした西方の広大なフロンティアに通じるルートに対して、東方に向かって建水を経由して箇旧に繋がるルートがある。この東方ルートは、箇旧からそのまま南下し、元江（＝紅河）を渡ると、非漢人地域に通じていた。ここには第四章で詳述するように、老摩多金山（現在の元陽県大坪郷）があり、古くから石屏漢人が鉱山開発に従事していた。また、当時、老摩多金山に限らず、臨安府の元江（＝紅河）以南からベトナム西北部にかけて多くの金山が開発され、省外から多数の漢人が蒙自を経由してこの地域一帯に流入した。(32) そうした金山の一つであり、現在の金平県に位置する慢梭金山の視察に向かった余慶長は、蒙自県から目的地までの道程に関して次のような詳細な記録を残しており、元江（＝紅河）南岸にある老摩多金山までのルートを知る際の参考となる。(33)

乾隆二二（一七五七）年冬一二月、余慶長は通海県の命で檄を受け、慢梭金廠の調査を行なう。一六日に出立し、臨安府を経ることおよそ三日、摸黒銀廠に到る…東南に向かうこと五〇里で塔瓦鋪に着く。また五里にしてたくさんの渓流にぶつかり、南に蒙自界に入り、四〇里で箇旧廠に到る。商人が方々から集まり、炊煙が盛んに立ち昇っている。摸黒銀廠を視察し、土地を巡るに、銀・錫・鉛・白錫が産出され、その質の良さは天下一品である。また南のかた五〇里で龍樹銀廠となる…四〇里で浪旧壩に到る…南のかた一五里進めば、遠く元江（＝紅河）の両岸を望める…およそ二〇里進み川を渡航する…また二里進むと蛮鉄に到る。ここは納更土司に属し、土巡検治所にあたる…蛮鉄の気候は蒸し暑く、留まることが出来ないので、登っていくと、従者も馬も息があがる。曲りくねった道を二五里進んで行くと山頂にたどり着く。振り返ると背後の山々が目に入り、声がこだまする。また五里で周鉄寨である…五里進むと小箐口に到る…およそ二五里で大喇に到る…また三〇里で陸薩に到り、宿泊する。二三日に陸薩の土兵の警護で一〇里進むと火焼坡に到り、また一五里で龍渓坡に到る…さらに二〇里で阿蔡田に到る。また二五里で銀砿河であり、金塘がある。その上は胡関である。さらに二五里で麻黎坡となり、慢梭廠の役所にたどり着く。

つまり、臨安府から蒙自と箇旧を経由して、元江（＝紅河）北岸に達する。そこで、乗船し対岸の蛮鉄に渡り、納更土司の管轄地域を通って、慢梭金山へと向かうことになるのである。老摩多金山に行くには臨安府から納更土司管轄地域までのこのルートを使用したと推測される。

ここまで述べてきたように、石屏漢人は、石屏盆地を離れた後、ルートに沿って西は元江から普洱を経由して雲南とミャンマー国境へと、そして、東は箇旧から南下して元江（＝紅河）を渡り、南岸へとそれぞれ移住して居住地を徐々に広げていったと考えられる。そして、交通の要衝、あるいは茶山や鉱山など経済上重要な場所に会館を建設するなど活動拠点を設置し、それらをお互いに結び付けることでネットワークを形成し、陰に陽に商業活動を支える役割を果たすのである。

こうした石屏盆地から東西へと延びるルートは、当然のことながら独立して存在するわけではなく、雲南省内各地を繋ぐルートの一部に当たり、同時に雲南から外省へと繋がる全中国規模で存在する交易ルートの一部を形成していた。次節ではこうした雲南省から中国各省に繋がるルートを解説しつつ、雲南がこうした全中国規模の交易ルートに組み込まれていった歴史的経緯とその影響について論じる。

第四節　鉱山開発と交易ルートの発達による経済活動の活発化

一七世紀、清朝雍正年間から乾隆年間初頭にかけて、雲南省は全中国規模で各省と水運を介して結ばれることとなり、流通面で質量ともに大きな変化が生じた。その契機となったのが制銭鋳造の原材料としての雲南銅の輸送であった。

そもそも清朝は、兵士や官吏の俸給として制銭を支給しており、細かい額を扱う貨幣として生活の便に資していた。しかし、こうして支給された制銭は、名目価値よりも実質価値が高かったため、しばしば溶解され、小銭や銅器に鋳なおされたり、銭貨の高騰を見越した商人による死蔵が行なわれたりした。加えて、山地部では重量ゆえに運搬には適さず、ほとんど流通しなかった。このため、市場では慢性的な制銭不足に陥っていた。そこで、雍正帝は、銅禁令の実施、制銭の銅鉛配合率の変更や小型化などの実質的価値の引き下げ、さらには増鋳政策を実行し、制銭の普及を図ったのである。しかし、こうした過程で、それまで制銭の原料である銅の供給先であった日本では、産銅額の減少により輸出制限が加えられるようになり、新たな銅の供給先として雲南が注目を集めるようになったのである。(34)

雲南の本格的な銅山開発は、こうした日本銅の輸出制限を一つの契機として始まった。日本からの銅の調達が難しくなった状況ではその供給先を豊富な埋蔵量を誇る雲南に頼らざるを得なくなり、雲南銅が中国全土へと移出されるようになったのである。この時、輸送手段として使用されたのが、大量輸送に適した水運であった。この中でも良質の銅は雲南から長江を使って北京に運ばれ、制銭が鋳造された。こうした一連の経緯、そして、長江の詳細なルートおよび運搬された銅の量については厳中平を中心に多くの研究がある。(35)また、長江の中流域に位置する漢口は、交易の中継地として大いに栄えることとなったが、漢口の繁栄と銅の運搬については川勝守の研究に詳しい。(36)こうした長江を利用した水運を本書では長江ルートと呼ぶ。

銅の運搬には、この長江ルートと平行して、雲南省東南部の剥隘から広西省百色庁に抜け、広西省南寧府を経由し、華南を中心とする各省に繋がるルートが存在した。ここでは、この交易ルートのことを、長江ルートに対して広西ルートと呼ぶこととする。広西ルートに関しては、陸韌や藩向明が、雲南から外省へ通じる重要な交通路の一つとして取り上げているほか、(37)森永恭代が雍正年間の雲南省内の開削工事について触れている。(38)ただし、こうした従来の研究では、いずれも雲南から外界へ通じるルートの一つとして扱ったに過ぎず、華南全域に広がるルートの全体像およびその歴史的意義を明らかにしたとは言い難い。また、石屏盆地は滇南に位置しており、雲南東南部を経由して中国各地に通じる広西ルートの存在は、地政学的にも重要な意義を持つと考えられる。

大量の銅を運搬するには、まず道沿いの整備や、船舶が往来出来るような河川の開削が必要であり、一旦そのルートが開通すれば、銅を介して、人々や物資が行き交うこととなる。つまり、物流の活発化は単に銅の華南各省への移出にとどまらず、雲南省内にも様々な形で還元され、長期に渡り大きな変化を与える要因となるのである。

本節では、こうした官側による広西ルートの開発過程に言及した上で、どのような路程を辿り、どういった物資が運搬されたかを解明し、このルートの全体像を描き出す。加えて官主導のルート開発が、如何にして銅運搬という当初の使用目的を超え、多くの物資が行き交うことで、雲南と各省を結ぶ重要な幹線路となり、さらにそれが民間交流に波及し、結果的に雲南省内にどのような影響を与えたかについても論じる。

1　広西ルートの開発

①　開発の経緯

雲南省東南部から広西省を経由するルートの開発は、明代末の雲南巡撫閔洪学が提案したことに遡る。しかし、この時は明朝の衰退と重なり、実行には至らなかった(39)。そして、再びこのルートに注目が集まったのが、明末清初の混乱と呉三桂等による三藩の乱が収束し、雲南が落ち着きを取り戻した雍正年間であった。おりしもこの頃日本銅の輸出制限により、全国的に雲南銅の需要が高まり、雲南東北部経由で湖北・湖南・広東各省に運ばれた(40)。こうした中、雲貴総督鄂爾泰は、雲南経営の一環として外省への交通路確保のため、長江ルートとともに広西ルートの開通を目指したのである。この時、鄂爾泰は、臨安府蒙自県の金釵廠で産出される銅の運搬を目的として臨安府阿迷州から広西省へと通じる水陸交通路の開発に着手し(41)、後任の雲南総督尹継善がそれを引き継ぐことで、雍正一一（一七三三）年に一応の完成を見るのである(42)。

ただし、広西ルートの開発は、雲南省内にとどまらず、複数の省を跨ぐ大規模なものであり、漢口へ向かう広西省興安県の霊渠でも開削工事が行なわれた。霊渠は、南嶺山脈を境として南北に流れる長江水系と西江水系を連結する運河であり、桂林府から灕江を遡った地点と、湘江を少し下った興安県とを結んでおり、湖南を経由し長江へと通じる交通の要衝であった。霊渠の歴史は古く、秦の始皇帝が南越の遠征に際し、食糧物資の運搬のために開削したことに端を発し、歴代王朝が数十次に渡り開削工事を行ない、嶺南地方を南北に繋ぐこの運河を後代に伝えてきた(43)。清朝時代においても康熙年間に三度、さらに雍正九（一七三〇）年にも雲貴総督鄂爾泰が広西巡撫金鉷とともに運河の掘削工事を実施している(44)。これに関して道光『興安県志』巻三では次のように記す(45)。

雍正九（一七三〇）年に雲貴総督鄂爾泰と広西巡撫金鉷が引き続き工事を行なう。鄂爾泰は桂林府の東西二つの陡河を改修し、次のように記す…鄂爾泰が皇帝陛下の恩恵を被り、節鉞を授かり三省を統括する。庚戌（一七三一年）の年に雲南から広西の百色に入り、柳江を渡り、永福を通過し、桂林に到り、灕江を遡り、そして全湘に出る。道中方々を巡り歩き、遍く意見を求めて熟慮した上で、陛下の言葉を広げ、徒河に落ち合う。皇帝の命を受け建設と調査議論を行ない、巡撫徳山金とともに自らその地に赴き、地勢を調査し、河川の高低差を測定する…協力して考え、計画を立て、朝廷にたてまつる。

つまり、この時、鄂爾泰は事前に雲南から広西省百色庁に入り、桂林を遡り、霊渠を使い、全湘に抜け、その道すがら聞き取りを行なった上で、工事の際には自ら現地に赴き、計測にも立ち会っている。さらに同史料上には、乾隆一九（一七五四）年に雲貴総督楊応琚が行なった改修工事について言及した上で、霊渠が荊楚や雲南に通じる重要な経由地にあたることを明確に記していることから(46)、この開発において雲南への交通の利便性向上が主たる目的であったのであろう。

こうして開通した広西ルートは、乾隆元（一七三六）年四月に雲南東南部の広西府に鋳銭局が設置され、制銭が北京まで運搬されたのを皮切りに本格的な運用が開始された。広西局設置の推進者であった雲南巡撫張允随は、奏摺の中で省城や臨安府の鋳銭局は四川省永寧まで陸路で運ぶのは困難であり、比較的近い東川も必要物資の高騰により、生産を増やす余裕はないことを挙げた上で、[47] 続けて以下のように主張している。[48]

調べたところでは、雲南広西府より西隆州管轄の土黄水までは陸路で合わせて五八〇里である。その内訳は、広西府城から師宗州の飛塘まで陸路で一日、飛塘から船で流れに沿い下ること二日で八達に到り、陸路で八達から三日で土黄に着き、土黄で船を下り、まっすぐ行くと粤であり、呉楚に通じる。この粤に通じる河道は、かつて都督に任命された鄂爾泰が全滇水利などの事案の中で提案し整備したものである。

つまり、広西府は、地理的に両粤・呉楚に通じ、さらに河川についても鄂爾泰がすでに開削工事を終えていると、その利点を強調している。しかし、広西ルートを使って制銭を北京に運搬する方法はあまり経済的ではなかったため、しばらくして銅を四川省の瀘州経由で長江を下って北京まで運搬し、そこで鋳造する方法に切り替えられ、広西局は乾隆五（一七四〇）年に閉鎖されるに至った。[49]

広西局が閉鎖される一方で、広西ルートを使った各省への制銭鋳造用の銅の輸送が開始される。この背景には、それまで制銭の材料として頼っていた日本銅の輸入が困難になったことがある。江戸幕府が、金・銀・銅が大量に国外へ流出することを危惧し、長崎貿易制限令を発布し、輸出を厳しく制限したため、日本銅に頼っていた各省が、雲南から銅を調達せざるを得なくなったのである。[50] 乾隆五（一七四〇）年、福建省では銭貴のため福州に鋳銭局を設置することを決定し、その銅銭の材料として雲南省東南部の開化府者囊廠の銅を買い付け、広西ルートで福建に運搬している。[51] また、湖北省も雲南南部の金釵廠産銅を買い付け広西経由で持ち帰った。[52]

この後、広西ルートを使った銅の輸送は増加の一途を辿った。この原因として、日本銅の輸出制限にともない、銅の供給元が雲南に切り替わったことに加え、長江ルートを使用した北京向けの銅の輸送量が増加したことで、それに代わる他のルートが必要となったという別の事情があった。乾隆九（一七四四）年、雲貴総督張允随はこの問題に関

して次のように述べている。(53)

雲南総督張允随が上奏し、雲南貴州両省が京銅（北京の鋳銭局用の銅）を取りさばくのに、雲南省の威寧州から運んでいたが、後に東川から永寧まで道路が改修され、両方の道を使い毎年銅四四〇万斤余りを運搬した。後にまた一八九万斤が追加されたので、威寧路だけでも実に三一六万斤余りを運ぶこととなり、貴州省の黒鉛および白鉛四七〇万斤余りも加わったので、運搬が困難となり、日々遅れや間違いが目立つようになった。そこで、板蚌と百色のルートで官が牛馬を買い、駅站を設置して運ぶことをお願いすると申し上げた。

即ち、威寧経由の道と東川から永寧に抜ける道がともに、銅・黒鉛・白鉛を運ぶために飽和状態となったため、広西ルートの見直しが図られたことがうかがわれる。これ以降、広西ルートは、清代を通じて、華南地方を中心に雲南銅を各省に運ぶ際、最も重要な輸送ルートとなったのである。当然の事ながら、この背景には航路開通にともない、大量輸送が可能となり、運搬費用が低下するという経済的な原因も大いに関係していたと推測される。

②　広西ルートと銅輸送

清朝乾隆年間以降、雲南から広西ルートを使って銅を購買した地方は、江蘇省・浙江省・広西省・広東省・江西省・陝西省・福建省・湖南省・湖北省の九省に上る。(54)

雲南省内の各銅山から華南を中心とした各省に通じる広西ルートの詳細な路程については、道光年間に雲南巡撫を務めた呉其濬撰の『滇南砿廠図略』に詳しい。これによれば、省内の銅の集積地、それから金釵廠や寧台廠などの銅山から雲南省東南部の剥隘に運ばれ、ここから広西省百色に抜け、各省に移出されることとなる。(55)

百色から各省へと続く広西ルートは大きく二つに分類される。(56)まず広西省百色から右江を下って南寧府に到り、広東省と境を接する蒼梧県に行き、ここでルートが南北に枝分かれする。北ルートは桂江を遡り、桂林府に到り、続い

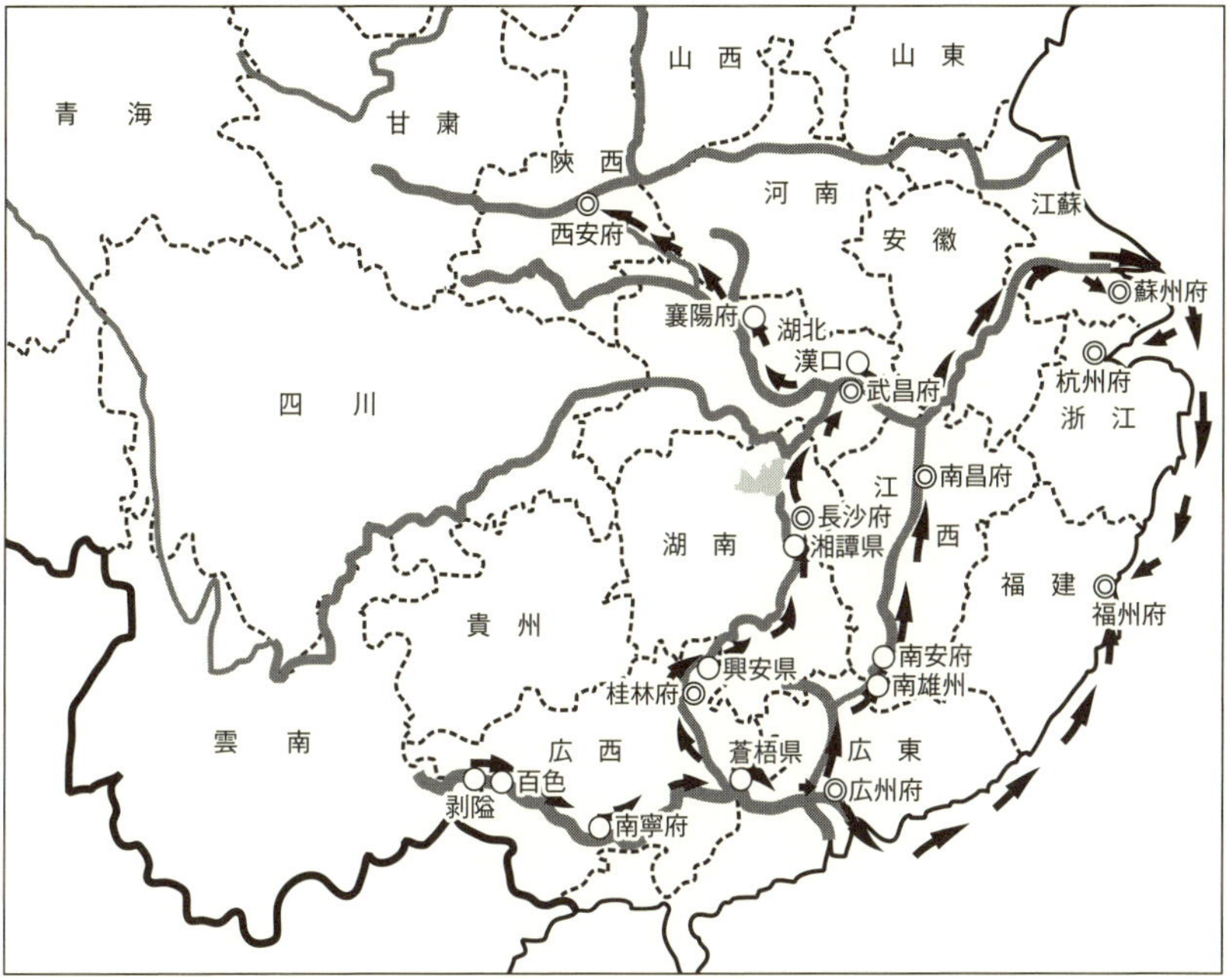

図11　広西ルート経路図
典拠：譚其驤主編　1982　『中国歴史地図集』清時期、および『滇南鉱廠図略』を参考に作成。

て湖南省湘潭県を経由し、湖北省の漢口、そして各省へと繋がる。北ルートを使用するのは、江蘇省・浙江省・広西省・陝西省・湖南省・湖北省・福建省の七省である。南ルートは広西省蒼梧県を経由して、広東を通り各省へ運ばれるルートである。このルートは主に広東省・江西省の二省が使用し、時には福建省もこのルートを経由している(57)。これを地図に表したのが図11である。

では、広西ルートを使って運搬された銅はどのくらいの量であったのだろうか。これに関して一定程度網羅的な記載がある道光『雲南通志稿』巻七七・『銅政便覧』巻七・『滇南砿廠図略』巻二によれば、乾隆五（一七四〇）年から嘉慶年間までの広西ルートを利用する九省の購入量の合計は、少ない時で一〇〇万斤足らず、多い時でもせいぜい二五〇万斤余りである(58)。これは毎年北京に六三〇万斤の銅を運搬する長江ルートと比較して(59)、決して多いとはいえないが、これが呼び水となり、多種多様な物資がこのルートを使って各省に運ばれることになるのである。

2　広西ルート開通による交易の活発化

日本からの銅の輸入が減少するにともない、各省が先を争い雲南銅を買い求め、広西省を経由して各地に運ばれることとなった。しかし、その銅の輸送量は、長江ルートのそれに遥に及ばず、全ての省を合わせてもせいぜい二五〇万斤余りであった。ただし、銅を介した広西経由の交易ルートの活発化は、大量輸送の実現にともなう運搬費用の低下も手伝い、銅だけでなく、人の往復や貨物の輸送などの流通をも促すこととなったのである。この代表的なものが、広西ルートを通って広東から運搬されてきた塩であった。光緒『雲南通志』巻七二の記載に従い、乾隆から嘉慶期にかけて広東から運ばれてきた塩の量と購買地を整理し示したのが表7である。

表7によれば、当初、広東からの移入量は一〇〇万斤であったが、時間の経過とともに増え続け、乾隆年間末期には二五〇万斤にまで達した。これは、単純に重量だけを比較すれば、広西ルートを使って運ばれた銅の総量に匹敵する。広東と雲南の間の塩の取引がこれだけ大規模化した背景には、乾隆一九（一七五四）年に両者間の取り決めにより行なわれた決済の簡素化がある。『皇朝文献通考』巻一七には、これに関して以下のようにある。(60)

また広東の塩と雲南の銅を交換し、鋳造用に供給することを議論する。広東巡撫鶴年が上奏していうには、広東の鋳造には毎年一四一二六四斤の銅が必要であり、今鋳銭局には余分な銅があるものの、補給するために毎年一〇万斤の銅を処理しなければならない。調べたところでは、雲南省の塩は不足しており、年に広東産塩一六六一三三三斤を必要とし、すでに雲南省と協議して、相互に交換を取り決めており、担当者の派遣の煩雑さを省くことが可能となる。今後、両省は順番に広東省が銅を処理する年には塩を運んで行き、雲南省が塩を処理する年には銅を運搬してくる。

即ち、銅と塩の取引額の相殺により支払いの手続きを簡素化し、かつお互いに担保しあうことで信用度も高まり、移入量が増加したと考えられる。広東産塩は、まさに銅が呼び水となり、広西ルートを通じて交易に利用された顕著な例といえよう。

この他にも、広西ルートを通って運ばれた物産として広西産の米がある。当初、広西ルートを整備する際、鄂爾泰のねらいは広西からの米の輸送による雲南省内の米価の安定化にあった[61]。事実、前章で述べた広西府の鋳銭局について、労働者の食糧を附近の村々から調達するのが難しかったため、隣接する広西省から米を買い取っている[62]。広西府

表7　広東からの塩移入量一覧表

年代	移入量	広東産塩の消費地
一七三九	一〇〇万斤	羅平州二〇万斤・師宗県二五万斤・広西直隷府二五万斤・弥勒県三〇万斤
一七四〇-一七四三	一〇〇-一二〇万斤	広西直隷府・弥勒県・師宗県
一七四四-一七五〇	一二〇万斤	広南府四〇万斤・宝寧県四〇万斤・開化府四〇万斤
一七五一-一七五八	一四〇万斤	広南府四〇万斤・宝寧県四〇万斤・開化府四〇万斤・文山県二〇万斤
一七五九-一七六五	一七〇万斤	開化・広南二府地方一四〇万斤・弥勒県三〇万斤
一七六六-一七七二	正塩二二〇万斤・耗塩一二・六四二二万斤	広南府六〇万斤・宝寧県六〇万斤・開化府四〇万斤・弥勒県三〇万斤・文山県三〇万斤
一七七三-一七九五	二五〇万斤	広南府六〇万斤・宝寧県六〇万斤・開化府四〇万斤・弥勒県六〇万斤・文山県三〇万斤
一七九六	正塩二〇〇万斤・耗塩三七・三三三三万斤	広南府五五万斤・宝寧県五五万斤・開化府四〇万斤・文山県五〇万斤

出典：光緒『雲南通志』巻七二、食貨志、塩法下、粤塩塩銷地方

の鋳銭局は前述のように乾隆五（一七四〇）年に一旦廃止されるものの、乾隆一六（一七五一）年に再び設置され、乾隆四五（一七八〇）年まで続くこととなる。(63) また、一八三〇年代以降、広西ルートを経由した阿片取引が、雲南・広西・広東の間で盛んに行なわれるようになり、雲南産阿片が大量に密輸された。(64) そして、こうした広西ルートを経由した阿片の密貿易の興盛は、一九世紀に雲南発のペストの世界的流行をも引き起こすことになるのである。(65)

加えて、定期的に取引された銅・塩・米・阿片などの物産以外にも、その時々に応じて運ばれてきた物資もある。例えば、乾隆年間には火薬用の石硝が、広西太平府から水路を使い、雲南に持ち込まれている。(66) 勿論これら以外にも、史料に現れていない様々な物資がこのルートを通って東西を行き来したであろう。

当初、広西ルートは、主に銅を運ぶために使用されたが、後にその利便性から塩や米を中心とする多くの物資が運ばれるようになり、雲南東南部と他地域を経済的に結ぶ大動脈の役割を果たしたのである。こうした清朝の官側による物資の運搬を中心とする東西交流は、時間が経過するにつれて民間へと波及するようになるのである。

3　東西民間交流の変化

広西ルートの開発は、清朝政府主導の下で始められ、銅や塩などの物資を中心に長江ルートと並び華南を中心とするもう一つの東西交流を雲南にもたらした。そして、こうした潮流は、官側にとどまらず民間における人や情報の往来をも促したのである。

①　省外からの漢人労働者の流入

雲南省では清朝時代に入り大規模な鉱山開発が進められたことで巨大な労働力市場が生まれ、外省から大量の鉱山労働者が雲南各地の鉱山に流入した。

雲南南方の蒙自県には、清朝期を代表する銅山の一つ金釵廠があり、前述したようにここから広西ルートを経由して華南を中心とする各省に大量の銅が運ばれた。金釵廠の採掘は、康熙四四（一七〇五）年から本格的に開始され、(67)乾隆嘉慶年間、華南各省に大量の銅を供給した。(68)こうした金釵廠の様子について『碑伝集』巻二六「大学士広寧張文和公神道碑」に次のようにある。(69)

金釵坡銅廠では、鉱山経営者は損失を出し、公金もなく、採掘の停止を検討していたが、公（張允随）は、坑道は深いが、鉱産物はなお盛んであり、採掘量が増え、銅価が値上がりし、無駄使いを節約すれば、鉱山労働者は喜び励み、銅の年産は数百万余りに達すること間違いなく、隣接する省が制銭を鋳造するために皆これを必要とするであろうことを理解していた。銅は日に日に増加し公金は益々節約出来た。こうして現在二十年余りとなる。江楚各省の民は先を争って鉱山に赴き、春にやってきては冬に帰り、地元の貧民のみならず各省の商人もそれによって潤っている。

つまり、鉱山開発にともない、江楚各省から多くの人々が集まったことで地元経済のみならず、各省の商人にもその恩恵をもたらした。こうした外省の鉱山労働者や商人は、しばしば広西ルートを使って郷里と行き来したであろう。また、同時期、ベトナム北部では銅や銀の鉱山ブームが起き、さらには臨安府の江外と呼ばれる元江（＝紅河）以南からベトナム西北部にかけて金山の開発も進んだことから、江西・湖北・湖南・広東地域の漢人が、鉱山での働き口を求めて広西ルートを辿って雲南に入り、蒙自県からベトナム北部地域一帯にかけて点在する鉱山群の間を盛んに往来することとなり、行商のために広西ルートを使い、雲南を経由してラオスやベトナムに流入する漢人も少なからずいたのである。(70)

即ち、広西ルートの登場は、鉱山開発ブームもあり、江楚を中心とする多くの人々を雲南省に引き付ける要因となった。そして、雲南南部からベトナム北部の鉱山開発の進展は、この地における外省商人の経済活動の活発化を促し、広西ルートを通じて民間レベルでも東西交流を引き起こす下地を形成したのである。

②　広西ルート沿いの外省会館の設置

広西ルートを介した東西交流は、当地経済にもプラスの影響を及ぼした。広西ルート沿いに位置し雲南省の東南の玄関口となった広南府の様子に関して、道光『広南府志』巻二では、次のように記す(71)。

広南府は辺疆であり、土地は痩せ、物産にも恵まれていないが、東南の境は広東・広西に通じており、西北は雲南の境に達し、商人が集まり、様々な物資が流通し、徴収される税は国家経費を充たし、不足することはない。

つまり、元々地元の物産などに恵まれていなかったが、広西ルート開通のおかげで交通の要衝となり、商人が行き交い、貨物が運搬されることで経済的恩恵を被ったのである。こうした変化は広西ルート上に設置された会館にも表れている。表8は雲南省から広西百色までの広西ルート上の会館を整理したものであるが、江西・湖広・広東・広西・四川の会館の名が見える。これら地域は、箇旧の鉱山開発に大きな力を発揮した土地であり、こうした地域の商人が広西ルートに沿って交易を行なっていたことがうかがわれる。

③　広西ルート経由の漢人移民の流入

新大陸からの作物の伝播に端を発した一八世紀末の人口爆発は大量の漢人移民を生み出し、この影響は雲南省にも及んだが、とりわけ人口が少なく、比較的土地に余裕のあった雲南東南部の臨安府・開化府・広南府では、四川・貴州・湖北・湖南・広東・広西から多くの漢人が移住してきた(72)。道光『威遠庁志』巻三には、この頃の開化府と広南府の漢人移民の流入について、雲貴総督伊里布と雲南巡撫何煊による以下のような報告がある(73)。

臣等が調査したところでは、開化府と広南府の二府は滇東南に位置しており、貴州や広西などに近く、四川・

表8　広西ルート会館一覧表

地名	会館名	建設時期	典拠史料
開化府文山県（文山州文山市）	江西会館（三箇所）	乾隆二年（一七三七年）	道光『開化府誌』巻二、寺観・光緒『雲南通志』巻九二、祠祀志
			道光『開化府誌』巻二、寺観・光緒『雲南通志』巻九二、祠祀志
			道光『開化府誌』巻二、寺観・光緒『雲南通志』巻九二、祠祀志
	湖広会館（三箇所）		道光『開化府誌』巻二、寺観・光緒『雲南通志』巻九二、祠祀志
開化府安平県（文山州馬関県）	四川会館		光緒『雲南通志』巻九二、祠祀志
	江西会館		光緒『雲南通志』巻九二、祠祀志
	湖広会館	道光一九年（一八三九年）	光緒『雲南通志』巻九二、祠祀志
広南府（文山州広南県）	江西会館（二箇所）	嘉慶二四年（一八一九年）	道光『広南府志』巻二、祭祀
			道光『広南府志』巻二、祭祀
富州県県城（文山州富寧県新華鎮）	広西会館		民国『富州県志』寺観
富州県剥隘（文山州富寧県剥隘鎮）	広西会館		民国『富州県志』寺観
	広東会館		
百色庁（広西省百色市）	江西会館		光緒『百色庁志』巻四、建置、公署

貴州・両湖・両広の流民がいた…のちに開化府知府魏襄と広南府知府施道生が上奏したところによれば、開化所轄の安平と文山、広南所轄の宝寧などでは、広大な土地が広がっており、川・楚・黔・粤の男女の流民が移り住み開墾を行ない、生活の助けとしている。こうした連中がやってくるようになってすでに久しい…これら外界の流民は人数もまちまちである。開化所属の安平や文山などでは、流民はあわせて二四〇〇〇余戸であり、広南所属の宝寧や土富州などでは、二二〇〇〇余戸である。

即ち、広西ルートに沿って、移民が大量に流入してきたことが分かる。例えば、道光『雲南通志稿』巻五六によれば、当時官側によって把握されていた戸数は、開化府のみで約三万から四万戸に上り、移民が如何に大規模であったかをうかがい知ることが出来よう(74)。また、道光『広南府誌』巻二には、この頃の様子について「広南ではかつて夷戸しかなく、獠・沙・儂といった人々のみであった。今では長期にわたり国家が安泰したおかげで、直省の人口が増加し、両湖・四川・貴州・両広といった地域の人々が妻子を携え、瘴気の地をまるで楽土であるかのように風雨にも耐えつつやってきた。そのため戸数は当時に比べて五倍以上に増加した」とあり(75)、瘴気があるにもかかわらず、移民が家族を連れてやってきたことが分かる。

また、こうした人の流れは、雲南東南部に様々な情報をもたらした。その一つが秘密結社などの宗教運動の浸透である。道光一二（一八三二）年六月雲貴総督阮元は、宝寧県の匪徒平四について「雲貴総督阮元等が次のように上奏する。宝寧県の悪党平四が人々を集め集団を組織した件について詳細に調べる。思うに平四は道光一〇（一八三〇）年一二月に広西百色地方を訪れ、商いに従事しており、広西人の劉阿大によって添弟会を伝授された…ついで商売に失敗し、郷里に戻り、意を決し人々を糾合し交わりを結び添弟会に加わった。連中は雅号を描き金銭を集め、外に出て略奪を行ない、黄亜岡ら三八人を誘い、義兄弟の契りを結んだ」と上奏している(76)。このことから平四が広西百色に商売にやってきたことで、添弟会が宝寧県に伝わったことが知られる。事実、道光一六（一八三六）年の上奏文には、雲南省・貴州省・広西省の交界地域について「広西泗城府所属の西隆州百隘地方（現広西省隆林各族自治県）・雲南広南府・貴州興義府（現在の貴州省興義市）の三省の交界地域は、四方へ通じる交通の要所であり、府城から遠く離れている。それゆえ、ならず者が集まりやすく、最近では広東から秘密結社の連中がこの地へ逃れて来ている。こいつらは土着の悪党に通じ、彼等と徒党を組んでいる」とあり、(77)それぞれの県城から離れており、清朝政府の統制も行き届きにくく、犯罪者や秘密結社にとっては格好の逃げ場となっていたことが読み取れる。

嘉慶二二（一八一七）年に現在の元陽県で起きた窩泥人（現在の民族分類ではハニ族）高羅衣による蜂起には、すでにこうした宗教運動の影響が見られる。『清仁宗実録』巻三二八には、「非漢人の反逆者高羅衣は身の程もわきまえず窩泥王を自ら称し、従う漢奸どもに偽の官職を与え、数万にも及ぶ人々を脅し、元江（＝紅河）以南の土司地方を掠奪し、さらに多くの人間を率いて内地をうかがおうとした」とあり、(78)高羅衣自身が地元ハニ族の代表者である窩泥王と名乗ることで、蜂起軍の結集を図っている。ここには、救世主の登場を願う千年王国的宗教運動の影響が見られ、一九世紀前後に江外地域に大量に流入した漢人移民から当地民に伝えられたのであろう。このように広西ルートの開通は、人の往来や情報の伝達などの流れを生み出し、人口爆発にともなう漢人移民の流入の際には、雲南東南部の玄関口の役割を果たすこととなった。

以上、論じてきたように、日本からの銅の輸入制限をきっかけとして、雍正年間から乾隆年間初めにかけて雲南省の銅山開発が本格化し、長江や広西を経由して雲南省と中国各地を結ぶ水運ルートが開かれた。これにより銅を中心とする鉱物資源が盛んに省外に移出されることとなり、雲南省と中国各地の経済交流が飛躍的に増加し、こうした経済交流の活性化は、雲南省内に様々な影響を及ぼした。まず、運搬ルートの整備により鉱山開発が急速に進展し、厖大な労働力市場が形成されたため、多くの人間が雲南省に流れ込むこととなり、それとともに多種多様な情報が伝えられた。次に、省外との交易の活発化は、雲南省内の物流を刺激し、省内沿線のインフラ整備が進展し、省内交易にも大きな影響を与えたと考えられる。(79) こうした中国西南の交通インフラ整備によってもたらされた効果として、インフラ整備の進展により陸上輸送における人馬による運搬費の低下が引き起こされ、域内の取引量の増加が促されたのである。(80)

即ち、こうした省内外を結ぶ交易ルートの活性化により、雲南省内各地に広がるルートもその中に組み込まれた上で再編され、おそらく石屏から東西に延びるルートもその一部として機能するようになっていったのであろう。そして、石屏漢人の関心は、外界に向けて注がれるようになり、移住への前提条件が整えられることとなったと考えられる。例えるなら、交易ルートが大動脈として機能することで、細胞に当たる沿線地域の活動を刺激し、移住への動きを活発化させたといえよう。

おわりに

これまで述べてきたように、盆地の土地資源の活用の限界に直面していた石屏漢人の視線を外界へ向けさせた外的要因が、石屏盆地南方の、元江（＝紅河）を境にして東南アジアにまで続く広大なフロンティアであった。こうした土地は石屏盆地で生活にあぶれた者を受け入れる格好の受け皿となったのである。本章で、明らかになったのは以下の四点である。

① 石屏漢人は、周辺地域に満遍なく移住していくのではなく、石屏盆地から東西に延びる特定のルートに沿って移住し、雲南南部を中心に活動地域を拡大していった。

② 明代以来、雲南経済は江西や湖広などの外省商人によって支えられていたが、清朝初期、普洱府などの一部フロンティア地域ではこうした外省商人の進出が鈍く、新たに台頭してきた商人勢力が参入しやすい条件が整って

いた。石屏漢人は、こうした市場の独占が進んでいない商業の空白地帯を選択し、徐々に活動範囲を広げていった。

③清代に雍正年間から乾隆年間にかけて雲南の銅山開発が本格化するにつれて、中国各地へと通じる水運が整備され、石屏盆地から延びるルートが全国の交易ルートに組み込まれ、その一部として機能するようになった。

④銅山開発の進展と運搬ルートのインフラ整備によって、雲南経済が活性化する中で、土地投資での経済成長が見込まれない石屏盆地を出て外界へ向かう潮流に拍車がかかった。

石屏漢人移住の内因が土地資源開発の限界であったならば、外因は石屏盆地の南西に横たわるフロンティアであったといえよう。ただし、このフロンティアは、単に不毛な土地が広がっているのではなく、鉱物や商品作物に転換可能な植物などの天然資源に恵まれていた。そして、清朝雍正年間から本格化した鉱山開発は、雲南銅の運搬を巡り、全国規模で交易ルートの再編をもたらし、雲南は経済的に中華世界の一部に組み込まれることとなったのである。こうしてフロンティア地域の天然資源と全中国規模の巨大市場が結び付くことで雲南の地域開発が進展し、道路建設や船舶航行可能な河川工事などのインフラ整備にともなう大量輸送の実現と運搬費用の下落も後押しし、当地に経済活性化がもたらされたのである。石屏漢人の移住活動が本格化したのは、まさにこうした雲南経済の一大変革期にあたる時期であり、交通の便に優れた石屏盆地の地理的条件がこうした潮流に素早く加わることを可能にしたのである。

註

（1）　民国『石屏県志』巻六、風土志、商業。原文は以下の通りである。「吾屏地瘠民貧，謀生不易。有明一代，煙戸稀少，尚易為力，入清以来，戸口漸繁，不能不謀食於四方。故自元江以至墨江、普洱、思茅、茶山一帯幾成為吾屏之殖民地，而屏民之性富於冒険，多喜辦廠。如雍正開闢車里後，錫泥、班洪之銀廠即為屏人所開辦，石屏之銀、他郎之金亦屏人足跡所

至之地，而箇旧錫廠之採辦猶在後耳」。ここに見える「錫泥銀山」は、「班洪銀山」の附近にある「悉宜銀山」を指していると考えられる。

（2）民国『石屏県志』巻六、風土志、商業。内容は次の通りである。「石屏の商業は思茅・普洱一帯を最大として、元江、他郎、威遠、緬寧、磨黒、通関、六順、十三版納五大茶山、遠くは緬甸に及ぶ。班洪葫蘆の境にある呉尚賢の茂隆廠は最も有名である…石屏商人は勤勉かつ誠実であり、辺疆数千里に沿って、土着民と交易を行ない、現地の言葉を操る者や遂には結婚する者もいる。ゆえに迤南一帯では俗に、煙のあるところには石屏人がいるといわれている（石屏商業当以思普一帯為最大，元江、他郎、威遠、緬寧、磨黒、通関、六順、十三版納五大茶山，遠及緬甸。如呉尚賢之茂隆廠在班洪葫蘆境其最著也…屏商勤倹信実，沿辺数千里，土人楽与交易，有能夷語者，或竟結婚。故迤南一帯俗謂，有人煙処，必有屏人）」。

（3）民国『石屏県志』巻六、風土志、善挙。原文は以下の通りである。「屏人喜群居，士重講習，商重類聚，出遠方者往往立会館，規模宏遠，如京師有彩雲別墅。省城、思茅、蒙自、箇旧、元江、普洱、他郎、磨黒、雅口、茶山各有会館」。

（4）*Decennial Reports, 1892-1901*, Vol2.p.487.

（5）何炳棣 一九六六『中国会館史論』。

（6）藍勇 一九九六「清代西南移民会館名実与職能研究」『中国史研究』四（七二）、一六―二六頁。藍勇 一九九七「清代西南的移民会館」『西南歴史文化地理』五〇七―五二七頁。

（7）例えば普洱府の易武や漫撒などの会館は地方誌には記されておらず、この一覧表では史料典拠を地方誌に絞り、あえて統計には入れない。

（8）『広志繹』巻五、西南諸省、雲南。原文は以下の通り。「滇雲地曠人稀，非江右商賈僑居之，則不成其地」。

（9）乾隆年間半ばに尋甸州知州や麗江府知府を歴任した呉大勛が記した『滇南聞見録』漢人の条（方国瑜 二〇〇一『雲南史料叢刊』〔巻一二、一一七―一一八頁〕所収）には、「休憩所や食堂、商売人や鉱山経営者、さらに土着民の村にある外省漢人の商店の人々は、みな江西省と湖南省出身者である（至于歇店飯鋪，估客廠民，以及夷寨中客商鋪戸，皆江西、楚南両省之人）」とあり、江西商人と並び、湖南商人の活躍が確認出来る。

(10)『支那省別全誌』第三巻、八七三―八七五頁。
(11) 和田博徳 一九六一「清代ヴェトナム・ビルマ銀」『史学』三三（三・四）、一一九―一三八頁。
(12) 雲南の銅山開発の歴史については厳中平 一九四八『清代雲南銅政考』に詳しい。
(13)『滇南鉱廠図略』（巻二、滇礦図略下、銅廠第一、順寧府属〔『続修四庫全書』第八八一冊、史部政書類所収、一七七頁〕）には、寧台廠について「寧台廠は順寧府の東北五二〇里にある。最初は小規模鉱山であったが、ついで水洩廠が見つかり、銅の採掘が次第に盛んとなり、さらに蘆塘廠を得て、永昌府の宝台山において鉱脈を発見した…採掘は最盛期を迎え、寧台と名づけられ、官の担当者が管理した。乾隆四六（一七八一）年の定額銅は二九〇万斤である（寧台廠在順寧東北五百二十里。初為小廠，継獲水洩廠，銅漸旺，又獲蘆塘廠，発脈於永昌府之宝台山…産鉱特盛，仍以寧台名，委員理之。乾隆四十六年定額銅二百九十万斤）」とあり、寧台廠附近では立て続けに鉱脈が見つかり、当時、約一二〇〇万斤と推測される雲南全体の銅の採掘量の内、寧台廠産の銅が実にほぼ四分の一を占めるに至った。
(14) 前掲註（2）、民国『石屏県志』（巻六、風土志、商業）を参照のこと。
(15) 乾隆『蒙自県志』（巻三、廠務）には箇旧・金釵廠を含め多数の銅山・銀山・錫山の記載が見える。
(16) 民国『大理県志稿』巻三、建設部、交通、外境会館附。内容は以下の通り。「永昌保山県。大理会館は県城の西側の太保山の麓にある。明朝期に郷人が資金を集め建設した（永昌保山県。大理会館在城西太保山麓。前明時郷人捐集修建）」。
(17) 民国『大理県志稿』巻三、建設部、交通、外境会館附。内容は以下の通り。「雲南省城。大理会館は省城の西南隅の華興巷、即ち五福後巷にある。民国元（一九一二）年冬、郷人の周汝敦・張大義・李琛・楊允昌・厳鎮圭・趙国晸らが話し合って提案し、資金を集めて土地を購入し、建設した…民国二（一九一三）年冬に落成し、あわせて銀四五〇〇両を費やした…これとは別に二段の墓地が城外の陲山の麓にある（雲南省城。大理会館在城西南隅華興巷（即五福後巷）。民国元年冬邑人周汝敦、張大義、李琛、楊允昌、厳鎮圭、趙国晸等倡議勧，集捐貲購地，修建…二年冬落成，共用款銀四千五百零…另墳地二段均在城外陲山麓）」。
(18) 羅群 二〇〇四『近代雲南商人与商人資本』（四〇頁）を参照。

(19)　民国『昭通県誌稿』輿地、坊標。内容は以下の通り。「貴州館の戯台は城内東南隅にある…天辺の中央に楔が一つだけあり、それを作った職人の技術は並はずれてすばらしい。伝え聞いたところによると、八角亭とともに、剣川の木彫り師が弟子と二人で昭通を訪れ、制作したものであり、今これほどのものはない（貴州館戯台在城内東南隅…頂上当中只一総楔子，其匠作之工精巧絶倫，伝言与八角亭係剣川木匠師徒二人来昭所造，今無此手芸也）」。

(20)　前掲　方国瑜「明代在雲南的軍屯制度与漢族移民」一四四―三三二頁。

(21)　前掲　クリスチャン・ダニエルス「雍正七年清朝によるシプソンパンナー王国の直轄地化について―タイ系民族王国を揺るがす山地民に関する一考察―」。

(22)　普洱府においても江西商人が、雍正年間以前にすでに進出しており、さらに乾隆年間の初めには他に先んじて会館を建設し、組織的な活動を開始していたことが確認出来ることから、必ずしも外省の商人勢力が存在しないわけではなく、あくまでも雲南省内の他地域に比べて新たに参入しやすかったに過ぎない。乾隆一五（一七五〇）年に立てられた「万寿宮碑記」の冒頭には、「思茅に万寿宮があるが、蓋し乾隆二年を始めとする（思茅之有万寿宮，蓋自乾隆二年始也）」とあり、江西人の会館である万寿宮が乾隆二（一七三七）年に建設されたことがわかる。また、乾隆初年に編纂された乾隆『雲南通志』（巻一五、寺観）に寿仏寺の名前が見え、雍正年間末には湖広会館が普洱府に建設されていたことがわかる。「万寿宮碑記」に関しては、唐立編　二〇一一『雲南西部少数民族古文書集』（二七八―二八一頁）を参照されたい。

(23)　乾隆『蒙自県志』巻三、廠務。内容は以下の通りである。「箇旧は蒙自の一郷である。戸はすべて甲に編入され、瓦葺の家屋に居住している。商人は一〇のうち八、九割を占めており、土着の者はほとんどいない…初めに方連硐の開発が盛んとなり、四方から数万人に上る人々がやってきた。その中で湖南・湖北の者が七割、江西の者が三割を占め、山西と陜西の者がこれに次ぎ、またその他の省がこの後に続く（箇旧為蒙自一郷。戸皆編甲，居皆瓦舍。商賈貿易者十有八九。土著無幾…初因方連硐興旺。四方来採者不下数万人。楚居其七，江右居其三，山陜次之，別省又次之）」。

(24)　乾隆『蒙自県志』（巻六、祠祀）には各省の会館の記述があるが、石屏の会館の名は見当たらない。

(25)　前掲　西澤治彦「村を出る人・残る人、村に戻る人・戻らぬ人」『シンポジウム　華南―華僑・華人の故郷』一―二三頁。

(26) 乾隆五四（一七八九）年立碑の日付を持ち、会館建設の経緯を記した猛臘県易武郷の旧漫撒村の「漫撒新建石屏会館碑」には、「（石屏人は）遠く郷里を離れ、毒気を含む雨や靄にまみれた土地を行き来しており、彼等は居住するところが定まらなければ、休むこともなく、郷里のよしみを結び、旅人を慰める場所もない（遠別郷井，出入於蛮煙瘴雨之郷，而棲息無定，即次未安，非所以敦郷誼慰旅人也）」とあり、会館建設の目的の一つが同郷人の慰撫であったことがわかる。「漫撒新建石屏会館碑」に関しては、西川和孝 二〇一一「18世紀末の雲南省普洱府漫撒における会館建立と茶園開発―石屏漢人移民の活動を中心として―」（西村昌也編『周縁の文化交渉学シリーズ1 東アジアの茶飲文化と茶業』一四七―一六二頁）に全文所収。

(27) 『培遠堂偶存稿』文檄巻四、覆鎮沅府条議収養過路病民詳、乾隆元年一二月。内容は以下の通りである。「雲南省は険峻な山々からなっており、交通は不便であり、大商人はほとんどおらず、やって来ているのはわずかな資本で商売を営む者であり、鉱山や茶山に向かう。雲南省人・外省人にかかわらず、均しくその人々の群れは途切れることなく、こうした輩が、荷物を肩に担ぎ背に負い、深く土着民の地域に入り込む。彼等は一度病気に罹れば、歩行は困難となり、幹線道路を進んでいれば、まだ暫く宿屋に頼ることが出来るが、もし辺鄙な小道であれば、その場で食事をして野宿することとなり、瘴癘に苦しまなくとも、風や霜にやられ、八割から九割が死に至る。たとえ死に至っても誰も見ていないため、骸が野晒しにされていることが多く、鼠や雀に齧られるのもまた避けられない（滇省地方崇山峻嶺，不通舟車，富商大賈罕有，至者惟小本営生之人，或走廠地，或入茶山。無論本省外省之人，均皆絡繹不絶，此輩深入夷方，皆係肩挑背負。一有疾病，跬歩難行，通衢大路，尚可暫依旅店，若偏僻小道，野餐露宿，非苦瘴癘，即罹風霜，死者十有八九，及至死後無人経見，暴露多時，鼠雀齧傷，亦所不免）」。

(28) 道光『雲南通志稿』（巻四二、県置志、郵伝下、郵程、雲南省城由滇陽駅分道至緬寧庁路程）・道光『普洱府志』（巻五、城池、郵駅）・光緒『続修順寧府志稿』（巻之九、建置志、郵伝郵程、雲南省城由滇陽駅另分道至緬寧庁路程）を参照して地図を作成。

(29) 乾隆『石屏州志』巻八、兵防志、雑記、界連殊方。原文は次の通りである。「州行三日至元江，七日至普洱，山産茶，

又一山聳秀名茶山，車里頭目居之，孔明営塁在焉。又二日至一大川原，広可千里養象，其山為孔明寄箭処，有孔明碑，苔泐不辨，又四日至車里在九龍山下，臨大江亦名九龍江，即黒水末流也。車里西南行八日至八百媳婦，此地毎村一寺，毎寺一塔，村以万計塔，如之号慈国，其酋悪殺敵，人侵之，不得已一挙兵得所仇而罷。又西南行一月至老撾，酋毎代止生一子承襲，絶不生女。西行十五、六日至西洋海岸，乃擺古莽酋之地」。

(30)　民国『石屏県志』巻一八、土司志、思陀司。内容は以下の通り。「域内の人々は荊を身にまとい雑草を刈っており、居住する者は様々である。その族をいうと、漢人であり、即ち建水・石屏・元江出身の寓居する人々である。このほか、窩泥（現在の民族分類ではハニ族）、猓玀（現在の民族分類ではイ族）、僰夷（現在の民族分類ではタイ族）は、皆土着の人々である（境内人民披荊斬草莱，而居者不一。其族曰漢人，乃建、石、元三属之流寓，曰窩泥，曰猓玀，日僰夷，皆土著）」。

(31)　民国『石屏県志』巻一八、土司志、思陀司。内容は以下の通り。「昔の土司の治所は大新寨であったが、後に楽育村に移り、土城が築かれ四門が建設された。城内には漢夷が雑居している…城内には新街という名の通りがあり、乙庚の日になるたびに、住民が集まって市場を開く。取引されるものは多くが細細とした物であり、十干を使い、十二支を用いず、石屏の民俗風習に沿っている（旧司治在大新寨，後遷楽育村，築土城建四門，城内漢夷雑居…城内有街名新街，毎逢乙庚日，居民聚以為市，交易多零物，用天干不用地支，沿石屏俗也）」。

(32)　前掲　武内房司「地方統治官と辺疆行政―十九世紀前半期、中国雲南・ベトナム西北辺疆社会を中心に―」『近世の海域世界と地方統治』一七一―二〇一頁。

(33)　『金廠行記』（『小方壷斎輿地叢鈔』第八帙所収）。原文は以下の通り。「乾隆丁丑冬十有二月余以通海県令奉檄，委査慢梭金廠。既望起行，経臨安府凡三日，抵摸黒銀廠…東南行五十里，抵塔瓦鋪，又五里有山澗澗，南入蒙自界，又四十里抵個旧廠，商賈輻輳，煙火繁稠，視摸黒迴勝地，産銀、錫、鉛、白錫，質良甲於天下，又南五十里為龍樹銀廠…四十里至浪旧壩…南下十五里遥望両岸…凡二十里乃渡水…又二里至蛮鉄，察属納更司，為土巡検治所…天気炎蒸，不可留，登而上，僕馬喘息不止。行二十五里，盤旋至絶頂，迴視後嶺，声可響応，又五里周鉄寨…行五里至小箐口…凡二十五里至大喇…又三十里抵陸薩宿。二十三日陸薩之土兵護以行十里至火焼坡，又十五里至龍渓坡…又二十里至阿蔡田，又二十五里為銀砿河，有金塘。其上為胡関，又二十五里為麻黎坡，抵慢梭廠官房」。

(34)　佐伯富 一九五九「清代雍正朝における通貨問題」『東洋史研究』一八（三）、一四二—二一一頁。

(35)　前掲 厳中平『清代雲南銅政考』。このほか長江ルートに関しては、代表的な研究として中嶋敏 一九四五「清朝の銅政における洋銅と滇銅」『民族研究所科学論集』第一冊（同著 一九八八『東洋史学論集—宋代史研究とその周辺』所収、一六一—一七七頁）・川勝守 一九八九「清、乾隆期雲南銅の京運問題」『九州大学東洋史論集』（一七、一—九四頁）・市古尚三 二〇〇四『清代貨幣史考』・藍勇 二〇〇六「清代滇銅京運路線考釈」『歴史研究』（三〇一、八六—九七頁）などがある。

(36)　川勝守 一九九三「清乾隆初年雲南銅の長江輸送と都市漢口」『東アジアにおける生産と流通の歴史社会学的研究』四〇七—四二八頁。

(37)　前掲 陸韌 一九九七『雲南対外交通史』。前掲 藩向明「清代雲南的交通開発」。

(38)　森永恭代 二〇〇六「乾隆初年の雲南金沙江開鑿工事について—清代雲南における航道開発の一事例として」『京都女子大学大学院文学研究科研究紀要 史学編』五、六五—一一九頁。

(39)　前掲 藩向明「清代雲南的交通開発」。

(40)　前掲 佐伯富「清代雍正朝における通貨問題」。

(41)　雍正七年二月二四日、雲貴総督鄂爾泰奏（『宮中档雍正朝奏摺』第一二輯、五一六頁）。内容は以下の通り。「調べたところでは、滇から粤まで元々河道があったが、土地が険阻であるので、省都まで直接通じさせることが出来ない。しかし、臨安府属の阿迷州には燕磁洞の河流があり、大河に直接通じており、燕磁洞から掘削すれば、八達汎に達する。臨安府所属の箇旧や金釵坡などの銅山は、燕磁洞より一〇〇里余りに過ぎず、省城からの水路は普寧に通じ、陸路ではそこまで三〇〇里に過ぎず、鉱山に離れておらず、銅の運搬は容易である。また鋳銭局からも近く、銅銭を運ぶのにもまた運搬費を節約することが出来、この便利な水路は緊急に開削するべきである（査自滇至粤原有河道。雖因盤灘険阻，不能直達省会。然自臨安府属之阿迷州有燕磁洞河流一道，可直達大河，自燕磁洞疏鑿，可以通八達汎，而臨安属之個旧、金釵坡等銅廠，離燕磁洞不過百里餘，自省城水路抵普寧，起旱至彼，亦不過三百里，既与廠地相近，運発銅斤甚易，又離鋳局不遠，盤運

銭文復可省脚価，似此便宜水道所応急為開修者也）」。

(42) この工事の過程に関しては、前掲 森永恭代「乾隆初年の雲南金沙江開鑿工事について―清代雲南における航道開発の一事例として」に詳しい。

(43) 松丸道雄・池田温・斯波義信・神田信夫・濱下武志編 一九九六『世界歴史大系 中国史2―三国～唐―』五〇六―五〇七頁。

(44) 歴代王朝が実施してきた霊渠の水利事業については、中嶋敏 一九八二「霊渠考」『東洋研究』（六二―六四、一九七―二二九頁）に詳しい。

(45) 道光『興安県志』巻三、輿地三、水利。原文は以下の通りである。「雍正九年総督鄂爾泰、巡撫金鉷続修。鄂爾泰重修桂林府東西二陡河，記…爾泰蒙聖主恩，授節鉞総三省，歳庚戌自滇入粤道百色，渡柳江，過永福，抵桂林，泝灕江，而出全湘，渉歴道塗，周諮詢度輙思，所以広上徳音者，会陡河，方奉旨修建兼飭勘議，迺与巡撫徳山金，公親履其地，審形勢平険，量河流高下…協心相度，条具規画，上之朝」。

(46) 道光『興安県志』巻三、輿地三、水利。内容は以下の通り。「乾隆一九（一七五四）年総督楊応琚は重修する…ひそかに思うに、地方水利は政務の利害に関係している…それは荊楚に連なり、両粤に近く、黔（貴州省）と滇（雲南省）に通じているので、行商人は安心して旅を出来るだけでなく、遠方に赴く際の往来に役立つ（〔乾隆〕十九年総督楊応琚重修…竊嘗謂地方水利関乎政事得失…夫其帯荊楚，襟両粤，達黔滇，商旅不徒歩安枕，而行千里資往来之便）」。

(47) 雍正一二年七月二四日、雲南巡撫張允随奏『宮中档雍正朝奏摺』第二三輯、三二七頁。内容は以下の通りである。「臣下の張允随が伏して思うに、雲南省における京局用制銭鋳造は国家百年の大計であり、必ず物資運搬が便利でなければならない。水路に近くて初めて国庫の節約が可能となり、間違いなく運搬出来る。私が雲貴総督尹継善としっかりと相談して調べたところでは、省城および臨安の二箇所の鋳銭局は、永寧まで陸路で非常に遠く、東川の鋳銭局には近いものの、米・油・食料などのすべてが高騰しているため、陝西省用制銭しか鋳造運搬出来ず、炉の増設は困難である（臣伏思，滇省鼓鋳京局銭文乃係国家経久弘謨，必須物料利便，水路近捷，始可節帑項，而無誤運送。臣与督臣尹継善悉心従長籌計，査省城、

臨安二局至永寧旱路甚遠，東川雖道路較近，一切油米食物昂貴，止可分鋳運陝銭文，難以加増炉座）」。

(48) 雍正一二年七月二四日、雲南巡撫張允随奏『宮中档雍正朝奏摺』第二三輯、三二八頁。原文は以下の通り。「因査雲南広西府至西隆州属之土黄水旱程途共計五百八十里内，自府城旱路一日至師宗州之飛塘，由飛塘下船順水二日可至八達，由八達旱路三日可至土黄，由土黄下船，即直達両粤，通行呉楚。此通粤河道曽経陞任督臣鄂爾泰於全滇水利等事案内題明開修」。

(49) 前掲 中嶋敏「清朝の銅政における洋銅と滇銅」。

(50) 前掲 市古尚三『清代貨幣史考』。

(51) 道光『雲南通志稿』巻七七、食貨志、鉱廠五、採買。内容は以下の通り。「福建省では制銭の価値が日々上昇しているため、巡撫王仕任が滇銅二〇万斤を買い付け、省城の福州府に鋳銭局を設置することを奏請する。謹んで案じるに、尋いで雲南巡撫張允随が開化府者嚢廠産の銅二〇万斤を分け与え、二年に分けて広南府の剥隘から運搬する。福建省の担当者は剥隘に赴き福建に運搬して戻る（以閩省内地銭価日昂，巡撫王仕任奏請，採買滇銅二十万斤開局於省城福州府。謹案尋雲南巡撫張允随以開化府者嚢廠所出銅二十万斤撥給，分作両年，辦運由広南剥隘発運，閩省委員往剥隘領運回閩）」。

(52) 道光『雲南通志稿』巻七七、食貨志、鉱廠五、採買。内容は以下の通り。「湖北巡撫張渠が滇銅を買い入れ鋳造に使用することを奏請する。謹んで案じるに後に雲貴総督慶復が上奏し金釵廠産の銅三一八五五〇斤を取り分け、広西百色から楚に運び帰る（湖北巡撫張渠奏請採買滇銅以資鼓鋳。謹案嗣経雲貴総督慶復奏撥金釵廠銅三十一万八千五百五十斤、由広西百色領運回楚）」。

(53) 『清高宗実録』巻二二一、乾隆九年七月丙申の条。原文は以下の通りである。「雲南総督張允随奏称，滇、黔両省辦理京銅，皆由滇省之威寧州転運。嗣経将東川至永寧道路開修，両路分運銅斤，毎年四百四十餘万斤，後又加運一百八十九万斤，威寧一路，実運三百一十六万餘斤。加以辦運黔省黒、白鉛四百七十餘万斤，雇運艱難，日見遅誤。請於板蚌、百色一路，官買牛馬，設站分運」。

(54) 『銅政便覧』巻七、採買例限（『続修四庫全書』第八八〇冊、史部政書類所収、三三五頁）。広西ルート経由で華南各省が銅を購買したことについて以下のようにある。「凡そ九省江蘇・浙江・広西・広東・江西・陝西・福建・湖南・湖北の担当者は、各鉱山の銅運搬の責務を負い、省城から剥隘まで計二四站を運ぶ（凡九省江蘇、浙江、広西、広東、江西、陝西、福建、湖南、湖北委員領運上游各廠銅斤，由省城転運剥隘，計二十四站）」。

(55)『滇南砿廠図略』巻二、採第一三（『続修四庫全書』第八八一冊、史部政書類所収、二一〇頁）。内容は以下の通り。「凡そ各省の運賃は省城店（店は集積地のこと）や尋甸店から竹園村まで運搬するのに、一站ごと一〇〇斤につき銀一銭であり、竹園村から剥隘までは銀一銭二分九厘二毫である。金釵廠産銅は蒙自県から剥隘まで管理運搬するのに、一站ごと一〇〇斤につき銀一銭二分九厘二毫である…寧台廠の銅は大理府から雲南省城まで管理運搬するのに、一站ごと一〇〇斤につき銀一銭四厘二毫である。省城から竹園村および剥隘に到る…剥隘から後は各省に運び帰る（凡各省運脚由省店、尋店領運至竹園村，毎站百斤脚銀一銭，竹園村至剥隘脚銀一銭二分九厘二毫。金釵廠銅自蒙自県領運至剥隘，毎站毎百斤脚銀一銭二分九厘二毫…寧台廠銅自大理府領運至雲南省城，毎站百斤脚銀一銭四厘二毫，由省至竹園村及至剥隘…自剥隘以下運回各本省）」。

(56)『滇南砿廠図略』（巻二、採第一三、『続修四庫全書』第八八一冊、史部政書類所収、二一〇—二一一頁）には、広西ルート上の雲南省の玄関口である剥隘から江蘇省・江西省・浙江省・福建省・湖北省・陝西省・広東省・広西省・湖南省へと続くルートの詳細な記載がある。

(57)福建省ルートに関しては、『清高宗実録』（巻一一九、乾隆五年六月戊戌の条）に「以前福建省は雲南銅二〇万斤の購買を申請した…調べたところでは、広南府は広西省と境を接し、広西省から水路で広東省まで通じており、そのまま福建まで到達可能である。福建省が必要な銅は、広西省に近い雲南省開化府の者囊鉱山産の銅から一部を取り出し、広西省に引き渡して税所に保管し、責任者が来る日を待って、運搬して福建省に戻る（前閩省請買滇銅二十万斤…査広南府与粤西接界，由粤西水路至粤東，可以直達福建。閩省所需銅応於附近広西之開化府者囊廠銅内撥給，交広西収貯税所，俟辦員到日，領運回閩）」とあり、広東省を経由して海から直接向うルートが記載されている。地理的には広東経由の方が近いので、ある時期から何らかの原因で漢口経由に変更した可能性がある。

(58)各省の購買した銅の量に関しては、道光『雲南通志稿』（巻七七、食貨志、鉱廠五、採買）・『銅政便覧』（巻七、採買例

限〔『続修四庫全書』、三四〇—三四九頁〕）・『滇南砿廠図略』（巻二、採第一三〔『続修四庫全書』二〇八—二〇九頁〕）を参照。

(59) 長江ルートを使って運ばれた銅の量については前掲 厳中平『清代雲南銅政考』参照。

(60) 『皇朝文献通考』巻一七、銭幣考五、乾隆一九年。原文は以下の通りである。「又議以広東塩斤与雲南銅斤互易供鋳。広東巡撫鶴年奏言，粤東鼓鋳歳需正耗銅十四万一千二百六十四斤。現在雖有存局余銅，仍応毎年辦銅十万斤以備接済。査滇省産塩不敷，亦歳需粤塩一百六十六万一千三百三十三斤，已咨商滇省，彼此抵換，可免委員賚価之煩。嗣後両省按年輪値遇広東辦銅之年，即運塩而往，遇雲南辦塩之年，即運銅而来」。

(61) 前掲 森永恭代「乾隆初年の雲南金沙江開鑿工事について—清代雲南における航道開発の一事例として」。

(62) 乾隆元年一一月二〇日雲貴総督張允随奏（方国瑜二〇〇一『雲南史料叢刊』〔巻八、張允随奏稿下、五五四頁〕所収）。内容は以下の通り。「雲南省広西府で鋳造した上で京師の鋳銭局に運搬しているため、職人や労働者用に毎年米一万石余りが必要であり、また附近の各所では食料が不足しているので、調達が難しい。調べたところでは、広西省の土黄などでは豊作であり、広西府からも近く、金庫の状況を鑑みて銀を動かし、担当者が広西に赴き買い取り運搬する。かつ広西省に文書で通知し档案として保存する（広西府鼓鋳運京銭局，工匠人役歳需食米一万余石，亦因附近各処歉收，難以採買。査粤西之土黄等処，収成豊稔。距広西府不遠，亦経於司庫酌動銀両，委員赴粤買運，并咨明粤省在案）」とある。

(63) 『銅政便覧』巻六、局銭上、広西局（『続修四庫全書』第八八〇冊、史部政書類所収、三二〇頁）。内容は以下の通り。「乾隆一六（一七五一）年正月にまた炉一五基を設置する…乾隆四五（一七八〇）年末に炉四基をすべて廃止する（乾隆十六年正月復設炉十五座…至四十五年底将四炉全行裁撤）」。

(64) David Bello, *The Venomous Course of Southwestern Opium: Qing Prohibition in Yunnan, Sichuan,and Guizhou in the Early Nineteenth Century,* The Journal of Asian Studies Vol.62,No4,2003,pp.1109-1142.

(65) Carol Benedict, *Bubonic Plague in Nineteenth-Century China.* Stanford University Press,1996,pp.49-71.

(66) 乾隆三四年四月初一〇日広西巡撫宮兆麟等奉上諭（中国第一歴史档案館編『乾隆朝上諭档』、第五冊、七五〇頁）。内容

は以下の通り。「滇省各営は火薬を備貯するのに石硝が必要となり、広西太平府に石硝二〇万斤の運搬を要請し、水路で雲南省の剥隘まで運び、そこで官の担当者が受け取る。必要な運搬費は広西省の確認を待って移牒し、前例どおり各営の農業税から差し引き、それを広西に送り返金する（滇省各営備貯火薬需用硝斤，請於広西太平府辦運浄硝二十万斤，由水路運至滇省剥隘地方，委員接収，其所需脚価俟広西核実移咨，照例於各営公糧内扣除鮮送広西帰款等語）」。

(67)『皇朝文献通考』巻一五、銭幣考三、雍正元年。内容は以下の通り。「雲南では康熙四四（一七〇五）年に青龍や金釵などの銅山の開発を上奏し、ついで銅の採掘量が日々盛んとなったので、巡撫楊名時が毎年京師の鋳銭局に銅一〇〇万斤を送り、制銭の鋳造用に供することを奏請した（雲南於康熙四十四年奏開青龍、金釵等銅廠，嗣以銅産日旺，巡撫楊名時奏請毎年解京局銅一百万斤，以供鼓鋳）」。

(68)『銅政便覧』巻七、採買例限（『続修四庫全書』第八八〇冊、史部政書類所収、三四〇—三四九頁）。

(69)『碑伝集』巻二六、「大学士広寧張文和公神道碑」。原文は以下の通り。「有金釵坡銅廠，廠民虧本，官帑無着，衆議停採，公知洞雖深，而壙仍旺，量増銅価，節省浮費，夫匠踴躍，歳約産銅数百餘万，隣省鼓鋳，皆需於此。銅日多而帑益省，今亦二十餘年矣。江楚各省之民争趨赴廠。春至冬帰，不独可以養本境之窮黎，并可以養各省之商民」。

(70)前掲　武内房司「地方統治官と辺疆行政—十九世紀前半期、中国雲南・ベトナム西北辺疆社会を中心に—」『近世の海域世界と地方統治』一七一—二〇一頁。

(71)道光『広南府誌』巻二、田賦、課程附。原文は以下の通り。「広郡辺徼，土瘠山磽，物産殊少，而東南通両広，西北達滇坦，商賈輻輳，百物流通，徴税課以充国家経費，何可缺歟」。

(72)前掲第一章註（65）、道光『雲南通志稿』巻二〇八、芸文志、『雲南種人図説』序を参照されたい。

(73)道光『威遠庁志』巻三、戸口。原文は以下の通り。「臣等査，開化、広南二府地方在滇省東南，与黔粤等省較近，向有川、黔、楚、粤流民…去後茲拠開化府知府魏襄、広南府知府施道生稟称，開化所轄安平、文山、広南所轄宝寧等属因多曠地，川、楚、黔、粤男婦流民遷居墾種以資生計，其来已久…該客籍流民等衆寡不斉。開化所属安平、文山等処，現計客戸流民共二万四千餘戸。広南所属宝寧、土富州等処，現計客戸流民共二万二千餘戸」。

(74) 道光『雲南通志稿』巻五六、食貨志、戸口。

(75) 道光『広南府誌』巻二、民戸。原文は以下の通り。「広南向止夷戸，不過蛮獠沙儂耳。今国家承平日久，直省生歯尤繁，楚、蜀、黔、粤之民携挈妻孥，風餐露宿而来，視瘴郷如楽土，故稽烟戸不止較当年倍蓰」。

(76) 『清宣宗実録』巻二一四、道光一二年六月丙申の条。原文は以下の通り。「雲貴総督阮元等奏，審擬宝寧県匪徒平四等，聚衆結会一案。査平四於道光十年十二月間赴広西百色地方貿易，有広西人劉阿大伝授添弟会…旋因生意折本，回至原籍，起意糾人結拜添弟会，描写号片斂銭，並可出外搶劫，即邀允黄亜岡等三十八人，拜盟属実」。

(77) 道光一六年五月一九日軍機大臣等奉上諭（中国第一歴史档案館編『嘉慶道光両朝上諭档』第四一冊、二二二頁）。原文は以下の通りである。「御史李紹昉奏，稽査三省毘連地界，匪徒以靖地方一摺。拠称広西泗城府属之西隆州百隘地方与雲南広南府、貴州興義府連界三省通衢距城窵遠，匪徒易於叢集，近日広東会匪犯案後，多竄匿於此，勾通土悪，結党成群」。

(78) 『清仁宗実録』巻三二八、嘉慶二二年三月己未の条。原文は以下の通り。「逆夷高羅衣胆敢自称窩泥王，並将附従漢奸等偽封官職，裏脅至万餘人，搶虜江外土司地方，復率衆搶渡窃伺内地」。

(79) 例えば、現在の紅河県迤薩鎮にある「石缸碑序」（乾隆五八〔一七九三〕年立碑）の碑文には、村の人々が資金を出し合い水田を買い、それを元手に石甕を設置し、往来する人馬に水を提供することにした経緯が記されている。本碑文の全文については、前掲 唐立編『中国雲南少数民族生態関連碑文集』（七〇—七三頁）を参照されたい。

(80) 前掲 李中清『中国西南辺疆的社会経済：１２５０—１８５０』七一—九三頁。

第三章　交易ルート周辺における石屏漢人の経済活動

はじめに

石屏盆地の土地資源開発に限界が見えるにともない、石屏の人々は新たな生活の糧を求めて外界に飛び出していった。こうした移住への流れを背後から支えたのが、銅山開発の本格化と新たな労働市場の形成、そして、大量輸送と運搬コストの削減にともなう省内外の経済交流の活発化である。石屏漢人は、郷里である石屏盆地を離れると、東西に延びるルートに沿って次々と新天地を目指し、各地へと散っていた。石屏漢人は、主に元江（＝紅河）以南の非漢人が多く占めるフロンティア地域を目指したが、そこでは経験豊かな外省の漢人商人の進出も余り進んでおらず、市場に参入しやすい環境が整っていたのである。本章では、実際に移住先での具体的な経済活動を通して、石屏漢人の移住の実態の解明を目指す。

移住先における生活形態は、業種ごとに大きく異なる。専門性の高さと産業の内容を基準として、その職業従事者の少ない順から並べて区分すると、①漢字の識字能力を活かす教師や代書屋といった漢文職能者、②普洱府を代表する産業である茶業、③雲南各地で行なわれた鉱山開発などの鉱業、④その他の個別的行商人および土地耕作者という四種類に大きく分類出来る。

第一節　漢文職能者

石屏盆地は、古くから教育を重視する気風が醸成され、官吏任用試験である科挙においても多くの合格者数を誇る土地柄であった。(1) こうした気風を背景として高い漢文素養を持った知識人が多数輩出され、雲南南部を中心として各地に散らばり、様々な立場でその能力を発揮することで、石屏漢人の移住活動にも少なからず影響を与えるのである。ちなみに、本書では漢文素養を活かし職に就くものを便宜上、一括して漢文職能者と記述することとする。

1　教師

漢文素養を活かした職業で最も一般的であったのが教師であった。教師は、学校などの教育施設における教員と個人対象の家庭教師とに大きく分類される。

石屏では教育を重んじる気風に支えられ、科挙受験が盛んなこともあり、官私を問わず、多くの教員を輩出した。官立の代表的な教育施設として書院があるが、石屏では招聘を受けて書院の教員として現地に赴く例が少なくなかった。例えば、乾隆年間の貢生呂廷琯は、東川府の官紳からその才を高く評価され、東川書院で数年に渡り教鞭を執った。(2) また、道光一六（一八三六）年に進士となった許暉藻は陝西で官吏の職を辞して帰郷した後、石屏周辺の蒙自や阿迷の書院で教員を務め、人材の育成に大きく貢献したという。(3) 書院の他にも地方官学である府州県学の教員となる者もいた。康熙年間の貢生陳冏伯は、康熙二六（一六八七）年に挙人となり、霑益州の州学で教諭を務めた後、元江府に移り教育に従事し、多くの人材を育て上げた。このように石屏周辺を中心に官立の学校に赴任して当地の教育に貢献したのである。(4)

また、書院などの官立の学校とは別に、石屏では民間で設立される私塾が非常に盛んであった。これに関して、民国『石屏県志』巻六では、次のように記す[5]。

> 官が招聘した教師には、上の者は書院の山長となり、下の者は義学の社師となる。しかし、それらは民間の私塾の旺盛なることにはとても及ばない。私塾の教師として石屏出身者は、あまりにも有名であり、音韻は正しく、句読もはっきりとし、訓話にも通じ、さらに品行方正である。そして、西は元江・普洱から東は建水・阿迷まで石屏の教師を招かない者はいない。

つまり、石屏の私塾では、教師は確かな漢文素養を備えており、非常に評判が高かった。そのため、石屏周辺の元江・普洱から建水・阿迷にわたる広い地域では、石屏漢人の能力に魅かれ、こぞって石屏出身の教師を招聘したのである。

一方、これら教育施設の教員の他にも、家庭教師として個別に周辺地域に招聘される者もいた。とりわけ石屏盆地の元江（＝紅河）を挟んで南西側に広がる非漢人地域は、重要な供給先であり、土着民が子弟の漢文素養習得のために家庭教師を雇った。例えば、嘉慶二二（一八一七年）に現在の元陽県で高羅衣が蜂起した際、その軍師を務めた漢人章喜は、次のように供述している[6]。

> 章喜の供述によると、年齢は四五歳であり、原籍は蒙自県であり、これまで元江（＝紅河）以南地域で居住してきた。父親はすでに死亡したが、母親の徐氏は存命中であり、妻の楊氏を娶り、一男二女をもうけた。長男の章明申は年一三歳で、長女は一四歳、次女は七歳である。私はこれまで高羅衣の家で子供の直借に勉強を教えてきた…私は蒙自県朱申の漢人であるが、すでに長年江外に住居しており、かつ高羅衣の家で久しく勉強を教えてきたので、彼とは非常に親しく、省外からやって来たばかりの漢人とは全く異なる。

即ち、蒙自出身である漢人の章喜は、長年高羅衣の家で子弟の家庭教師をしており、高羅衣とは非常に強い信頼関係で結びついていた。当然のことながら、こうした家庭教師の雇い主は、非漢人にとどまらなかった。建水県から同地域に移住した牟氏の場合、現地で製紙業を興し、事業が軌道に乗ったことで富を築くことに成功した。同氏は子弟の教育に力を注ぎ、家庭教師を雇い、長男は官の試験に合格し、次男は身に付けた教養を梃子に商業に活路を見出したという。(7)このように地元有力者が自らの子弟のために家庭教師として漢人知識人を雇う例は、非漢人地域か否かにかかわらず、当時普遍的に存在していたと考えられる。

2 代書屋

非漢人地域における漢人知識人の需要は、単なる家庭教師にとどまることはなかった。土司が清朝と交渉する際、漢文の文書作成能力を有する字識と呼ばれる代書屋を必要としたのである。

こうした代書屋は、清朝統治時期には、雲南に限らず、全中国規模で清朝周辺の非漢人地域に広く普及していたと考えられる。例えば台湾では、通事と呼ばれ、漢人がその職責を担っていた。(8)清代にこれら代書屋が必要になった背景としては、王朝と土司の関係性が緊密化したことがある。即ち、清朝期になると、土司の後継者の選定において、明朝期まで土着民に委ねていたものを、土司の男系に限定し、候補者は義学などの清朝が設置した学校で教育を受けなければ、王朝側が正式に土司として承認しないなど、清朝側の土司に対する拘束力が急速に高まったこと、(9)さらに、領内の治安が安定し、清朝の経済力が増したことで王朝側の勢力が旺盛になり、明朝と比較して周辺地域への管理強化が可能となり、様々な義務が課されるようになったことなどが関係していると考えられる。加えて、雲南では康熙・雍正年間より改土帰流が大々的に展開され、それにともない、多くの漢人が進出することで両者の接触が大幅に増加したこともこうした人々が活躍する場を提供するきっかけとなったと考えられる。(10)

さて、両者の中を取り持つべく設置された代書屋であるが、土司側が漢文を解せないことに付け込み、しばしば自らの立場を利用して権勢を振い、深刻な弊害をもたらした。例えば、乾隆五八（一七九三）年から嘉慶八（一八〇三）年まで臨安府の知府を務めた江濬源は、元江（＝紅河）南岸の土司地区における漢人移民が引き起こす問題の一つとして字識の弊害について言及しており、「調べたところ夷人は漢字を理解せず、事案の文書を検査するのに、内地から招聘した人物を字識に当てざるを得ない。現在各地の字識の中で分に従い法を守り、その職務を全うするものはほとんどおらず、傍若無人な連中が土司の館を取り仕切り文書を作成している。そして、一度賄賂を贈って官に就けば、好き勝手に文書を作成し弊害をもたらす」と記している。[11]

また、現在の猛臘県易武郷にあり、道光一八（一八三八）年に立てられた「易武茶案碑」にも字識の存在が確認でき、碑文の冒頭部分には次のように記されている。[12]

普洱府知府代理の黄中位が報告、通達した判決文を謹んで左に記録して石に刻む。本官の調査によれば、これは石屛州の民である張応兆・呂文彩らが、易武の土弁伍栄曽、字識の王従五および陳継紹らにより、ここ数年来多くの悪巧み、徒党を組んでの悪行、不当な割り当てなどが行なわれているとして相次いで訴え出ている案件である。

即ち、原告である石屛漢人が、易武の土司と組み悪事を働く字識を官に訴えている。ここでは石屛漢人が、漢人知識人と見られる字識二人を告訴しており、現地においては単純に漢人対非漢人という図式では語ることの出来ない複雑な状況が生み出されていた。結局、この訴えは認められることとなり、判決文の最後には、「道光一七（一八三七）年一二月一二日に（普洱府は）思茅庁に書類を送り、これをうけて思茅庁は一二月一七日に易武の土弁に文書で命令を下した…（字識の）王従五と陳継紹は代理で勝手に上申などは出来ない」とあり、字識の発言権に拘束が加えられる審判が下された。[13]これは、元江（＝紅河）南岸の土司地区と同様、易武においても字識が土司に代わって清朝政府に意見を具申していたことを示唆しているといえよう。この事件を通して、非漢人地域において字識が果たした役割の重要性と影響力がうかがわれる。

雲南には上記で触れた以外にも多数の土司が存在しており、高い識字能力を有する石屏漢人が土司地域に入り、字識などの立場を通して地元社会に大きな影響力を及ぼしたことは想像に難くない。

このように石屏漢人は、高い漢文素養を武器に教育施設の教員や家庭教師、または代書屋として、漢人あるいは非漢人地域を問わず、各地に入り込んでいった。こうした知識人は、一般的な移民と異なり、その能力ゆえに他人から重んじられる立場にあり、進出した社会で一定の影響力を有したと考えられる。

第二節　普洱の茶業

現在、普洱茶と呼ばれ、普洱府一帯を中心に栽培されてきた茶の歴史を論じる上において石屏漢人は欠かすことの出来ない存在である。普洱茶の産地は、現在の西双版納タイ族自治州猛臘県北部一帯に当たるシプソンパンナー王国のメコン川東岸地域、とりわけ普洱茶の産地として名高い六大茶山（攸楽《ゆうらく》・革登《かくとう》・倚邦《いほう》・莽芝《もうし》・蛮耑《ばんたん》（蛮磚）・漫撒《まんさん》（後に易武《えきぶ》））である。この地域はもともと一二の盆地《ムン》を基盤としたタイ系土司のシプソンパンナー王国に属していた。シプソンパンナー王国は、国王《ツァオファー》をリーダーとしてそれぞれのムンを管轄する首長《ツァオムン》が従属する形で成り立っており、清朝政府はシプソンパンナー国王に車里宣慰司使の称号を与えることで慰撫を図っていた。また、王国の経済基盤は、平野部で水田耕作を営むタイ系民族によって支えられていたが、山地で焼畑耕作を中心に生活をする山地民によって生み出される山貨も重要な収入源であった。その中でも普洱茶は主要な山貨の一つであり、現在のプーラン族やハニ族にあたる山地民がその栽培を担っていたのである。

1　茶山における漢人の入植

清朝雍正年間になると、普洱茶を目的とした漢人商人が入り込み、地元で茶を収集し、転売することで利益を得るようになった。こうした漢人の商業活動は、やがて地元の土着民との間に摩擦を引き起こし、清朝が介入せざるを得ない状況が生み出されていった。雍正五（一七二七）年メコン川東岸の莽芝茶山で、地元山地民が高利貸しで暴利をむさぼる漢人に対して不満を爆発させたことを契機とし、大規模な反乱が起きた。この時、土着民によって殺害された漢人商人の姓と出身地が史料上に記されており、これを整理したのが表9である。

ここに見えるように茶山に入り込んでいた漢人には、江西・湖広などの外省人、さらには滇西地方および景東などの雲南省内出身者に混ざり、石屏出身者も複数含まれていた。反乱を鎮圧した清朝側は、雍正七（一七二九）年雲貴総督鄂爾泰に命じ直轄地化を実施した。普洱府を設置し、六大茶山を含むメコン川東岸地域を清朝統治下に組み込み、中間に車里宣慰司を介した地元の土司への間接支配を行なった

表9　莽芝茶山犠牲者の姓名及び出身地一覧

	姓名	出身地	備考
1	蕭老五夫妻	湖広	
2	姚弘樹	湖広	
3	張	湖広	
4	王	江西	
5	楊飛禄	江西	
6	劉紹先	大理	
7	張	迤西	
8	王	迤西	馬追い
9	陳	石屏	
10	馮大価	石屏	
11	李	景東	
12	趙先翰		
13	劉客長		
14	李二哥		
15	黎崇文		銅器職人
16	范老官		
17	蘇老三		
18	老閻		

出典：雲南総督鄂爾泰奏雍正5（1727）年11月11日
（『宮中档雍正朝奏摺』第九輯、286－289頁）

のである。(14) そして、清朝政府は、茶山の管理を地元の有力者に委ねる方針を採用し、(15) 倚邦土把総曹氏に、六大茶山の内、攸楽・革登・倚邦・莽芝・蛮耑（蛮磚）の五箇所を、易武土把総伍氏に、磨者河《ましゃこう》東岸の漫撒茶山をそれぞれ管轄させ、清朝宮廷用の茶である貢茶の任務を負わせたのである。(16) 加えて、清朝政府は、反乱の原因となった漢人商人の茶山への直接買い付けを禁止とし、総茶店と呼ばれる官設の茶の交易場においてのみ取引を認めた。

清朝政府はこのように漢人流入を防止するよう努めたが、こうした政策も時間とともに形骸化し、漢人が茶山に入植する流れをとどめることは出来なかった。(17) その結果、清朝の意図に反し、直轄地化以後、漢人流入が急速に進行した。とりわけ茶山には多くの漢人が経済的利益を求めて集中した。一八世紀末頃の茶山の様子を記したと推測される『滇海虞衡志』には、普洱茶を産する六箇所の茶山を挙げた上で、次のように紹介している(18)

普洱所属の六茶山は、攸楽・革登・倚邦・莽技《ママ》・蛮耑・慢撒《ママ》であり、その周囲は八〇〇里に及ぶ。そして、山に入り茶を栽培する者は数十万人に上り、茶客が茶を買い上げ、あちこちで運んでいるため、道はいつも人で溢れており、大変な富というべきである。

ここに見える数十万という数字自体の信憑性には甚だ疑問を感じるものの、当時大量の漢人が茶山に入り込み、茶業に従事していたことは間違いないであろう。そして、こうした漢人の入植は茶山のみにとどまらなかった。道光『雲南通志稿』巻九には「平野部に住むものは、新平・嶍峨・石屏・江楚（長江流域）の出身者が多く、男女は皆官語を話す」と記されており、(19) 漢人の進出は平野部にも広く及んでいたことが知られる。とりわけ、ここでは、直轄地化を契機として駐留した雲南省内の新平や嶍峨出身者に続いて、石屏漢人の名が挙げられていることが注目されよう。

実際、石屏漢人は、一八世紀末には普洱府各地に進出していた。こうした普洱府における石屏漢人の活発な活動を裏付けるように、乾隆五四（一七八九）年立碑の日付を持ち、六大茶山の一つである漫撒茶山に立てられた「漫撒新建石屏会館碑」には、「普洱には到る所に会館があり、たとえ漫撒が辺鄙といえども、どうして会館がなくてよいであろうか」という一文が見える。[20]「漫撒新建石屏会館碑」には、石屏漢人が六大茶山の最南に位置する漫撒に会館を建設する経緯について記されており、乾隆年間にはすでに同郷組織の活動拠点となる石屏会館が普洱府各地に存在していたことが知られる。即ち、乾隆末期の段階で石屏漢人は、すでに普洱府の平野部と山地部を問わず、多数移り住み、各地に会館を設置し、地縁を紐帯とした広大なネットワークを張り巡らしていたと考えられる。

2　漫撒茶山における石屏漢人の浸透

直轄地化以降も清朝の意図に反して、茶山への漢人流入が済し崩し的に進んだが、一八世紀末シプソンパンナー国王（ツァオファー）が茶園の経済的価値に鑑み、漢人の移住を正式に許可する決定を行なった。

このきっかけとなったのが、貢茶献納を担っていた易武土把総伍氏からの要求であった。直轄地化を契機として決定された倚邦土把総曹氏と易武土把総伍氏への貢茶献納の義務化は両者に大きな負担を強いることとなった。貢茶生産は、宮廷献上用として高い品質が要求されるため、これに応えるのは容易なことではなかった。そこで、解決策としてすでに移民として易武土把総伍氏管理下にある漫撒で茶園を経営していた漢人に貢茶生産負担を求めたのである。武内房司の研究から、乾隆五一（一七八六）年二月一六日付けの文書で、清朝から易武一帯の茶園管理を任されている易武土把総伍氏が、漫撒で土地を買い茶園を経営している漢人に、山地民のみに課せられていた清朝宮廷用の貢茶献納を含む各種賦役を負うことを要求していたことが明らかにされている。[21]こうした各種負担の義務を求める文書の発行は、漢人移民が納税などを負担さえすれば、この土地に居住することを易武土把総伍氏自らが認めることを意味しており、当時、漢人移民はすでに漫撒にとって欠くことの出来ない存在となりつつあったといえよう。さらに乾隆五四（一七八九）年一二月二四日付けでシプソンパンナー国王（ツァオファー）である車里宣慰司が、漢人が茶栽培を担う現状に鑑み、易武土把総伍氏の方針を追認する文書を出し、移住の容認が決定的となった。[22]

このことを漫撒に石屏会館が建設された歴史と照らし合わせれば、これら漢人が石屏出身者を指し、石屏漢人が漫撒の茶栽培を担っていたことは間違いないであろう。当時、石屏漢人は、普洱府各地にネットワークを広げ、その最前線であった漫撒にも会館建設することを企図しつつあったと考えられる。漫撒は、「漫撒新建石屏会館碑」に「漫撒もまたその内の小さな茶山の一つである」とあるように[23]、茶山として大きな利益を生み出す可能性を持つ土地であり、将来的にはより南に茶園を拡大することも出来、地理的に重要な戦略拠点であった。

「漫撒新建石屏会館碑」によれば、漫撒の会館建設計画が具体化したのは、乾隆五二（一七八七）年であり、完成は乾隆五四（一七八九）年九月一六日であった。これは、易武土把総伍氏とシプソンパンナー国王（ツァオファー）が相継いで移住を許可した時期と重なり、会館建設がこうした移民認可の動きと連動していたことを示唆している。これを裏付けるのが「漫撒新建石屏会館碑」に付されている会館建設寄付者一覧表の冒頭に見える名前である。通常、こうした寄付者一覧表が作成される際、その名前の序列には、その人物の社会的地位や寄付金の多寡などが強く反映される。そして、ここでは「世襲管理茶山一帯地方部庁曹は銀五□両を寄付する。世襲管理易武一帯地方部庁伍は銀六□両を寄付する」と普洱の茶山を管理する曹氏と伍氏の名が最初に記されていることが確認出来る。即ち、石屏会館の建設には、これら茶山の管理を担う倚邦土把総曹氏と易武土把総伍氏の全面的な協力があったのである。

易武土把総伍氏と石屏漢人側はそれぞれの事情を抱えており、両者が結び付くことで互いの問題を解決することが出来た。易武土把総伍氏には貢茶献納負担が重くのしかかっており、茶園経営を行なう漢人の協力が必要であり、一方の石屏漢人側においても、漫撒茶山は将来の発展が見込まれた。この乾隆末期は、雲南に大量の漢人移民が流入し[24]、巨大な社会変化がもたらされた時期でもあり、森林などの天然資源の枯渇による環境に対する負荷の増大に加え、雲南中部一帯の急速な都市化と工業発展などの要因も重なり、人々は新たな生活空間を求めてフロンティアへ移動する傾向にあり、茶山進出を後押しする社会的圧力が高まっていたと推測される[25]。そこで、両者の間で取引がなされ、漢人側が貢茶や賦役などの様々な義務を負うことを条件に、易武土把総伍氏は漢人移民の入植を認める許可を出し、会館の建設に協力したというのがその実態であろう。さらに茶交易の利益を確保したいシプソンパンナー国王（ツァオファー）も易武土把総伍氏の提言を追認することとなった。こうした易武土把総伍氏の移住に対する「お墨付き」と会館建設などの全面的協力は、後にこの地域に大量の石屏漢人を呼び込むこととなった。

このように石屏漢人は普洱茶の栽培方法をいち早く習得し、普洱茶の栽培地域で存在感を示すようになった。こうして比較的早い段階で普洱茶の栽培を軌道に乗せることができた背景には、石屏盆地における商品作物栽培の経験が大きく寄与していたと考えられる。

3　易武における石屏漢人の台頭

このように易武土把総伍氏は、乾隆五四（一七八九）年以降、漢人移民を招来し茶園経営を担わせ、貢茶負担の解決を図ってきた。しかし、国王の肝煎りで始まった移民に依拠した貢茶解決策は、結果的に石屏漢人の地元社会における影響力の増大を招き、その勢力は次第に伍氏をも凌ぐほどになった。その決定的なきっかけとなったのが、貢茶の割り当てを発端として、石屏漢人が易武土把総伍氏らを清朝政府に訴えた事件である。この経過については道光一八（一八三八）年に立てられた「易武茶案碑」に次のように詳しく説明されている。(26)

本官の調査によれば、これは石屏州の民である張応兆・呂文彩等から、易武の土弁伍栄曽・字識王従五・陳継紹等が、ここ数年来多くの悪巧み、徒党を組んでの悪行、不当な割り当てなどを行なっているとして相次いで訴え出ている案件である。張応兆・呂文彩等の本籍はともに石屏州である。乾隆五四（一七八九）年に先の宣慰使は呂文彩等の父や叔父を招いて茶園を拓かせ、名儀を与え易武の土弁に代わり貢茶を納めさせた。これが今も変わらず続いてきた。以前は、茶の値段が高かった上に割り当ても軽かったので、十分生活出来ていたが、最近は茶の値段が下がり、割り当ての負担も次第に重くなってきた。そのため、張応兆等は普洱府にある迤南道の役所に赴き、前述の状況を訴え出た。

ここでは、石屏漢人が土司一味を訴えた背景には茶価低下にともなう貢茶の負担増があったことが読み取れる。これに対し、雲南省南部を管轄する迤南道は審問を行ない(27)、茶の等級の誤魔化し禁止、土司の司法権の制限、易武土把総の税金の使途限定などの処置を下した。つまり、迤南道が下した判決により、易武土把総への制約は、司法権、徴税権というあらゆる方面にまで及んだのである。さらに迤南道による判決結果は、事件の全容とその結果が碑に刻まれることで、広く人々に示され、長期に渡り効力を発揮することとなった。これ以降、土司の権限が厳しく制限されることとなり、地域社会において発言力の低下が起こったと推測される。しかし、この事件で最も重要なのは、石屏漢人が迤南道に土把総伍氏を告訴するほどの力を蓄えており、下された判決を伍氏が受け入れざるを得なかったことである。

そもそも石屏漢人が易武において易武土把総伍氏を凌ぐほどの実力を持つに至った背景には、入植が始まった乾隆五四（一七八九）年以降、易武の主要産業である茶業が石屏漢人主導で進められてきた経緯がある。石屏漢人による易武茶山の開発は、単に茶園が開かれただけにとどまらず、茶運搬のためのインフラ整備にも及んでいた。

普洱の六大茶山の中で易武土把総伍氏が管轄する漫撒・易武の両茶山だけは、磨者河を挟んで東側に位置しており、茶を普洱府に運搬する際にはこの川を越える必要があった。道光一六（一八三六）年、磨者河に橋が架けられたが、この経緯については、この時建てられた「永安橋碑記」に次のように記されている(28)。

雲南迤南の最大の利は茶にあり、易武は茶の生産量において少なくない。易武に向かう山道の小道は、でこぼこで険阻であるが、現在主要路線となっている。ただ倚邦と易武の間は磨者河によって隔てられており、峰や谷が続いている。夏と秋の長雨では、大水が溢れ出し、その流れは飛ぶように速く、縄で船を渡そうとするが、ほとんど進める場所がない。また川沿いの上下流域には乾燥と湿気がある。行商でその道を行く者は、災難を恐れ二度と通ろうとしない。時が過ぎ夏になり、思茅の貢士趙勉斎がこの地を通りがかったとき、その歩行の困難さに甚だ同情し、王氏と賀氏を誘い、銀三〇〇両を出し、（架橋工事を）提唱し、成功を願った…（易武土把総）伍君がこのことを耳にして義を感じ、自ら責任者となった。伍の母である房氏もまた、義に応え必ず大事を実行しようとすることを喜んだ。ここで所蔵の公金をつぎ込み工事の一助としたのである…この道を通る商民に、茶を山から運び出すのに毎日一担ごとに銀五分を徴収してそれを工事費に資することをお願いし、完成すれば、これを停止する…易武から倚邦まで実に国家が貢茶を調達するのに必ず経由する道である。この土地を管理する者がどうして交通の困難と危険を耳にしながらためらうことがあろうか。

即ち、乾隆五四（一七八九）年に石屏漢人の入植が開始されてから約四〇年が過ぎ、易武茶山の生産量も拡大しつつあったが、夏から秋にかけて氾濫する磨者河の存在は、普洱府に茶を運搬するに際して大きな障害となっていた。そこで、思茅貢士趙氏が王氏と賀氏を誘い、橋を架けることを提唱し、易武土把総伍氏がこれに協力することとなり、工事費を捻出するために商人に茶一担ごとに銀五分の負担を求めたのである。さらに貢茶運搬に使用するルートでもあったことから清朝政府もこれに力を貸すこととなったのである。

官側が架橋工事に全面的に協力したことは、「永安橋碑記」の最後に付されている資金援助者一覧表にも反映されている。ここには三段に分けて計一〇人の寄付者とその金額が刻まれている。まず上段の右から「思茅撫彝府知県の成は銀四〇両を寄付する。世襲車里宣慰使の刀は銀三〇両を寄付する。思茅貢士の趙良相は銀一〇〇両を寄付する」、次に中段には「世襲倚邦軍功司庁の曹銘は銀三〇両を寄付する。協辦倚邦軍功司庁の曹揮廷は銀二〇両を寄付する。倚邦通山首目は銀一〇両を寄付する」、そして、下段には「石屏の王乃強は銀一〇〇両を寄付する。石屏の賀策遠は銀一〇〇両を寄付する。石屏の何鏞は銀六〇両を寄付する。石屏の何超は銀一五両を寄付する」とそれぞれ記されている。[29] 序列としては思茅府知府・車里宣慰司・倚邦土把総などの行政関係者が上段と中段に名を連ねており、下段に民間人と見られる四人が登場する形となっている。このように民間人はすべて石屏出身者で占められており、援助額でも、思茅貢士の趙良相を除き、これら石屏出身者の金額が突出している。おそらく、趙氏の架橋工事の誘いに応じ、資金援助を行なった石屏漢人には、工事に協力することで易武社会において彼等の発言力が高まり、同時にインフラ整備により、商売上も大きな利益を手にすることが出来るという思惑が働いていたのであろう。

易武から普洱府に向かうルート上に位置する永安橋工事に石屏漢人が深く関与していたという事実は、当時すでに易武の茶園開発は石屏漢人によって担われており、蓄積した経済力を背景に彼等が実力を持ちつつあったことを示している。このように石屏漢人は、インフラ整備にも積極的に参加しながら、易武社会でより一層存在感を示しつつあった。

また、こうしたインフラ整備への貢献は、資金面に限らず、実際の架橋工事面にも及んだと考えられる。第一章で述べたように、石屏盆地では明代以降、淹水対策や耕地拡大を目指し水利事業が盛んに行なわれ、土木技術が発達した。そうした中、異龍湖沿岸では淹水対策として堤に石をはめ込みかさ上げするなど強化工事も複数回行なっている。[30]こうした経験を通じて道路や架橋工事の技術を身に付けていったのであろう。民国『石屏県志』巻六には、橋と道路建設に関して「橋梁や道路は、一人あるいは複数で建設する。旅行者に恩恵を与え、その名誉は一〇〇〇年に及び、小河底橋の工事は最も大規模なものである」とあり、[31]個人レベルでもこうした交通のインフラ工事を行なう能力があったことが示唆されている。

加えて、石屏漢人は、会館を各地に設置し、滇南に広大なネットワークを形成しつつあり、交易ルート上のインフラ整備は、こうしたネットワークの強化に繋がり、情報伝達のスピードアップにも寄与した。「易武茶案碑」に見える裁判の勝訴の背景には普洱地区全域に広く張り巡らされた石屏漢人ネットワークを活用したロビー活動が陰に陽に作用していたと考えられる。例えば、石屏の宝秀盆地の南に位置する秀山寺には、光緒一三(一八八七)年に寺を修復した際の寄付者を記した「重建秀山真覚寺中閣両廊功徳碑記」が残っているが、そこには、「署迤南兵備道沈、欽命雲南普洱鎮左各捐銀壹封」と見える。[32] ここにある署迤南兵備道とは、迤南道代理のことを指し、「易武茶案碑」の中に記されている判決を実質的に下した職位でもあり、歴代迤南道と石屏漢人の親密な関係性が垣間見える。

以上のように、清朝乾隆末期から道光年間において磨者河東岸に位置する漫撒や易武一帯の伍氏の管轄地域では、貢茶栽培の請負をきっかけに石屏漢人が本格的に進出を開始し、インフラ整備などにも貢献しながら、地元社会において易武土把総をも凌ぐほどにその発言力を高めていった。そして、これが、清末民国期の易武石屏漢人の地域社会からの飛躍へとつながる基礎となるのである。

第三節　鉱　業

石屏漢人の鉱山開発は、臨安府から元江(=紅河)以南地域、さらには現在の中国・ミャンマー国境に渡る広い地域で行なわれてきた。一般的に鉱山開発は、大量の労働力を必要とし、大きな利益を生み出すため、手っ取り早く生活の糧を得るには最も適した手段であり、しばしば同郷の者が互いに集まり、グループを形成する傾向がある。また、土着民や他の漢人グループに対抗する必要もあったことから漢人の鉱山労働者同士が結束を固め、時には軍事集団化することもあり、[33] 地縁的繋がりが少なからず重要な意味を持つ。

1　他郎と老摩多金山

現在の墨江県に当たる他郎庁の金山は、民国『石屏県志』巻六に「他郎の金も同様に石屏人の残した成果である。

箇旧錫山の開発は、これら鉱山開発の後に行なわれた」とあるように比較的早い時期から進出していたと推測される。(34)道光『普洱府志』巻七には他郎の金山として坤勇廠の名が記述されており、(35)当時この地にこうした金山が産み出す利益を求め、石屛漢人を含む建水や新興などの省内出身者、および外省人も多数訪れていた。(36)

また、石屛から建水、箇旧を経由し、元江（＝紅河）を越えて南に下った現在の元陽県大坪郷には、老摩多金山があった。(37)当時ここは、土司の管轄地域に属し、(38)入山者は元々一人につき銀一両の入山税を土司に納付して採掘する慣習であったが、石屛海東の産金業者が土司から鉱区を買収したことで入山税を免除されるようになったという。(39)石屛の海東は異龍湖東岸の湖出口部に位置し、積年淹水対策に翻弄された地域である。

ただし、これら他郎・老摩多の両金山では、石屛漢人の他にも多数の建水人が金山開発に従事しており、(40)複数のグループが金山の利益を求めて激しい抗争を繰り返していたと見られ、次章で詳述するように、一九世紀以降、当地における鉱山労働者同士の武力衝突や箇旧鉱山の発展もあり、石屛漢人は活動の舞台を箇旧へと移していくことになる。

2　茂隆銀山

①　呉尚賢の登場

雲南省とミャンマーの交界地域に位置する茂隆銀山では、生活に困窮していた石屛宝秀出身の呉尚賢が、乾隆初頭に地元の葫蘆国の酋長蜂築と契約を結び、鉱山開発を行なった。(41)こうした辺疆での鉱山開発では一般的に漢人が主導的役割を果たした。当時、雲貴総督を務めていた張允随は、茂隆銀山について以下のように述べている。(42)

滇南では耕地が少なく山勝ちであり、田畑が少ない…ただ鉱物資源には恵まれており、本省の人々が多く鉱山開発で生計を立てているだけでなく、江西・湖広・四川・陝西・貴州の各省の人々も雲南を訪れ鉱山開発を行なっている。辺疆の非漢人地域においても鉱物が産出されるが、土着民は炉の作製や鉱物の製錬に通じておらず、ただ炭焼き、野菜の栽培、家畜の飼育を行ない、鉱山経営者と取引することを好み、その利益を享受する。坑道を掘削し鉱山開発を行なう者は多くが漢人である。

つまり、非漢人地域において土着民は炉の作製や鉱石の製錬方法を知らず、坑道の掘削もほぼ漢人が行なっていたため、鉱山開発には漢人労働者の存在は欠かすことが出来なかったのである。呉尚賢は、こうした鉱山労働者十数万人をまとめ上げ、軍事集団を組織するまでになった。交界地域に位置する茂隆銀山にはミャンマーと清朝のどちらの国家権力も及ばず、多くの地元勢力が乱立する状況の中にあったことから有事の際の軍事集団の必要性があったが、こうした鉱山労働者は中国各地から集まった有象無象の人々で形成されていたため、その地位は決して安泰なわけではなかったのである。

そこで、呉尚賢は、庇護と自らの後ろ盾となる権威を求めるべく、清朝に帰属を申し出たのである。また、当時ミャンマーのタウングー朝が清朝との朝貢を望んでいたため、呉尚賢は両者の間を取り持つ形で、ミャンマー側の使者に付き添って北京に赴き、ミャンマー側の使者を乾隆帝に謁見させることに成功する。しかし、こうした行為は、辺疆の鉱山労働者の動向に警戒感を抱いていた清朝政府側の疑いを招くこととなり、呉尚賢は捕らえられ、蓄財した莫大な富も没収されることとなった。ただし、その後も茂隆銀山の採掘自体は一九世紀初頭まで継続され、石屏出身者が管理者を担うこともあったことから(43)、引き続き多数の鉱山労働者が、この地にとどまり、鉱山開発に従事していたと考えられる(44)。

②　石屏盆地における呉尚賢の影響

鉱山開発に成功した呉尚賢の影響力は、茂隆銀山だけにとどまらず、郷里の石屏盆地にまで及んだ。乾隆一三（一七五八）年に石屏州知州管学宣によって纂修された乾隆『石屏州志』跋文には、呉尚賢の経済力の大きさを物語る次のようなエピソードが記されている。[45]

（管学宣）は再び（石屏に）来て知州となるに及び、この地に赴任したが、ちょうど前任者から引き受け、呉尚賢が貸した四八〇〇〇両あまりに関して追求することとなった。前知州は一〇〇人余りを逮捕していたが、彼（管学宣）は牢に出向き、問いただすに、大変心を痛めた。そこで全員釈放し、次々に解決したので、非常に驚いた。加えて貧しく力のない者を調査して経済的援助を行なうために、四〇〇金余りを集め、すべて借金を返済し、清算したのである。公庫は空となったが民は更生したので、大官はこれを褒め称えた。

つまり、呉尚賢に借りた四八〇〇〇両余りの借金を巡り、知州管学宣が公的資金を投入することで一〇〇人余りの債務者を救済したのである。地方志の跋文に特記していることから、呉尚賢という個人が貸し出した借金が、多くの人々を苦しめ、石屏州知州自ら取り組まざるを得ないほどに深刻な問題となっていたことを示している。地方志には、こうした高利貸しの他にも、州学の土地買収に絡み、呉尚賢が暗躍していた姿が確認出来る。[46]

この頃、宝秀の村民に呉尚賢という者がおり、鉱山開発で莫大な富を築いていた。呉氏が勝手に奪い取った耕地（の小作料）は、一〇石八斗を加え、一二石五斗にも達したが、さらに楊謙を唆すことで、強奪した五石に加えて八石となり、あわせて二九石五斗となった。それらをひそかに呉氏に売却したので、州学の生員が告訴した。徐・王・程の三氏は石屏州知州に任命され、臨安府に赴いた。鄧郡伯や督学がどうして州を批判しかつ裁断を下し、その原因を理解しないことがあろうか。結局のところ、州学の学生が団結せず、学問ばかりに耽っているから、こうした連中が悪事を働き、呉氏の富を利用して、巧みに賄賂を何度も渡し、幾年も耐え忍ぶこととなった。しかし、こうした連中の欲望はとどまることを知らなかった。遂に乾隆一五（一七五〇）年に諸々の生員に贈賄して石頭寨の余分な耕地をつり上げ、すべて呉尚賢に売り渡すことを図った。

即ち、呉尚賢が鉱山開発で得た富を元手に一部の人間と徒党を組み、多額の賄賂を贈ることで次々と耕地を買収していったのである。さらには、地方官学の州学に属し、科挙試験の受験資格を有する生員までもが、その企みに加担し、利益に与ろうとした。史料上で確認出来る呉尚賢所有の土地は、これだけに限らないことからも、[47]呉尚賢が潤沢な資金力を駆使し、地元石屏において高利貸しや土地所有などの投資を行ない、その影響力は無視出来ないものとなりつつあったと推測される。

呉尚賢に見えるこうした例は、外界で成功した者が経済力を背景に石屏盆地においても存在感を示すようになっていたことを表している。おそらく個々人の経済的な規模の違いはあれ、外界で獲得された富が石屏に還流し、様々な形で地元社会に影響を与えるようになっていたのであろう。こうした移住先での成功者の存在は、石屏盆地で土地資源の不足に悩む人々に外界への進出をより一層後押しする強い動機となったと考えられる。

3　箇旧鉱山

石屏漢人の鉱山開発は、これら元江（＝紅河）以南地域だけにとどまらず、同じ臨安府に属する箇旧においても積極的に試みられた。箇旧は後世、錫の世界的鉱山として知られるようになるが、清朝初めには銀の産出でも名を馳せており、省外から多数の漢人が訪れ鉱山開発に従事していたのである。こうした様子について、康熙五一（一七一二）年の序文を持つ『蒙自県志』巻二では以下のように記している。[48]

蒙自には宝山があり、箇旧はこの中で一番と称される。その地勢はまるで帯で取り囲まれたようであり、鉱脈は細長く、天地の英華が集まり、結び付いて銀・銅・錫を形成する。各地からやってきた人々がここで鉱山開発を行なっており、総称して箇旧廠と呼ぶ…箇旧は蒙自の一郷である。戸はすべて甲に編入され、瓦葺の家屋に居住している。商人は十のうち八、九割を占めており、土着の者はほとんどいない…三〇里余り進むと、即ち芭蕉箐である…今ここでは鉱山開発が行なわれているが、人家は少なく、人々の気性もそれほど荒くない。さらに六、七里余り進むと、龍樹であるが、この一帯は元々荒れた山で、村落もなかったが、初めに方連洞鉱山の開発が盛んとなり、四方から数万人に上る人々がやってきた。その中で湖南と湖北の者が七割、江西の者が三割を占め、山西と陝西の者がこれに次ぎ、またその他の省がこの後に続く。

つまり、一括して箇旧と称される箇旧鉱山は、大きく分けて箇旧廠・芭蕉箐・龍樹という三つの鉱山群から成っており、康熙年間末にはこの中の一つである龍樹一帯で盛んに採掘が行なわれていた。ここでは、長江流域の湖南・湖北・江西省出身者を中心として、山西省や陝西省などの北方の人間も加わる形で鉱山開発が進められており、商人も土着民がほとんど含まれていなかったとあることから、箇旧鉱山群の開発は漢人主導であったと判断して間違いないであろう。

また、この当時、箇旧廠は錫と銀を、芭蕉箐および龍樹は銀をそれぞれ主に産出しており、周辺部の坑道から集められた鉱産物をそれぞれ三つの地域に設置されていた炉で製錬していた(49)。

石屛漢人が箇旧鉱山の開発に参加したのも、ちょうどこうした時期に当たる。その経緯について、民国『石屛県志』巻六に以下のように見える(50)。

清の雍正年間の初め、箇旧新山、龍樹脚地方の銀山は非常に賑わっており、我が石屛の下四郷地区の者がこの地にやって来て鉱山開発を行なった。そこにはまだ石屛会館跡が残っており、産業に関連する建物も石屛人所有のものが多く、この頃すでに箇旧では石屛人が一定程度の勢力を築き、上壩と中壩地区の人々はまだ進出していなかったものの、下四郷出身の者が拠点を構えていた。

つまり、石屛漢人、とりわけその中でも下四郷出身の人々が、当時採掘で賑わっていた新山や龍樹に潜り込み、鉱山開発に従事し始めたのである。ここでいう下四郷とは、石屛盆地の水系の下流域に当たる異龍湖東岸一帯の海東郷・

壩心郷・龍港郷・白波郷の四つの郷を指し[51]、雍正年間初めに箇旧に進出したばかりの頃は、異龍湖東岸の人々のみで銀の採掘に従事しており、石屏盆地の水系の上流域に当たる上壩（宝秀一帯）や同じく中流域の中壩（石屏県城周辺）の人々はまだ進出していなかった。異龍湖東岸は、建水方面へ向かう河川の湖出口部に位置し、淹水被害に悩まされ続けた地域であり、淹水と土砂蓄積の解決に長年取り組んできたため、もともと土木工事の経験が豊富な土地柄であった。

また、下四郷の石屏漢人が進出した頃の龍樹一帯の鉱山では、有象無象の連中が集まり、治安を乱していた[52]。もともと龍樹は、箇旧や芭蕉箐と比較すると、坑道が非常に多く、お互い入り組んでいるために、一見すれば別々の坑道でも中では繋がっていることも頻繁であり、坑道の横取りや鉱産物の窃盗が多発していたのである[53]。こうした状況は、当時新たに見つかった鉱脈を巡り、様々な人々が集まり、無秩序に坑道を掘り進んだことを物語っており、それ故に、新興勢力である石屏漢人が箇旧の鉱山開発に参加する余地が生まれたともいえよう。ただ、雍正年間に石屏漢人は箇旧鉱山への進出を果たしたものの、康熙『蒙自県志』巻二や乾隆『蒙自県志』巻三にはいずれも石屏漢人の名は見えず、勢力としては外省漢人に遠く及ばない存在であったと考えられる。

乾隆年間に入ると、銅や錫の需要増大が箇旧に発展をもたらした。銅銭鋳造用に箇旧産銅と錫の使用が開始され、銅山開発および省外に通じる交易ルートの整備が進んだのである。箇旧の鉱山群の中には、清代を代表する銅山の一つである金釵廠が含まれていた[54]。前章でも述べたように金釵廠は康熙年間に開発が本格的に開始され、乾隆嘉慶年間には広西ルートを通じて華南を中心に全国各省に移出されたのである。加えて、乾隆五（一七四〇）年に清朝政府が、銅銭を溶解し再利用することを防止するために、鋳造過程における錫の混入を決定し[55]、箇旧産錫の供給も開始された。この経過に関して『皇朝文献通考』巻一六では以下のように説明している[56]。

雲南鋳造の青銭に錫板を混ぜることを取り決める。戸部が議論して決定したことには、青銭を鋳造するには錫が必要であるが、錫は広東で採掘され、滇から粤まで買い付けにいくのは容易ではない。雲南蒙自県の箇旧廠では、錫板が産出されるので、そこで買い付けを行ない、取り混ぜて鋳造することを許可すべきである。臣等が謹んで意見を述べるに、雲南の錫板は一〇〇斤につき損耗錫九斤であるので、鉱物の価格を銀一両九銭二分七厘と定める。今後、貴州宝黔局と四川宝川局が必要とする錫も雲南で買い付けして鋳造用に供させるべきである。

つまり、広東産錫は買い付けが容易ではなかったため、雲南省内の蒙自産錫の活用が検討され、中国西南地域の各鋳銭局に広く供されることとなったのである[57]。箇旧錫山は、こうした需要の増大を受け、急速に発展したと考えられる。この頃の箇旧の様子に関して、乾隆二二（一七五七）年に箇旧を通りがかった余慶長が「南に蒙自界に入り、四〇里で箇旧廠に到る。商人が方々から集まり、炊煙が盛んに立ち昇っている。摸黒銀廠を視察し、土地を巡るに、銀・錫・鉛・白錫が産出され、その質の良さは天下一品である」と好景気に沸く様子を記しているほか[58]、乾隆五八（一七九三）年から嘉慶八（一八〇三）年まで、臨安府の知府を務めた江濬源は箇旧や金釵廠に鉱山労働者が集中することで治安が悪化していることに注意を促している[59]。

銅や錫の需要が増加する一方で、乾隆年間末には箇旧の銀山に衰えが目立ち始めた。これは、製錬に使用された炉の数に表れている。康熙五一（一七一二）年序の『蒙自県志』巻二には、製錬に使用された銀炉が、箇旧廠で七基・龍樹で二三基・芭蕉箐で一一基とそれぞれあったのに対し、乾隆五六（一七九一）年序の『蒙自県志』巻三では、箇旧廠と龍樹がともに一基ずつへと激減し、芭蕉箐に至っては炉の記載がなく、すでに廃炉となっていたと考えられる[60]。そして、こうした変化は、民国『石屏県志』巻六に見えるように石屏漢人の活動にも影響を及ぼしていた[61]。

清朝嘉慶年間以後、銀山は衰退し、箇旧老鉱山で錫の鉱脈が発見され、石屏の下四郷の者が場所を移す方が良いと判断し、老鉱山に移り錫砂の買い付けを行なった。ただ当時は錫の価値が非常に低く、一斤あたり八分に過ぎず、上壩と中壩の人々はまだ進出していなかった…これより前、下四郷の人々の中に江外、つまり、元江（＝

紅河）以南の老摩多金山で開発をする者がおり、彼等もまた徐々に箇旧の老廠に移り集まってきた。それゆえ、一八四八の鉱山の中で石屏人もまた初期に比べて増加した。

即ち、嘉慶年間に箇旧廠で錫の鉱脈が見つかったことで箇旧廠に移る者が相継ぎ、龍樹と芭蕉箐の坑道閉鎖や炉廃止とともに、箇旧の鉱山開発は箇旧廠へと集約されつつあった。箇旧廠へと移ってきた者の中には龍樹からだけでなく、元江（＝紅河）南岸の老摩多で金の採掘に従事していた下四郷の人々も含まれていた。(62) ただし、一九世紀前半頃は錫の値段が低かったこともあり、石屏漢人は下四郷出身者に限られ、宝秀や石屏城周辺部の人々はまだ進出しておらず、本格的な進出は一九世紀末まで待たなければならなかった。

このように雍正年間以降、石屏漢人は元江（＝紅河）以南地域を中心に鉱山開発を行なった。こうした地域では、土着民が鉱山開発のノウハウを知らないために、外部から来た漢人が利益をほぼ独占出来たこともあり、呉尚賢に見る如く大成功を収める例も少なくなかった。そして、こうして蓄積された富が石屏盆地に流れ込むことにより、移住を後押しする効果をもたらしたと考えられる。加えて一九世紀以降、急速な都市化と工業発展に起因して雲南中部一帯の人口集中地域から生活の糧を求めてフロンティアに移動する傾向にあり、(63) このことも、まとまった就業機会を提供する鉱山開発に人々を駆り立てる要因となったであろう。

また、元々鉱山労働者には、長年治水工事に携わり、土木工事を得意とする海東などの異龍湖東岸出身者が多数含まれており、江外の老摩多や箇旧の龍樹などで鉱山開発に従事し、経験を蓄積していった。そして、こうした土木技術に長けた人材が結果的に箇旧廠に流れ込むことで、民国期の箇旧鉱山の繁栄を下支えすることとなるのである。

第四節　非漢人地域おける移住者

これまで述べてきたような一定の業種に特化した移民の他にも、個々人で現地に入り込み土地を借り耕作して定住する者や、行商人的に地元社会と接する中で、結果的に定着する者が多数存在した。

石屏漢人の移住先は、主に非漢人の居住する地域である。こうした地域に個人的に入り込み定着していく際に、漢人移民はある一定の順序を踏む。以下に紹介するのは、一八世紀末から一九世紀初頭にかけて臨安府の元江（＝紅河）以南地域で起きた漢人移民の状況を解説した文章である。「条陳稽査所属夷地事宜議」と題された一文は、当時臨安府で知府を務めていた江濬源によって書かれたものである。(64)少し長くなるが当時の漢人移民定着の過程をわかりやすく紹介しているので、ここで引用することとする。(65)

所轄の十土司十五掌寨は、通知にかかる時間を計算すると、遠く郡城から離れており、到着するまでに常に五、六日から一〇日余りを要す…数年来、内地の民は商売のために行き来し、その盛んな様子は、まるで機の杼が行き来するようである。楚・粤・蜀・黔の各省から家族を連れてやってきて代々その土地に住み、土地を借りて開墾し生計を立てる者もまたその内ほとんど三割から四割を占める。往々にして凶悪で狡賢い連中は、最初土地を耕し、茶・布・針・糸を仕入れて売ることをきっかけとし、不法に占拠しようと妄想し、夷民の状況に熟知してから、あらゆるやり口で煽りたて、好き勝手に振舞おうとする。極端な場合ではならず者を誘い、ほしいままに奪い取り、事を構えて事件を作り出し、無辜の人々を巻き込もうとする。しかし、この連中は相変わらず自らの名前を隠し、自分は安全な立場に立ち、陰険なやりくちを用い、その団結力は決して揺るがず、これら漢奸は実に夷民の人々にとって（木を虫食むのと同じように彼等を蝕む）キクイムシとなっている。

つまり、漢人移民は最初に土地を借りて耕作するかたわら、非漢人地域で入手困難な物資を仕入れ、土着民に売りつけることで生計を立てた(66)。臨安知府の江濬源は、こうした勝手に当該地域に入り込み、定住していく漢人移民に対し、戸籍を設け、管理強化を図った。次にその提言を紹介する(67)。

一つ、臨安の土司および掌寨地方において内地の人々で、家族を引き連れ、久しく居住し、土地を借り耕して生活している者は甲を設立し、厳しく検査すべきである。調査したところでは、これらの人々は夷の村に住み着き、妻を娶って子を生み、次第に増加し、急に追い出そうとしても、勢いが甚だしく、情況もまた穏やかではない。この連中は村々を連ね一族を集め、従順ではなく、その悪巧みは夷より勝っており、いつも徒党を組んで漢党を形成し、高利貸しで財産を奪い取ることを企んでいる。決まりごとを軽視し、誘い合って悪事を働き、法を犯し、巧みに盗みを働く。しかし、外からやってきて顔も割れず、悪事を犯し、騒動を起こす人々は益々この中に紛れる傾向にある。郷里の親戚に頼って資金を得て、長く住み着き、徒党を組み牽制し合い、民がそれに苦しみ耐えられなくなると、不幸にも往々にして問題が起こる。まさに保甲の例を見本として管理すべきである。およそ内地の人々は家族を引き連れ、夷の家々に安住しているので、各土司と掌寨に責任を負わせて、村々や市場で事情に通じた者に任せて、各戸の姓名と本籍をまとめさせ、門札を与え、年齢や男女の口数を注記させ、移り住んできた年月日や現在従事している職業についても、戸ごとにまとめて冊子とする。漏洩は許されず、管理責任者である土司と掌寨に府県に届けさせ档案として保存する。

ここでは、土地を耕し地元に定着した漢人移民が妻を娶り、家族を形成しつつ、血縁などを頼りに漢人同士で徒党を組み、高利貸しで土着民の財産を掠め取っていく様子が描かれており、漢人移民たちが定住を進める中でその数を増加させていったことが確認出来る。往々にして漢人移民は、独身男子が多くを占めていたことから現地の女性を娶ったのであろう。

こうしたことから勘案すると、漢人移民は家族あるいは単身でやってきて、最初に土地の耕作、あるいは小商いを行なうなどして富を蓄積する。次にこうした富を活用し高利貸しを行なうようになり、最後に土着民の土地財産を奪い定着していくというのが一般的なパターンであった。石屛漢人もこうした人々と同様に現地に入り込み、民国『石屛県志』巻六に「石屛商人は勤勉かつ誠実であり、辺疆数千里に沿って、土着民と交易を行ない、現地の言葉を操る者や遂には結婚する者もいる」と見えるように(68)、取引をきっかけとして現地語の習得や婚姻を通して地元社会と関係性を築いたのであろう。ただし、臨安府の例は、人口爆発で大量に漢人が流入した時期に当たり、両者の間に生じた問題を知府の江濬源が報告するといった背景を持つことから、どうしても漢人と土着民の関係性が二項対立的に描かれる傾向があり、移民同士、あるいは移民と土着民の関係性についてはもう少し他のケースを参照する必要があろう。

そこで、現地に居住し始めた漢人移民の人々が現地で如何なる人間関係を結び、どのような生活を送っていたかを知るために、元江（＝紅河）以南地域で起きた事件を通して、当時の漢人移民の実態に迫ってみることとする。

以下で挙げる二つの例は、嘉慶年間に普洱府と順寧府で起きた漢人移民が絡む殺人事件であり、その供述から当時の漢人移民の生活を垣間見ることが出来る。

事例一、「雲南寧洱県の客民羅正元が穀物の借用を原因として李老二夫婦を刺殺した案件」

嘉慶二四（一八一九）年一〇月(69)

兵部侍郎兼都察院右副都御史、巡撫雲南等処地方、賛理軍務兼理糧餉の臣下、史致光が謹んで題し、調査追及を上申する件について。雲南按察使である劉宝弟が述べた所では、以下の通りである。案ずるに署寧洱県知県彭大偁が申した所によると、嘉慶二四（一八一九）年一〇月二三日に猛烏土把総召忠勇が以下のように報告してきた。

叭目（土司の末端組織の長）の馬添成の上申によれば、臥媽の住民、劉五十は「本年八月二九日に叔母の劉氏が家でたたき切られ殺された。叔父の李老二もまた田畑の脇で同様に殺された。遺体は獣に齧られ不完全な状態である」と話している…被害者の親戚である劉五十は「建水県人であり、すでに亡くなった叔父叔母の李老二と劉氏とともに猛烏土司臥媽地方に移り住んで来て、土地を耕して暮らしていた。私は一里余り離れたところに住んでいる」と述べている…犯人の羅正元は「今年三一歳で、原籍は貴州遵義府正安州である。両親とともに寧洱県猛烏土司管轄の臥媽地方に移住してきた。父親は羅選奉で、年は七二歳である。耳も目も不自由で病で床に伏せっている。母親は王氏で、年は七一歳。兄弟として羅正才がおり、商売で行き来している。私は妻の危氏を娶り、子供が二人いるが、ともにまだ幼い。私は桶屋として生計を立てており、死んだ李老二、劉氏夫婦とは隣人同士であり、知り合いで関係も悪くなかった。嘉慶二四（一八一九）年五月に私は李老二に穀物二石を借り、秋になると利子一石を加えて返すことを約束した…二八日朝、私は刈り取った新しい穀物を使用人の刀映棕に三石量らせ、一緒に李老二の家の中まで担いで戻ってきた。李老二と劉氏は穀物が湿っているので、別に清潔な米に交換するよう要求した…」と供述している…ここにこれら委員らの調査と供述記録が按察使に届き、按察使劉宝弟がまた転送してきた。臣下である私（史致光）は犯人を呼び出し自ら尋ねた。供述による事件の経緯は包み隠すところがないものの、おそらくあらかじめ計画的に殺人を行ない、情実的取引の意図があったと考えられ、より一層厳しく追及したものの、供述が変わることもなく、言い逃れやうそはない。法規を見るに、一家二人を死に追いやり、一人は故意に、もう一人は殴り合いの末に死に至っており、即刻斬刑に処すべきである…臣は謹んで雲貴総督慶保とともに上奏し、皇帝陛下の御明察を伺い、勅書でもって司法に命令を下すようお取り計り下さるよう望む。

事例二、「雲南緬寧庁客民伍茂順が従業員の賃金値上げに関連して殴殺した案件」嘉慶一〇（一八〇五）年[70]

兵部侍郎兼都察院右副都御史、巡撫雲南等処地方、賛理軍務兼理糧餉の臣下、永保が謹んで題し、調査報告する件について。臣下である私が（順寧府）緬寧庁の客民伍茂順が胡世禄を殴殺した事案について見たところでは、伍茂順は湖広籍であり、緬寧地方にやってきて、酒屋を開いて生活していた。胡世禄兄弟とは同郷で親しく付き合っており、仲たがいするようなことはなかった。嘉慶一〇（一八〇五）年五月に伍茂順が胡世禄を雇用し、店で仕事を手伝って、毎月工賃五銭とし、兄弟と呼び合い、主従の関係はなかった。嘉慶一〇（一八〇五）年一二月四日、胡世禄は店の仕事が多いのを理由に伍茂順に工賃を毎月一銭増やすことを求めたが、伍茂順は応じず、両者はもめた…胡世禄はすぐに薪を奪おうとしたが、伍茂順は再び薪で胡世禄の左脇を叩き付け、胡世禄は地面に倒れこんだ後に絶命した。緬寧庁に報告して詳細に取り調べ通令するに、役所より護送し裁判をかけたところ隠さず白状した。伍茂順は法に従い絞首刑とし、刑執行まで牢にとどめておく。胡世寿は笞刑に処し、例に倣い罪を許す。謹んで上奏し裁可を請う。

事例一では、被害者となった李氏夫妻は建水県出身であり、甥とともに寧洱県に移住し、土地を耕し生活していた。犯人の羅正元は、両親とともに貴州遵義府正安州からこの地に移り住み、桶作りで生計を立てており、その兄は商売で行き来している。さらに羅正元は桶作りのほかに、土地を所有しており、刀映棕という土着民と見られる人間を雇用し、稲作も行なっていた。

事例二では、被害者の胡世禄と犯人の伍茂順はともに湖広出身の同郷同士であり、伍茂順が酒屋を経営しており、胡世禄はその店の従業員であった。そして、両者は、店の工賃を巡って諍いを起こし、殺人事件にまで発展するのである。

つまり、事例一・二から外界から移住して来た人々が、農業だけにとどまらず、桶作りや酒屋の経営、行商人など様々な生業を同時並行的に行ない、生活を営んでいたことが知られる。こうした中で稲刈りに土着民を使用し、酒屋で店員を雇うなど、漢人同士、あるいは漢人と土着民の間で互いに様々な関係性が形成され、地元社会が移民を含む形で再編されていったのである。

これら二つの事例に代表される移住の形態は、数量的にはかなりの数に上ったと思われるが、当時においてはありふれた一般例であったと考えられ、極めて史料上には残されにくいであろう。おそらく少なからぬ石屏漢人も、これら事例に見える形で地元社会に入り込み、個別的に各地の土着社会に根付いていったと推測される。

最後に、こうした個別的な漢人移民の行動をまとめると、次のようになる。即ち、まず現地を訪れた後、土地を借りて耕作する、あるいは小商いを行ない、生計を立てる。単身の場合は土着民と結婚をして、血縁関係を結ぶこともあり、現地語などの習得も行なうことで土着民との信頼関係を構築する。次に蓄積した富を高利貸しや土地売買に投資し、最後に土着民の土地財産を奪い定着していくというのが一般的なパターンであった。この過程で地元社会では、漢人移民を含んだ新たな社会関係が形成された。ただし、この社会関係は必ずしも単純に漢人対非漢人といった二項対立的なものではなく、多様なものであった。

おわりに

明末清初以降、石屏盆地の開発が頭打ちとなる中、石屏漢人は生活の糧を求めて積極的に外界へと飛び出していった。彼等の活動は、まとまった労働力を必要とする茶業や鉱業に加え、漢文職能者としての教師および代書屋、さらに個別的な行商や農業など、その職業は多岐に渡っていた。本章により明らかになった点を整理すると、以下の五点にまとめることが出来る。

①石屏漢人は、高い漢文素養を武器に漢文職能者として外界でその能力を発揮した。とりわけ、書院や府州県学などの官立の教員、民間の私塾教師、さらには家庭教師など多くの知識人を周辺地域に輩出した。加えて、土司地域でも漢文作成能力を活かすことで代書屋として清朝政府と土司の意思疎通を支える役割を果たしたのである。

②磨者河東岸の漫撒で石屏漢人は無許可で茶栽培を行なっていたが、一八世紀末に易武土把総伍氏が、彼等に貢茶の負担を求めることで、正式に移住を許可した。これにより石屏会館が建設され、多くの石屏漢人が入植し、茶園を開き、易武などの茶山の発展に繋がった。この過程で石屏漢人は富を蓄積し、インフラ整備に貢献するなど地元社会において着々と実力をつけ、ついには易武土把総伍氏に対抗しうるほどの発言力を持つこととなった。

③雍正年間以降、石屏漢人は非漢人地域を中心に鉱山開発を活発に行なった。こうした地域では土着民は鉱山開発の方法を知らず、おのずと開発は漢人主導となり、莫大な富を手にすることが出来た。そして、蓄積された富は石屏にも還流され、郷里の人々を外界に導く一助ともなった。

④鉱山開発では、土木工事に長けた海東などの異龍湖東岸出身者が中心的役割を果たし、各地の鉱山で経験を蓄積することで多くの人材が育成され、民国期の箇旧鉱山の開発を支える基礎となった。

⑤ある特定の職業以外にも、個人的に行商人などで現地に入り込み、定住する者も少なくなかった。こうした人々は史料に現れないものの大量に存在したと推測される。彼等は最初、行商人的に土着民の社会に入り込み、当地の人々と様々な社会的、経済的関係性を築く中で、信頼を獲得し、生計を立てる方法を探りながら、富を蓄積して現地に定着していくのである。

以上のように石屏漢人は、様々な職業に従事することで、各地に進出したが、決してお互いに独立して経済活動を行なっているのではなかった。彼等は、人口が集中する茶山や鉱山、および交通の要衝に会館を建設し、これら活動拠点を連結することでネットワークを徐々に構築していった。加えて、行商人などの個別的移住者や漢文職能者が各地に進出したことでより細かいレベルでこのネットワークを補完する役割を果たしたと考えられる。

また、このように石屏漢人が各種の職業に従事したことは、ネットワーク構築において水平方向だけでなく、垂直方向の繋がりにも大きく貢献した。つまり、地元社会で労働者や教師など異なった様々な社会階層に属する石屏漢人同士が、それぞれの社会的立場を超えて地縁を紐帯として互いに結び付くことでネットワークを重層的に支え、より弾力性のあるものとしたのである。そして、こうしたネットワークの構築と相互扶助の基礎作りが、石屏漢人が外界で活動する下支えとなり、近代以降雲南が世界市場に巻き込まれていく中で大きな力を発揮することとなる。

註

（1）民国『石屏県志』巻六、風土志、士習。内容は以下の通り。「漢人が多い一方で土着民は少なく、気風も漸く開けてきて、士は雅やかで民は純朴であり、教育し感化しやすく、耕作・織物・商売はそれぞれの習慣を守っている。元から清まで、科挙合格者が相継いで輩出されている（漢多夷少，風気漸開，士雅民淳，教化易入，耕織貿易，各安其俗，自元至清，人物科第，後先振起）」。

（2）呂廷瑄は、乾隆『続石屏州志』（巻一、官師志、貢士、乾隆年貢生）にその名を確認出来る。また、呂廷瑄の事績について「歳進士吏部候選学博呂君墓誌銘」（民国『石屏県志』巻三〇、芸文附録一一）に次のようにある。「姓は呂氏、諱は廷瑄、字は諧琴、桐園と号す…東川府の官紳がその才学を耳にして招聘し、数年に渡り東川書院で講義を担当した…呂君は康熙五五（一七一六）年八月八日戌の刻に生まれ、乾隆四五（一七八〇）年一一月一七日辰の刻に亡くなった。享年六五歳であった（姓呂氏，諱廷瑄，字諧琴，号桐園…東川府官紳聞其才学聘，以主講東川書院者数年…呂君生於康熙丙申年八月初八日戌時，卒於乾隆庚子年十一月十七日辰時，享寿六十有五）」。

（3）許暉藻の名は、進士合格者として民国『石屏県志』（巻七、学校志、科目、進士、丙申恩科）に見える。許暉藻の事績に関して「文林郎陝西楡林県知県許先生墓掲銘」（民国『石屏県志』巻三一、芸文附録一二）に次のようにある。「先生の名は暉藻、原名は漢騫、字は雲階…嘉慶二三（一八一八）年、郷試に合格し、馬龍州の州学の教員に任ぜられる。道光一六（一八三六）年に進士となり、陝西省西郷に赴任する…回民の反乱が起き、全雲南が混乱に陥ったため、先生は郷里に篭った…蒙自や阿迷の書院を司り、隣接する州の後進は北面し、弟子が盛んであることを称えられる…乾隆五六（一七九一）年一二月二八日に生まれ、同治一二（一八七三）年正月一三日に逝去。享年八三歳であった（先生名暉藻，原名漢騫，字雲階…嘉慶戊寅挙於郷，大挑授馬龍州学正中。道光丙申進士，分発陝西，署西郷…値回寇之変，全滇大乱，而先生完守郷郡…歴主蒙自，阿迷書院，隣州後進北面，称弟子昌明…生於乾隆辛亥十二月二十八日，卒於同治癸酉正月十三日，春秋八十有三）」。

（4）　陳冏伯については乾隆『石屏州志』（巻四、人物志、文学）に「陳冏伯。郷試の補欠合格で性格はただ学問を好み、数度教職を務め、各地で多くの人材を育てた（陳冏伯。副榜，性惟嗜学，数任教職，所至成材甚多）」と見える。さらにその詳しい事績については、民国『石屏県志』（巻三〇、芸文附録一一、「応贈文林郎知安定県陳府君墓誌銘」）に「府君、諱は冏伯、字は閑六…康熙二六（一六八七）年、叔父の陳薪櫄が長年の努力により郷試に合格し、府君は補欠合格であった…府君は、初め霑益州の州学教諭に任ぜられ、ついで元江に異動した。元江はもともと辺疆であり、府君は教育に熱心であったため、学生は盛んに学問に取り組んだ（府君諱冏伯，字閑六…歳丁卯叔弟（陳）薪櫄以春秋高捷，而府君置副車…府君初任霑益司訓，継調元江，元固辺郡，府君誨誘諄篤，士子蔚然有起色）」とある。

（5）　民国『石屏県志』巻六、風土志、士習。原文は以下の通り。「官聘之師，上者為書院山長，下者為義学師，然不如私塾之盛。私塾之師，石屏最著名，正音韻，明句読，詳訓詁，励品行，西至元普，東至建阿，無不楽聘屏師者」。

（6）　嘉慶二二年三月二一日雲貴総督伯麟奏、供単（台北、軍機档五一一八六号）。原文は以下の通り。「拠章喜供，年四十五歳，原籍蒙自県人向在江外居住。父親已死，母親徐氏現存，娶妻楊氏生有一子二女，長子章明申年十三歳，大女年十四歳，次女年七歳。小的向在高羅衣家教児子直借念書…小的雖是蒙自県漢人，已在江外住居多年，且在高羅衣家教書年久，与他熟識相好，並非外省初来漢人」。

（7）「牟正宗墓碑」中華民国一四（一九二五）年立碑。本碑文の全文については、前掲 唐立編『中国雲南少数民族生態関連碑文集』（六六―六九頁）を参照されたい。内容は以下の通り。「牟公は諱を正宗、字は海亭といい、三男である。原籍は建水の普雄で、先の曽祖父の代より紅河以南地域で交易に従事した。その一帯は、竹林が繁茂し土地も広く肥沃であったので、製紙と土地の経営で利益を得られると考え、家業繁盛と子孫繁栄を願い、この地の村に居を定めた。暮らし向きも良くなり、ついに一族を成した。父親の光庭公の頃、家業を受け継ぎさらに発展させるためには学問が必要であると悟り、教師を招聘して教育した。長男の正清は官の学校の誉れとなり、次男の正湘は官の試験を志していたが、商学を習わせることにした。正宗公は幼いころから働き者であった。学問は棄て軍人の道を志したものの、長らく合格しなかった（公諱正宗，字海亭，行三。祖居普雄，自先曽祖貿易江外，見其竹木森森，地広土肥，紙可致富，地可営業，於是落籍於廠，庶幾家道興隆，子嗣繁昌，門庭有慶，遂成族矣。迨至先祖光庭，公知庶富，非教不足，以承先守成，特聘師教誨，故長伯正清栄名黌宮，仲伯正湘志考未入，奉命改習商学，惟先君幼自好勤，棄文就武，久考未遂）」。

（8）『問俗録』巻六、鹿港庁。ここでは小島晋治・上田信・栗原純訳 一九八八『問俗録―福建・台湾の民俗と社会』（東洋文庫四九五、平凡社、一一四―一一五頁）を参照。

（9）John E. Herman, *Empire in the Southwest: Early Qing Reforms to the Native Chieftain System*, op.cit.

（10）前掲 楊偉兵『雲貴高原的土地利用与生態変遷（1659―1912）』八四―一〇二頁。

（11）江濬源、同治一三（一八七四）年刊『介亭文集』巻六、「条陳稽査所属夷地事宜議」。原文は以下の通り。「査夷人不識漢字，一切交査事件文稟，不得不聴其招募内地民人充当字識。現在各処字識循分守法克尽其職者曽無幾人，多有罔知顧忌之流営幹土館号為主文，一経遂其貪縁，竟爾恣意把持舞文滋弊」。

（12）「易武茶案碑」の全文および詳細については、前掲 唐立編『中国雲南少数民族生態関連碑文集』（一八六―一九一頁）を参照されたい。該当する原文は以下の通り。「謹将署普洱府正堂黄主詳上移下文巻定章録刊於左。査此案，前経敝署府審看得，石屏州民人張応兆、呂文彩等先後上控易武土弁伍栄曽、字識王従五、陳継紹等年来詭計百出，夥党暴虐，額外科派各情一案」。

(13)「易武茶案碑」の該当箇所の原文は以下の通り。「道光十七年十二月十二日移思，至十二月十七日札飭易武，内云該土弁，勿得再行違断濫派並将遵断縁由先行，拠実稟覆核奪…奈王従五、陳継紹硬不代稟」。

(14)清朝が行なった直轄地化の経過については、長谷川清　一九八二「Sip Song Panna 王国（車里）の政治支配組織とその統治領域―雲南傣族研究の一環として」『東南アジア―歴史と文化』（一一、一二五―一四八頁）・前掲　クリスチャン・ダニエルス「雍正七年清朝によるシプソンパンナー王国の直轄地化について―タイ系民族王国を揺るがす山地民に関する一考察―」を参照。

(15)道光『普洱府志』巻一九、芸文、「籌酌普思元新善後事宜疏」。これは、当時の雲貴広西総督尹継善が雍正年間の騒乱の後に記した善後策であり、茶山の管理について「倚邦の茶山一帯には窩泥の人々が住んでいる。見たところ、倚邦土弁の曹当斎は人柄も誠実で、軍に従い賊を討ち、勤勉なことでも知られているので、命令を下して倚邦茶山を管轄させるべきである（其茶山倚邦一帯均係窩泥。査有倚邦土弁曹当斎為人誠実，随師剿賊，勤労素著，応将倚邦茶山責令管轄）」と記している。

(16)茶山の管理に関して道光『普洱府志』（巻一八、土司）には次のようにある。「倚邦土把総は普洱府の辺外に位置し、思茅庁東南境内にあり、府城から六站の距離である。五つの茶山を管理する…毎年規定に基づき、貢茶の任を引き受ける…易武土把総は普洱府の辺外に位置し、思茅庁東南境内にあり、府城から八站の距離である。府の南方一八五里にある漫撒茶山を管理し、倚邦に協力し貢茶の任を引き受ける（倚邦土把総在普洱府辺外，係思茅庁東南境内，距城六站。管理各茶山…按毎年定例承辦貢茶…易武土把総在普洱府辺外，在思茅庁東南境内，距城八站。管理漫撒茶山，在府南一百八十五里，協同倚邦承辦貢茶）」。

(17)武内房司　二〇一〇「一九世紀前半、雲南南部地域における漢族移住の展開と山地民社会の変容」（塚田誠之編『中国国境地域の移動と交流―近現代中国の南と北―』）一一七―一四三頁。

(18)『滇海虞衡志』志草木第一一、茶。原文は以下の通り。「出普洱所属六茶山，一曰攸楽、二曰革登、三曰倚邦、四曰莽技、五曰蛮耑、六曰慢撒，周八百里，入山作茶者数十万人。茶客収買，運於各処，毎盈路，可謂大銭糧矣」。

(19) 道光『普洱府志』巻九、風俗、語音。原文は以下の通り。「平川居者多新平、嶍峨、石屏、江楚籍貫，男女皆官語」。

(20) 「漫撒新建石屏会館碑」の該当箇所は以下の通りである。「普洱皆有会館，漫撒雖陋，豈可無之」。「漫撒新建石屏会館碑」に関しては、前掲　西川和孝「18世紀末の雲南省普洱府漫撒における会館建立と茶園開発—石屏漢人移民の活動を中心として—」(西村昌也編『周縁の文化交渉学シリーズ1　東アジアの茶飲文化と茶業』一四七—一六二頁)に全文所収。

(21) 前掲　武内房司「一九世紀前半、雲南南部地域における漢族移住の展開と山地民社会の変容」『中国国境地域の移動と交流—近現代中国の南と北—』一一七—一四三頁。武内は、《民族問題五種叢書》雲南省編輯委員会編　一九八三『中国少数民族社会歴史調査資料叢刊　傣族社会歴史調査(西双版納之三)』(七六—七七頁)に記載されている乾隆五一年(一七八六)二月一六日付けの文書「管理易武一帯地方銭糧茶務軍功司庁伍為給照以専責成事」および乾隆五四(一七八九)年一二月二四日付けの文書で「車里軍民宣慰使司宣慰使刀為給照事」を引用し、当該論文において全文記載した上で日本語訳を付している。

(22) 前掲　武内房司「一九世紀前半、雲南南部地域における漢族移住の展開と山地民社会の変容」『中国国境地域の移動と交流—近現代中国の南と北—』一一七—一四三頁。

(23) 「漫撒新建石屏会館碑」の該当箇所は以下の通りである。「漫撒又茶山之小者也」。前掲　西川和孝「18世紀末の雲南省普洱府漫撒における会館建立と茶園開発—石屏漢人移民の活動を中心として—」『周縁の文化交渉学シリーズ1　東アジアの茶飲文化と茶業』一四七—一六二頁を参照。

(24) 第一章第四節参照。

(25) 前掲　李中清『中国西南辺疆的社会経済：1250—1850』九四—一六八頁。

(26) 「易武茶案碑」。該当箇所の原文は次の通り。「謹将署普洱府正堂黄主詳上移下文巻定章録刊於左。査此案，前経敝署府審看得，石屏州民人張応兆、呂文彩等先後上控易武土弁伍栄曽、字識王従五、陳継紹等年来詭計百出，夥党暴虐，額外科派各情一案。緣張応兆、呂文彩等均係隷籍石屏州，於乾隆五十四年前宣憲招到文彩等父叔輩，栽培茶園，代易武賠納貢典，給有招牌。已今多年無異，前茶価稍増，科派尤軽，可以営生，近因茶価低賤，科派微重。張応兆等即以前情赴憲轅瀆控」。

(27) 迤南道とは、清代雲南省に設置された官職をいう。迤南道は普洱府に駐留し、雲南南部の鎮沅府・元江府・臨安府・普洱府の四府を管轄し、軍務も兼ねた。雲南省には、迤南道の他に、東部を管轄する迤東道、西部を管轄する迤西道があった。

(28) 「永安橋碑記」は、現在、西双版納傣族自治州猛臘県易武郷にある中国普洱茶古六大茶山茶文化博物館に展示されている。筆者は二〇〇九年八月二一日と二〇一〇年三月二六日に、当博物館を訪問し、写真に収めた上で、それを元にして釈文を作成した。また、筆者が実際に目にした「永安橋碑記」は割れた箇所をコンクリートで補修していたために一部確認することが出来なくなっていた。こうした箇所については□で囲った上で、『猛臘県誌』所収の録文を参考にして適宜補った。該当箇所の原文は次の通りである。「雲南迤南之利，首在茶。而茶之産易武亦較多。其間山径之蹊間，向之崎嶇険阻者。今成孔道，独由倚邦至易武，中隔磨者一河，峯旋谷応。当夏霪秋霖，波涛泛溢，飛流迅湍，中舟渡縄，行均無所可。而又沿河上下燥湿不和。商旅之出其途者，不再循而成殃。歳而成夏，思□貢士趙勉斎過其地，深憫厲渉之艱，邀同人王、賀，概出白金参百，以為首倡，復念功程浩大…伍聞而義之鋭，然以将作自任，伍之母氏房亦喜其子之見義必為也。爰傾所蔵内帑以助之…請以該路商民遵照，茶担出山，日毎担抽収銀伍分，以資工費矣。大功告竣，再行停面…刊易武至倚邦，実国家採辦貢茶所必由之道。官斯土者胡可聴其往来艱危而不一躇及乎哉」。

(29) 「永安橋碑記」の原文では、それぞれ上段には「思茅撫彝府正堂成捐銀肆拾両。世襲車里宣慰使刀捐銀参拾両。思茅貢士趙良相捐銀壱佰両」と、中段には「世襲倚邦軍功司庁曹銘捐銀参拾両。協辦倚邦軍功司庁曹揮廷捐銀弐拾両。倚邦通山首目捐銀拾両」と、そして、下段には「石屏王乃強捐銀壱佰両。石屏賀策遠捐銀壱佰両。石屏何鏞捐銀陸拾両。石屏何超捐銀拾伍両」とある。

(30) 乾隆『石屏州志』巻一、地理志、堰塘。内容は以下の通りである。「化龍橋堤は異龍湖の畔にあり、石屏州城の東門の要路である。毎年秋になると異龍湖の水かさが増し水没し、通行人を苦しめていた。康熙七（一六六八）年に知州の劉維世が三尺かさ上げし、脇に細長い石をはめ込み、土を固め、湖水が浸入しないようにした。乾隆二一（一七五六）年に知州の管学宣が改修工事を行なった（化龍橋堤在異龍湖辺，為東門孔道。毎秋湖水漲即没，行者苦之。康熙七年知州劉維世増高三尺，旁城条石，築堅土，湖水不能犯。乾隆二十一年知州管学宣重修）」。

（31）民国『石屏県志』巻六、風土志、善挙。原文は以下の通りである。「橋梁道路，或一人独修，或衆人同修，恵及行旅，名在千秋，小河底橋工程最大」。

（32）「重建秀山真覚寺中閣両廊功徳碑記」の拓本は、東洋文庫所蔵。

（33）鈴木中正・荻原弘明　一九七七「貴家宮裡雁と清緬戦争」『鹿児島大学史録』（一〇、一―四〇頁）。当該論文では、鉱山開発集団が軍事組織であった例として、呉尚賢の他にも乾隆中期のボルネオ西部の金山開発を挙げている。

（34）民国『石屏県志』巻六、風土志、商業。原文は以下の通りである。「他郎之金亦屏人足跡所至之地，而箇旧錫廠之採辦猶在後耳」。

（35）道光『普洱府志』巻七、賦役、鉱廠。内容は以下の通りである。「他郎の坤勇で新たに金山と銀山を開き、徴税した（他郎新開坤勇金銀廠，徴金銀課）」。

（36）道光『普洱府志』巻九、風俗、他郎庁。内容は以下の通りである。「漢人は皆土着の者ではなく、臨安の建水と石屏・新興並びに四川・両広の人々であり、彼等はこの地に住み着き、農業勉学に励み、商いを行ない、これを常としている（漢民皆非土著，係由臨安建水、石屏、新興暨川、広流寓入籍，耕読貿易，習以為常）」。

（37）元陽県人民政府　一九九二『雲南省元陽県地名志』七六頁。

（38）嘉慶『臨安府志』巻一八、土司、稿吾卡。内容は以下の通り。「清朝雍正年間、納更土目の龍在渭が官軍に従い、元普の逆夷の討伐に功があった。臨元鎮の董芳は土把総の職を与えた。龍在渭が亡くなり、子の龍瑄が跡を継いだ。乾隆四六（一七八一）年に雲貴総督福康安が委任状を発給し、稿吾卡土司に三猛を巡回させ金山を保護させた…旧志に僅かに掲載されていることだが、三猛とは、猛喇・猛丁・猛梭のことをいう（国朝雍正間，納更土目龍在渭随官軍進剿元普逆夷有功。臨元鎮董芳給以土把総職銜。在渭死，子瑄襲。乾隆四十六年総制福発給委牌使巡査三猛保護金廠…旧志僅載三猛曰，猛喇、猛丁、猛梭）」。

（39）『新修支那省別全誌』3、一〇〇九頁。本書には老摩多金山に関して「老摩多金山は明朝末期より採鉱せられ、入山者は一人銀一両の入山税を土司に納付して採掘する慣習であったが、約二〇〇年以前石屏、海東の産金業者は猛拉土司より老金山、銀鉱河の周囲約二〇〇支里に亘る鉱区を買収し、入山税を免除されることとなった」と記している。

(40) 民国『続修建水県志稿』巻二、物産。内容は以下の通り。「他地域で建水人が成果を挙げたのは、他郎庁と老摩多の金山および箇旧の錫山などである（至若地在外属而為建人辦有成效者，則有如他郎、老摩多之金廠、箇旧之錫廠）」。

(41) 方国瑜 二〇〇八『滇西辺区考察記』三七―三八頁。

(42) 乾隆一一年五月初九日雲貴総督張允随奏（方国瑜 二〇〇一『雲南史料叢刊』〔巻八、張允随奏稿下、六八三頁〕所収、「張允随奏稿」は四川大学図書館蔵）。原文は以下の通り。「滇南田少山多，民鮮恒産…唯地産五金，不但本省民人多頼開鉱謀生，即江西、湖広、川、陝、貴州各省民人，亦倶来滇開採。至外夷地方，亦皆産有鉱硐，夷人不諳架罩煎煉，唯能焼炭及種植菜蔬、豢養牲畜，楽与廠民交易，以享其利。其打嘈開鉱者，多係漢人」。

(43) 呉尚賢の一連の活動については、前掲 鈴木中正・荻原弘明「貴家宮裡雁と清緬戦争」および楊煜達 二〇〇八「清代中期滇辺銀鉱的鉱民集団与辺疆秩序―以茂隆銀廠呉尚賢為中心」『中国辺疆史地研究』（一八（四）、四三―五五頁）を参照。

(44) 事実、民国期の調査書には呉尚賢の頃、鉱山開発に従事していた人々の末裔が今もなお一族で暮らしているとある（民国『滇緬南段未定界調査報告』四・班洪区城概況（五）経済状況和民族生活、一八頁）。内容は以下の通り。「班洪は経済的に自給自足の区域である…現在の焦山南臘と糯莪一帯には、一族で集まり居住している漢人が数百家族おり、さらに鉱区の付近には今でもなお呉尚賢の頃に鉱山開発に従事していた人々の子孫が暮らしている（班洪為経済自給自足之区域…現焦山南臘、糯莪一帯，漢人聚族而居者，約数百家，且鉱区付近，至今仍遺留有呉尚賢時開鉱之後裔）」。

(45) 乾隆『石屏州志』石坪志跋、跋三。原文は以下の通り。「(管学宣）及重来為刺史，甫下車，適値承追呉尚賢，欠項四万八千両有奇，前署牧逮繫者百餘人，夫子赴禁，所垂問，惻然憫焉。悉与保釈，次第区画，不震不竦，又廉其赤貧無力者捐，已索四百餘金，尽償其欠卒之。公帑清而民有更生之楽，大吏嘉之」。

(46) 乾隆『石屏州志』巻五、芸文志一、記、「州学貢田碑記」。原文は以下の通りである。「是時宝秀村民有呉尚賢者，以磨弄廠，蓄積甚饒，伊将所覇之田十石八斗加至二十一石五斗，復唆楊謙，所覇之五石加至八石，共二十九石五斗，盗売与呉。通学廩生畳控，徐、王、程三任州侯上至本郡，鄧郡伯並督学何皆批州並不審断，不識何縁，総以通学勢散、文弱且貧，伊等党悪行凶，済以呉氏之豪富，巧行重賄，陰忍有年，伊等乃肆貪狼之性，得隴望蜀，竟於乾隆十五年謀重賄諸麇生，将石頭寨所餘之田加価，尽売与呉」。

(47) 乾隆『石屏州志』巻三、賦役志、官荘。州の土地祠の香火田に関して、「州の土地祠の香火田…この田は、没収され処理済みの呉尚賢の財産である（州土地祠香火田…此田係呉尚賢入官応変之産）」とある。

(48) 康熙『蒙自県志』巻二、廠務。原文は以下の通りである。「蒙有宝山，個旧称最，其地形勢環抱如帯，発源極長，聚天地之英華，結而為銀，為銅，為錫。四方之人多開採於斯，統名之為個旧廠…個旧為蒙自一郷。戸皆編甲，居皆瓦舎。商賈貿易者十有八九。土著無幾…越三十余里即芭蕉箐也…雖今茲行廠而人烟稀疏，尚不致十分刁頑。再進六七里許，龍樹一帯旧係荒山，並無村落。初因方連洞興旺，四方来採者不下数万，楚人居其七，江右居其三，山陝次之，別省又次之」。

(49) 康熙『蒙自県志』（巻二、廠務）によると、箇旧廠周辺には銀坑一二箇所・錫坑三四箇所、龍樹には銀坑四五箇所、芭蕉箐には銀坑一三箇所それぞれあったとあり、「箇旧は蒙自県の西六〇里に位置し、坑道はないものの、銀と錫の炉が二〇基ある。およそ耗子廠などの鉱産物をすべて製錬しており、鉱山管理委員が設置され、課税を行なっている（個旧在県西六十里，無洞口，有銀、錫炉房二十座。凡耗子廠等処砿土皆於煎煉，設立廠委抽課）」と記している。

(50) 民国『石屏県志』巻六、風土志、商業。原文は以下の通りである。「当清雍正初，箇旧新山、龍樹脚地方銀廠興旺，吾屏下四郷人即到此採辦銀廠，此処尚有石屏会館旧址，産業廠位属屏人所有者亦多足徴，彼時旅箇屏人已有一部份勢力，雖上、中両壩人足跡未到，而下四郷已開辦廠」。

(51) 民国期の石屏盆地の行政区分については民国『石屏県志』（巻二、疆域志）を参照。

(52) 康熙『蒙自県志』巻二、廠務。内容は以下の通り。「龍樹一帯はもともと荒山であり、村落もなかった…しかし、坑道が非常に多く、ならず者たちが潜みやすい。問題が起こる度に、連中は不満を口にして、銅鑼を鳴らして人を集めなくとも、徒党を組んで乱暴狼藉を働く風潮がある。鉱山管理者は、常に彼等に幾度となく通知して、しっかりと教え諭し、厳しく懲罰を加え、刑罰を示すが、愚かな連中は戒めを理解せず、いつも雑然とした状況を作り出す元凶となっている（龍樹一帯旧係荒山，並無村落…然洞口繁多，匪類易藏，毎遇一事，衆口嘵嘵，非鳴鑼聚衆，即結党行凶，打架之風，時時恒有司

廠務者，亦三令五申，諄諄勧諭，厳加責懲，以示刑威，而愚頑之人尚有不知警者，総由叢雑之故）」。

(53) 康熙『蒙自県志』巻二、廠務。内容は以下の通り。「三つの鉱山はすべて採掘の土地である。箇旧の錫は銀に勝っており、坑道は多いものの、お互い中で繋がっておらず、坑道を掠め取ったり、鉱物を盗んだりする風潮はあまりない。芭蕉箐の坑道では、分をわきまえた者は甚だ少ない。龍樹の坑道は非常に多く、複雑に入り組んでおり、たとえ地上では別の入り口であっても、坑道内ではしばしば狭い穴で互いに上下左右あちらこちらで通じて合っており、たとえ坑道内で鉱物を掘り当てても隣の坑道の者に盗まれる（三廠皆開採之地。個旧錫勝於銀，然洞口多不相連，抄尖盗砿之風不恒，有芭蕉箐洞口，無幾尚知安分。若龍樹洞口煩多，開採叢雑。雖地外之井口不皆相連，而洞内之窩路常常相通，上下皆洞，左右皆洞，通於此洞，或此洞通於彼洞，無論獲砿藏於洞内者間被隣洞盗去）」。

(54) 乾隆『蒙自県志』（巻三、廠務）には金釵廠について「金釵廠…年間取扱量は九〇万斤であるとしている（金釵廠…年額辦銅九十万斤）」と紹介されている。

(55) 黨武彦 一九九五「乾隆九年京師銭法八条の成立過程およびその結末」『九州大学東洋史論集』二三、三九—八六頁。

(56) 『皇朝文献通考』巻一六、銭幣考四、乾隆五年。原文は以下の通りである。「定雲南鼓鋳青銭配用版錫。戸部議定，改鋳青銭需用点錫，而点錫産自広東，自滇至粤，採辦不易。雲南蒙自県之個旧廠，産有版錫，応准其就近収買，配搭鼓鋳。臣等謹按，雲南版錫，毎百斤加耗錫九斤，定廠価銀一両九銭二分七厘。嗣後宝黔局、宝川局所需額錫，亦令於雲南採買供鋳」。

(57) 雲南省内の鋳造局で使用された錫量は、毎年東川新局で五五〇七九斤、順寧府と永昌局で八八一二斤、曲靖局で一九八二八斤となっている。『銅政便覧』巻六、東川新局、順寧府、永昌局、曲靖局（『続修四庫全書』第八八〇冊、史部政書類所収、三一七・三二三・三二四・三二七頁）を参照。

(58) 『金廠行記』。原文は以下の通り。「南入蒙自界，又四十里抵個旧廠，商賈輻輳，煙火繁稠，視摸黒迴勝地，産銀、錫、鉛、白錫，質良甲於天下」。

(59) 嘉慶『臨安府志』巻四、疆域。内容は以下の通りである。「田地が平らに広がっており、灌漑は困難であり、かつ箇旧・金釵は財宝が産出する場所であるので、鉱山労働者が集まり雑然としている。治安維持に関してその時この地を管理する者は、より一層注意する必要がある（至於土田平衍，灌漑維艱，以及個旧、金釵為財宝之所出，鉱徒叢雑，綏靖以時官斯土者，尚加之意哉）」。

(60)　乾隆『蒙自県志』（巻三、廠務）には、坑道と炉の名前を羅列した上で「その他の旧志に記載されていた坑道名や炉房はすべて廃止や破壊、あるいは廃業している（其餘旧志所載硐名、炉房倶已廃壊停歇）」と記している。

(61)　民国『石屏県志』巻六、風土志、商業。原文は以下の通り。「清嘉慶而後，銀廠業衰，箇旧老廠発現錫鉱，屏之下四郷人遷地為良，即移於老廠採辦錫砂。惟当日錫価太賎，毎斤不過得値八分，所以上、中両壩人仍未插足…先是下四郷有到江外採辦老摩多金廠者，亦漸移集於箇旧老廠也。故四十八廠中屏人亦較初期為多」。

(62)　『新修支那省別全誌』3（一〇〇九頁）には、老摩多金山の開発に関して「石屏、海東の産金業者」と記している。また、同時期、かつて呉尚賢が取り仕切った茂隆銀山も閉鎖されており、ここで働いていた人々も一部が箇旧に流れ込んだ可能性がある。

(63)　前掲 李中清『中国西南辺疆的社会経済：1250―1850』一三〇―一六八頁。

(64)　江濬源は、安徽省懐寧県出身で、乾隆三五（一七七〇）年挙人に、乾隆四三（一七七八）年に進士となった。清廉の士で災害への対応や書院の建設にも大きな業績を残した。道光『雲南通志稿』（巻一二九、秩官志、循吏）にその名が確認できる。

(65)　『介亭文集』巻六、「条陳稽査所属夷地事宜議」。原文は以下の通り。「所轄十土司十五掌寨計其文報程期，遠距郡城，動需五六日及旬餘而後至…歴年内地民人貿易往来紛如梭織，而楚、粤、蜀、黔各省攜眷世居其地，租墾営生者亦幾十之三、四。毎有狡詐剽悍之徒，始或認種田畝，並借販売茶、布、針、線為端，希覬盤踞，継則夷情既熟，輙敢多方煽誘恣其把持，甚至窩引匪人，肆竊攘奪，構衅醸案，牽累無辜，而若輩仍得隠匿姓名，置身事外，鬼蜮伎倆，固結不揺。此等漢奸実為夷方之蠹」。

(66)　土着民に針や糸を法外な値段で売りつけ、暴利を貪ろうとする行為は、当時の漢人移民にはよく見られた。例えば一九二〇年代に雲南からビルマを放浪した作家艾撫の『南行紀』「松嶺上」の中には「麦柄にくず糸を巻き、うわべだけ色糸を巻きつけ売りつけた」と記されており、『西双版納傣族自治州概況』にも「一本の針で現地の民衆の鶏一羽と交換し、一箱のマッチを豚一頭と交換した」とある。こうした事例については、川野明正二〇〇五『中国の〈憑き物〉—華南地方の蠱毒と呪術的伝承』（二一九—二七二頁）を参照。

(67)『介亭文集』巻六、「条陳稽査所属夷地事宜議」。原文は以下の通り。「一臨安土司掌寨地方，凡内地民人，挈家久処，租種為生者宜設立甲，総厳行稽査也。査此等民人落業夷寨，畜妻生子，丁口漸繁，遽欲逐戸押遷，勢既不行，情亦未順，然若輩連村聚族，性匪馴良，其計謀較勝於夷愚，其徒衆毎聯為漢党，視放債盤剥占奪財産之事，藐若故常，或復誘使，作奸犯科，供其巧攫。而外来面生可疑及為匪滋事之人浸尋混跡。其中馮恃郷井之親獲資，棲託逗遛，勾結牽制，平民至受累難堪，即不幸往往有事。応請彷照編排保甲之例。凡属内地攜眷安家在夷已久之戸，責成各土司、掌寨，毎村寨市店挨戸清査，十家設一甲頭，十甲頭設一客，総概以夷人之樸直暁事者為之着落，編次各戸姓名籍貫，給与門牌，註明年歯，男丁女口若干，係於何年月日，搬住該処，現在作何生理，逐戸開造成冊，不得遺漏名口，由該管土司、掌寨呈報府県存档」。

(68) 民国『石屏県志』巻六、風土志、商業。内容は次の通りである。「石屏商人は勤勉かつ誠実であり、辺疆数千里に沿って、土着民と交易を行ない、現地の言葉を操る者や遂には結婚する者もいる。ゆえに迤南一帯では俗に、煙のあるところには必ず石屏人がいるという（屏商勤倹信実，沿辺数千里，土人楽与交易，有能夷語者，或竟結婚。故迤南一帯俗謂，有人煙処，必有屏人）」。

(69)「雲南寧洱県客民羅正元因租穀之争砍死李老二夫婦案」嘉慶二四年一〇月（『清嘉慶朝刑科題本社会史料輯刊』一〇二一—一〇二三頁）。原文は以下の通りである。「兵部侍郎兼都察院右副都御史、巡撫雲南等処地方、賛理軍務兼理糧餉臣史致光謹題，為稟請験究事。拠雲南按察使劉宝弟詳称，案拠署寧洱県知県彭大偁詳称，嘉慶二十四年十月二十三日，拠猛烏土把総召忠勇稟，拠叭目馬添成報，拠臥嗎住人劉五十報称，本年八月二十九日，伊姑母李劉氏在家被人砍死，姑父李老二在田辺亦被人砍死，尸被野獣残食不全等語…拠尸親劉五十供，建水県人，同已死姑父母李老二、李劉氏移居猛烏土司臥嗎地方，耕種度日。小的住処，隔有一里多路…拠凶犯羅正元供，今年三十一歳，原籍貴州遵義府正安州人，同父母移居寧洱県猛烏土司臥嗎地方。父親羅選奉，年七十二歳，耳聾眼瞎，臥病在床。母親羅王氏，年七十一歳。兄弟羅正才，貿易出外。小的娶妻危氏，生有二子，年俱幼少。小的箍桶生理，与死的李老二、李劉氏夫婦隣近居住，認識無嫌。嘉慶二十四年五月間，小的向李老二借穀三石，言明秋成加還利穀一石…二十八日早上，小的把収穫的新穀叫雇工刀映棕量了三石，一同挑到李老二家裏帰還。李老二同李劉氏説穀子潮湿，要另換乾潔好穀…等供…茲拠該委員等審擬招解到司，該按察使劉宝第復審転解前来。臣提犯親訊，拠供前情不諱，恐有預先謀殺加功情弊，復加厳詰。矢口不移，案無遁飾。査例載，致死一家二命，係一故一闘者，擬斬立決等語…臣謹会同雲貴総督臣慶保合疏具題，伏乞皇上叡鑑，勅下法司核復施行」。

（70）「雲南緬寧庁客民伍茂順因雇工索添工銀事将其毆傷致死案」嘉慶一〇年（『清嘉慶朝刑科題本社会史料輯刊』一三八八頁）。原文は以下の通り。「兵部侍郎兼都察院右副都御史、巡撫雲南等処地方、賛理軍務兼理糧餉臣永保謹題，為報究事。該臣看得緬寧庁客民伍茂順毆傷胡世禄身死一案。縁伍茂順籍隷湖広，来緬寧地方，開酒舗生理，与胡世禄兄弟同郷交好，并没嫌隙。嘉慶十年五月間伍茂順雇胡世禄，在店幇工，毎月議定工銀五銭，弟兄相称，并無主僕名分。嘉慶十年十二月初四日，胡世禄以店内事多，向伍茂順毎月索添工銀一銭，伍茂順不允，彼此争鬧…胡世禄趕奪柴块，伍茂順復用柴块毆胡世禄左脇一下，倒地移時殞命。報庁験訊通詳，由司解訊供認不諱。伍茂順依律擬絞監候，胡世寿擬笞，照例援免，謹会題請旨」。

第四章　一九世紀後半以降の茶業と鉱業の興盛における石屏漢人勢力の飛躍

はじめに

一九世紀後半から二〇世紀初頭にあたるこの時期は、石屏漢人の主要な活動地域であった思茅や蒙自に海関が設置され、英仏などの外国勢力が本格的に雲南に触手を伸ばし始め、国内でも清朝から中華民国に移るという時代の変革期であった。本章では、石屏漢人が、こうした大きな時代の変化に直面する中、如何に対処して生み出された機会をとらえつつ、自分たちの活躍の場を広げていったかを論じる。

本論に入る前に、本章でしばしば登場する海関について若干説明を加えておく。一九世紀、欧米各国との海外貿易が増加するにつれて、清朝は、外国人を雇うことで海関（税関）の貿易量を正確に把握しようとする外国人税務司制度を導入した。その後、戦争の賠償金などの財政赤字で苦しむ清朝は、欧米列強の思惑も重なり、各地に海関を設置し、関税収入の確保を図ったのである。この一環として雲南においても一九世紀末から二〇世紀初頭にかけて、東南アジアとの国境沿いの蒙自・思茅・騰衝に海関が設置された(1)。海関報告とは、そこで取引された物品の輸出入や関税などについてその内容をまとめた報告書を指す。

第一節　近代箇旧における石屛漢人の活動

一九世紀末、蒙自に海関が設置されたのを契機に交通インフラが整備され、ベトナム経由で香港に大量の錫が安定的に供給されるようになり、箇旧鉱山の開発は新たな段階に突入することとなるのである。本節では当時の箇旧鉱山を取り巻く情勢の変化について説明した上で、この時期の石屛漢人の動向に言及していく。

1　市場の拡大と輸出量の増大

一九世紀末以降の箇旧鉱山の発展は、蒙自に海関が設置され、香港への錫の輸出が可能となったことを直接的契機とする。清朝末期、中国では欧米列強との貿易量が増加するにつれて関税確保を目的として各地に海関が開かれ、雲南においても一八八七年のフランスとの「中法続議商務専条」締結を通し、一八八九年蒙自に海関が設置された。これによって光緒一〇（一八八四）年の清仏戦争以来途絶えていた元江（＝紅河）の水運を使った交易ルートが再び機能することとなったのである。この間、箇旧産錫は、臨時的に長江を経由して漢口に、または広西ルートに沿って広西省北海に運ばれ、同港から香港に船で輸送されるなどしていた(2)。箇旧産錫は、常に雲南の主要輸出品目であり、蒙自海関の総輸出額の九割を占めるほどであった。

こうした海関で記録された報告に基づき、一八八九年から一九二八年までの蒙自海関から輸出された錫の輸出量と輸出額を整理し示したのがグラフⅢである。また、グラフⅣは、それぞれ蒙自海関の輸出入総額と錫の輸出額の関係を示す(3)。ちなみにここで示した錫の重さを表す単位「担」は、約六〇キロに相当する。

グラフⅢより錫の輸出量は一九一〇年代初頭までほぼ一貫して増加傾向を辿り、その後、激しく増減を繰り返しな

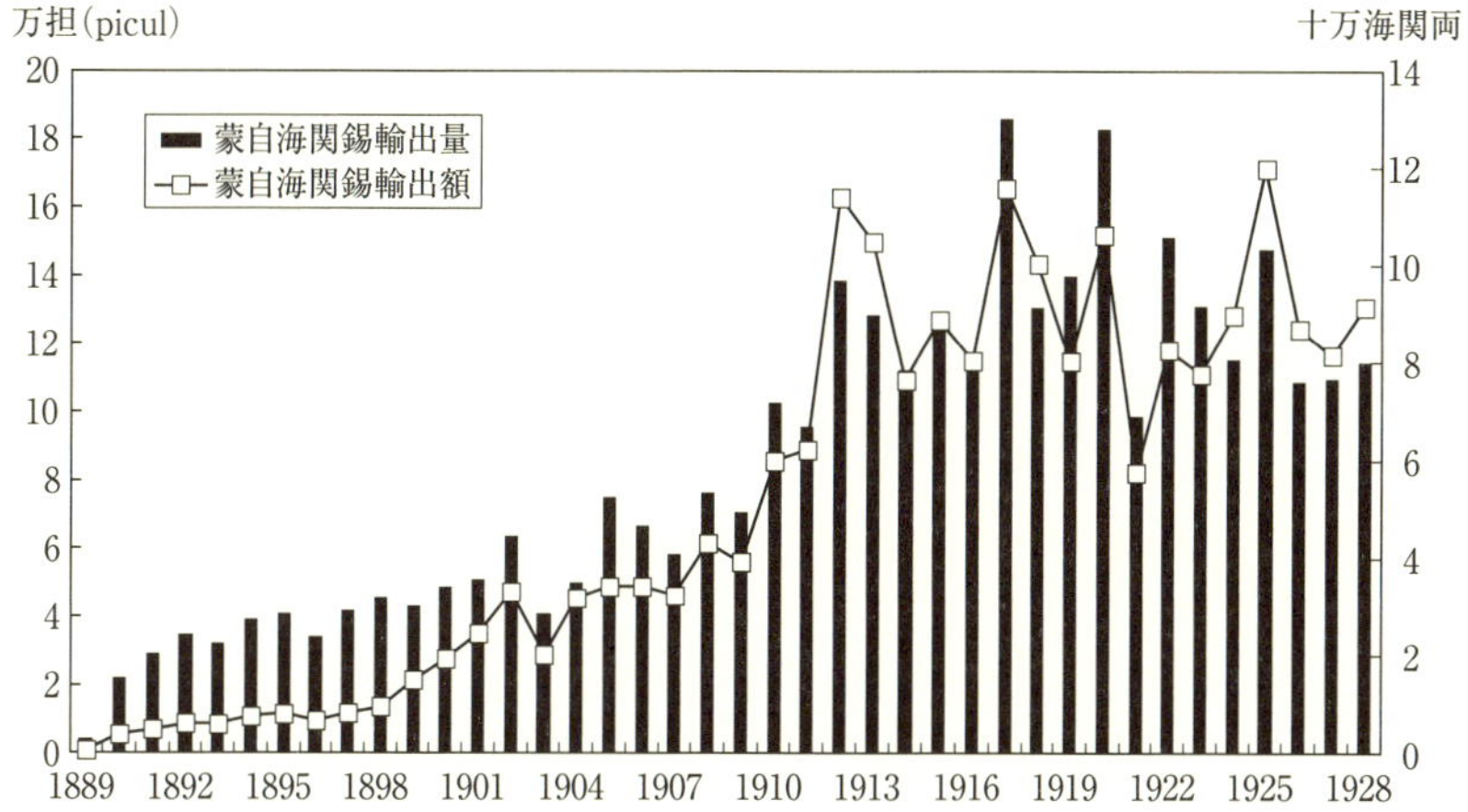

グラフⅢ　蒙自海関の錫輸出量と錫輸出額（1889-1928）

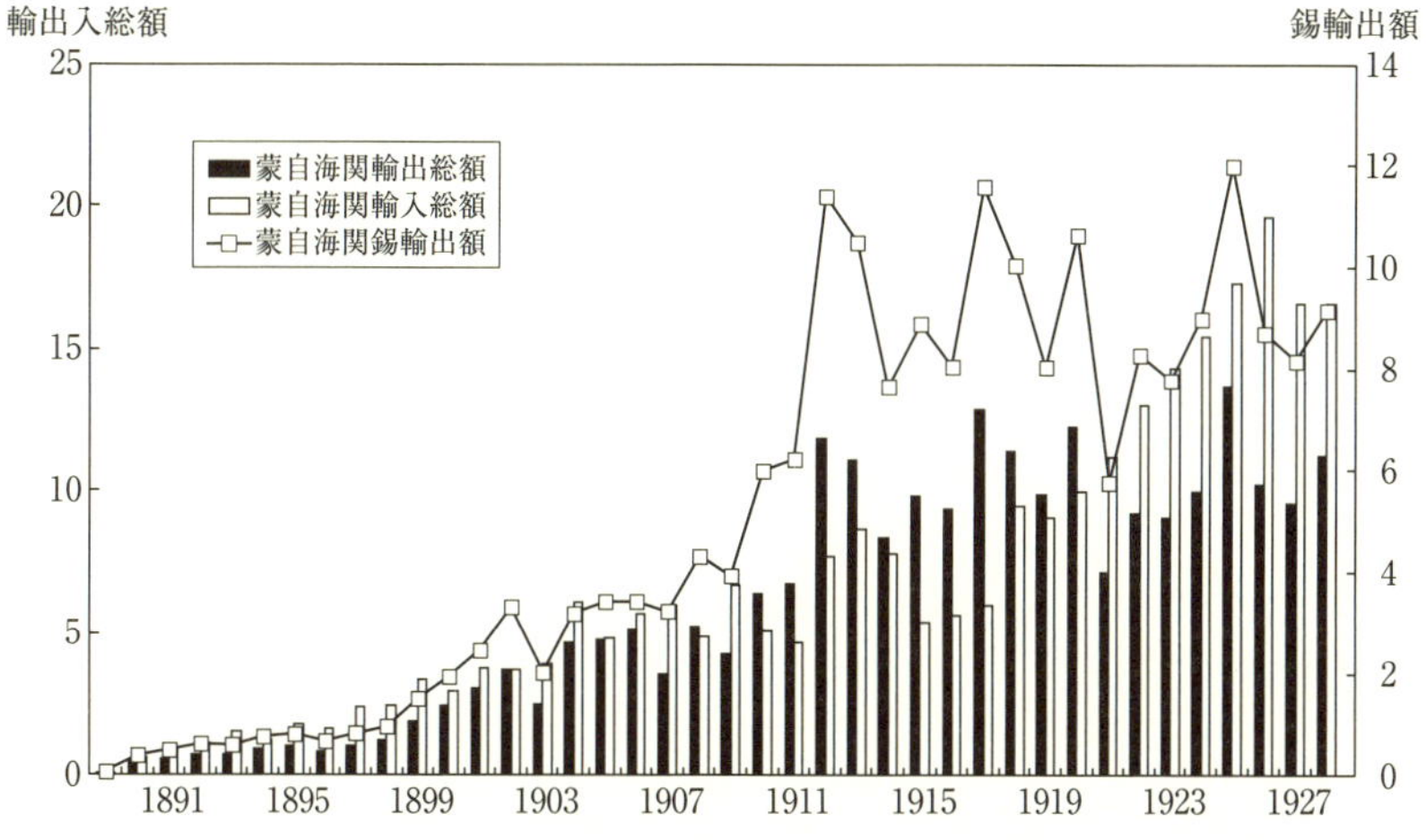

グラフⅣ　蒙自海関輸出入総額と錫輸出額（1889-1928）単位：百万海関両

がらも比較的高い水準を維持している。グラフⅣに関して、蒙自海関の輸出総額は錫輸出額の増減に比例しており、改めて主要輸出品目である箇旧産錫の影響力が確認出来よう。また、輸入総額については、輸出総額と異なり、一九二〇年代以降もほぼ右肩上がりで推移している。これには、従来からの主要輸入品目である綿糸に加え、雲南の近代化とともに生じた生活スタイルの変化が関係しており、一般家庭・工場・店舗でのランプ用灯油燃料の需要増加、電灯のない地域での護身用懐中電灯の普及、さらには省都昆明などでの服装の西洋化などに拠る所が大きい(4)。

錫の輸出は時期ごとに区分すると、蒙自海関が開かれた一八八九年から一八九八年までが第一期、一八九九年から一九〇九年までが第二期、一九一〇年以降が第三期と大きく分類される。第一期では、海関が設置された一八八九年の約四二〇〇担から翌年の一八九〇年の二二〇〇〇担まで輸出量が飛躍的に向上するが、これは、それまで長江や広西省北海経由で輸出されていた錫が蒙自経由にすべて集約されたためである(5)。その後も蒙自から物資の輸送に適した元江（＝紅河）の水運を利用することで順調に輸出量を伸ばし、一八九八年には約四五〇〇〇担に達した。武内房司の研究によれば香港を経由して上海に至るまでの元江（＝紅河）の水運を利用した運搬費用は、二五〇〇斤あたり一五五両三銭余であるのに対し、広西省経由で上海に運搬した場合は二七〇両五銭であり、一〇〇両以上コストを抑えることが出来たという(6)。

第二期では錫の輸出量の順調な増加もさることながら、輸出額の急激な伸びが際立っている。例えば、一八九七年と一九〇三年はともに輸出量は四万担余りだが、輸出額は前者が約八三万海関両で、後者が約二〇〇万海関両であり、その価格は二倍以上に高騰している。ここには、世界市場における需要増加にともなう錫価格の高騰が関係していたと考えられ、箇旧錫の輸出先も国内からヨーロッパ市場へシフトしつつあった(7)。そして、こうした海外市場との取引の増加により世界市場の影響を直に受けることとなったのである。事実、一九〇七年後半に起きた香港の錫相場の暴落では、香港との取引にかかわる多くの箇旧商人が巨大な損失を出した(8)。

第三期では、輸出量は毎年ほぼ一〇万担を超え、一九一七年には一八万担を超えるなど輸出額とともにそれまでと比較すると格段に高いレベルで推移している。この背景には取引の円滑化を支えるインフラの整備がある。まずは交通インフラである鉄道の開通である。一八九八年のフランスによる鉄道敷設権獲得以来、労働力不足や費用の巨額化に悩まされながらも進められた滇越鉄道の建設は、一九一〇年にベトナムから昆明まで全線開通し[9]、それまで天候や治安の影響を受けやすい馬と船に頼っていた錫の運搬を大幅に改善することとなり、計画的な大量輸送が可能となり、安定的な錫の輸出に大きく貢献したのである[10]。そして、これによって雲南府から香港まで必要とされる時間が一〇週間から一週間に短縮された。とりわけ家畜と水運に頼っていた運搬方法では、蒙自からハイフォンまで三一日かかったが、鉄道敷設により僅か三日で物資の輸送が可能となった。さらに家畜では一度に一〇〇斤が限界であったが、貨車では積載量が七トン、後には一〇トンから二〇トンとなり、素早くかつ大量に貨物を運搬することが出来た[11]。次に、金融面において銀行が登場したことも安定的な取引を支える役割を果たした。一九一二年に富滇銀行が、一九一四年にインドシナ銀行が相継いで蒙自に支店を開設した。とりわけインドシナ銀行は、仏領インドシナ植民地の中央銀行としてアジアに多くの支店を有し、中国南部にフランスの影響力の増大を図っていることもあり[12]、豊富な資金力を背景として、錫を担保に積極的に融資を行なったため、資金力のない商人も大きな事業を興すことが可能となった[13]。さらに錫相場暴落の際にも、インドシナ銀行が危機に瀕した箇旧の商人に錫を担保とする融資を行なうなど、箇旧の錫産業の安定化に貢献した[14]。このほかにも二〇世紀初頭には電信線が雲南省城から蒙自経由で広西省や河口まで敷設されるなど通信面での発達も錫取引をスムーズに行なう一助となったであろう[15]。

こうした交通・通信インフラの整備は、結果的に箇旧を世界市場に深く組み込むこととなり、箇旧は巨大市場の恩恵を被る一方で、世界の様々な動きにも翻弄されるようになったのである。例えば一九一二年から一三年まで錫の輸出額が一気に跳ね上がり、その後三年間に渡り停滞することになるが、これは第一次世界大戦による特需とその反動にともなう需要低下の結果である。[16]また、この頃から香港の錫相場の影響が強く表れることとなる。一九一七年から二一年にかけての錫の輸出額の乱高下は、錫相場の暴落が大きく関係している。つまり、一九一八年、世界大戦の終結と香港市場におけるシンガポール産錫の登場などの影響で錫の価格が暴落した。[17]この年、箇旧では滇越鉄道が山崩れと浸水の影響で半年間に渡り不通となり、一一月に復旧したものの、同年の錫相場の下落と重なり、一九一九年には生産費すら賄えなくなるほどまで深刻化し、錫が香港で山積みされる有様であった。さらに翌々年の一九二一年にも錫相場の記録的な暴落が起こり、錫の輸出額が半減したことで雲南省は輸入超過に陥ったため、阿片の密輸出をして省の財源を賄った。[18]このようにグラフⅢに見える鉄道開通以降の錫の輸出額に注目すると、それ以前と比較して輸出量の変化以上に輸出額の乱高下が顕著となり、より直接的に錫相場の影響を受けるようになっていたことがうかがい知れる。この趨勢は、一九三〇年代になると一層鮮明となり、箇旧産錫の価格はほぼロンドン錫相場に連動するようになった。[19]ちなみに、一九二六年からの錫の輸出低下は、国内の内戦にともなう労働力不足が深刻化し、箇旧の鉱山開発が停滞したことと関係している。[20]

こうした様々な要因に翻弄されながらも、箇旧産錫の輸出は世界的な錫需要の増加に支えられ、堅調に推移した。錫は酸化や腐食に強いことから鉄や鋼鉄にめっきとして施され、保存食である果物や魚肉など生鮮食料品の缶詰に利用された。この他にもその特性を活かし台所用具にも盛んに使用されたのである。[21]こうした缶詰は、第一次世界大戦の際にも携帯用食料として大いに活躍したと考えられる。また、一九二〇年頃の世界的趨勢として、世界の錫産出の半分を占めるシンガポールの錫山が衰退に向かいつつあり、全体的に錫の産出量が下降気味であった。その一方で、錫の用途は年々拡大を見せ、欧米を中心に需要が高まっており、錫の価格が高騰する原因となっていた。こうした中、埋蔵量の豊富な箇旧は、相対的にその重要性が高まりつつあり、その輸出先も、アメリカ・イギリス・日本などの外国が七、八割を占め、残りの二、三割が上海や杭州などの国内であった。[22]そして、こうした錫の需要が雲南省の財政を支え、それによって得た利益で油などを大量に輸入し、雲南の近代化が進められたのである。

以上のように箇旧産錫は、鉄道敷設により大量の物資を素早くかつ安定的に輸送出来る新たな交通手段を確保出来たことで、世界市場の旺盛な需要にも支えられ、香港を通じて大いに海外に輸出されることとなり、錫相場を通して世界情勢に大きく左右されるようになった。石屏漢人は、こうした情勢の変化にも巧みに適応しつつ箇旧錫山の開発で頭角を現していくこととなるのである。

2　箇旧鉱山おける雲南人勢力の伸張

これまで述べてきたように蒙自に海関が設置された一九世紀末以降、元江（＝紅河）を下ってベトナムを経由して香港に繋がる交易ルートを通り、大量の物資が頻繁に往来するようになった。その中で箇旧産錫は、常に輸出総額の大半を占め、最重要品目であり続けた。

錫産出の舞台となった箇旧鉱山では、輸出量が急速に増加する中で、それまで箇旧鉱山の開発を牽引してきた主役の交代が起きつつあった。これに関して、宣統年間に雲南の財政について記した『雲南清理財政局調査全省財政説明書初稿』には、次のように見える(23)。

　雲南箇旧の鉱山は埋蔵量が豊富で、採掘もすでに数百年に及んでおり、しかも鉱産物の地層が尽きることなく、実に全省で最も有名な鉱物資源であり、官民の富を生み出す根源となっている。以前、坑道を採掘するのは、その多くが湖南・両粤・江西省などの商人であったが、ここ数十年は雲南省の臨安出身者がすでに多くを占めるようになった。

即ち、箇旧鉱山の開発は、これまで両湖・広東・広西・江西などの外省商人が主に担ってきたが、一九世紀末頃から臨安、つまり建水出身者が行なうことが増えつつあったのである。実際、海関報告によれば、二〇世紀初頭には約一五〇〇〇人が箇旧鉱山の開発に従事していたが、そのほとんどが建水出身者で占められており、鉱山経営を行なう廠主（供頭）が中心となり蒙自に臨安会館を設置したという。(24) この頃から箇旧と同じ臨安府に属する地元勢力が徐々に台頭し始めるのである。

① 建水人の鉱山開発の歴史

ここで、箇旧において清末民国期以降急速に存在感を示すようになった建水人の鉱山開発の歴史について簡単に触れておく。民国『続修建水県志稿』巻二には、建水人が開発にかかわった代表的鉱山として、箇旧錫山に加え、墨江県の他郎金山と元江（＝紅河）南岸の老摩多金山の名が挙げられており(25)、石屏漢人同様、雲南各地において鉱山開発に従事してきたことが分かる。

こうした建水人が箇旧の鉱山開発において強力な勢力基盤を築く上で重要な意義を持つのが、一九世紀以降、鉱山開発を巡って各地で起こした回民との度重なる武力衝突である。(26) この中で道光三〇（一八五〇）年に起きた他郎庁の金山における械闘事件では、トラブルに直面した際、建水人が如何にして同郷の人々を動員して問題解決に当たったかが具体的に示されており、この事例を通して彼等の結束力がどのように培われてきたかを知ることが出来る。もともと他郎金山には、これ以前から周辺地域のならず者が集まり、しばしば衝突を繰り返しており、官が一旦鉱山の閉鎖を実行するほどまでに治安が悪化していた。(27) こうした最中に建水人と回民の間で械闘事件が起こったのである。この事件の発端は、賭博の支払いに関する諍いであった。この事件のあらましについては『他郎南安争砿記』に詳しく述べられている。(28)

道光三〇（一八五〇）年に他郎金廠で博打打等が混乱を引き起こし、鉱山の回民を殺害した。金満斗と馬明鑑らは繰り返し訴えたが、官は対応しなかった…時に臨安建水県管轄の西荘出身の周鉄嘴と四番目の弟である鎌刀が博打打の中でも最も強かった。ある日、鉱山の回民商人である馬綱が、周の賭場で西荘人の李経文と賭博を行ない李が負けてしまった。その金額は一〇〇金に及ぶものであり、馬が金を求めたが、もう一度賭けに応じるように要求し、李は支払わなかった。馬は気性が激しく…暴力に訴えようとしたので、周が仲裁に出て、期日を決め馬の住処に送り届けるようにしたが、何度も期日を違え、馬の請求は益々ひどくなるばかりであった。李経文は弟の経武とともにひそかに西荘人の潘徳を呼び出し、周辺に潜ませ、馬を謀殺しようとした。馬も備えがあるのを察知し、あらかじめ人を遣って安全を確認させた上で入った。周は金銭を渡すと偽り、潘や李と共謀してその場に行くが、馬は慌てて逃げ出してしまった。周・潘・李は必死に追いかけ、矛を交えるが、馬一味もそれに立ち向かい、乱闘となった。時間が経つにつれて、命を落とす者も現れ、周鉄嘴や潘徳も負傷し、馬の一味も、一人が死亡し、もう一人は怪我を負った。そこで、ごろつきの顔役である黄和が仲裁に入り、しばらく休止することとなった。

賭博の賭け金支払いに端を発した事件は、このように一旦落ち着きを取り戻した。しかし、間もなく潘徳が個人的恨みを晴らそうと郷里西荘の名士に相談したことから問題が再燃することとなる。史料には続いて次のように見える。(29)

潘徳は腕力において群を抜いており、いつも人を殴っては辱めて、喧嘩を好み、蓋世の英雄を自認していたが、ここで怪我を負ったことで、その名声は地に落ちることとなり、馬一味を殺害し雪辱を果たすことを誓っていた。そこで西荘に戻り大紳の黄鶴年に会い、金山の莫大な利益は回民の独占する所となっており、回民を追い出して鉱山を手に入れることが出来れば、臨安は必ず黄金の世界となるであろうと伝えた。この言葉に刺激された黄鶴年は、甥に当たる武挙の殿魁に林五代を誘わせた上、郷人五〇〇人を選ばせ、中秋節の後に次々と鉱山に向かわせたので、町の治安は益々乱れることとなった。鉱山の顔役である回民の馬亮・納福海・馬明鑑・保泰・金満斗・金満堂等は危険を察知し、漢人の顔役である遅鵬万・楊新民等と相談し、連名で「鉱山ではごろつきたちが日増しに増えており、不測の事態が起こる恐れがあり、速やかに官吏を派遣し、鉱山に駐在して管理することを切にお願いする」と、他郎庁から普洱府迤南道の司院に報告したが、ついに指示は下らなかった。九月初めになると連中は益々増加し、その勢いは一層盛んとなった。金満斗と馬明鑑は他郎庁城を訪れ官に請い、引き続き報告を行ない促した。時に潘徳は潜かに入り込んで、鉱山の顔役らによる請願を把握しており、金満斗や馬明鑑が城内に住み付き見張りについていることにも気付いていた。一〇日の晩、潘徳は人をひき連れ、馬綱を殺害し、満足し武功を誇り酒に酔っていた。李と周は連名で請願した回民の紳士たちを殺すよう促し、保泰・馬亮・納福海・金満堂は同時に殺害されたが、漢人紳士の遅と楊には手を出さなかった。逃げ遅れた回民一〇〇人余りが犠牲となり、満斗・明鑑は騒動を知り、急いで役所に出向き泣きながらに訴えた。

つまり、賭博の支払い滞納に始まった械闘事件は、潘徳の扇動により大量虐殺にまで発展することとなった。この虐殺事件は、潘徳の個人的恨みがその契機となっているものの、その背景には建水人の他郎金山に対する利権確保という思惑があり、地元の顔役である大紳黄鶴年の命令ですぐさま武挙を中心に五〇〇人が組織され現地に派遣されたのである。ここでは、有事に即応出来る体制が地方の一地域レベルで整備されていたことが注目されよう。

また、他郎金山における建水人と回民の対立は、ここだけにとどまらなかった。他郎金山で混乱が生じたことで、多くの鉱山労働者が楚雄府南安州の石羊鉱山に流れ込んだが、その地においても建水西荘人の周鉄嘴と李経文が、引き続き回民との衝突を引き起こすことになった(30)。

そもそも回民と建水人の鉱山開発を巡る軋轢は、他郎金山に始まったことではなく、確認出来るだけでも道光元（一八二一）年の大理府雲龍州管内の白羊銅山で起こった事件にまで遡る。この事件でも、回民と建水人の個人的諍いから両者間の大規模な武力衝突に発展し、建水人の臨安会館に攻撃が加えられた上、湖南人をも巻き込むなど、その収束には二年余りを費やすこととなった。この両者間の衝突は、咸豊年間に雲南の広い地域を巻き込んだ回民の杜文秀蜂起の発端となる事件としても位置付けされており、この事件以降、漢人移民の大量流入と広がる社会不安の中、地縁や秘密結社などを紐帯として相互扶助や安全保障を求め、回民を含む多くの集団が様々な形をとりながら衝突を繰り返し、互いに結束力を高めていったという[31]。建水人もこうした社会的背景の下で同様に地縁を中心に結集していったと考えられ、他郎金山に見られるような、事件に即応し多数の人間を瞬時に組織出来る命令系統は、こうした鉱山開発における諸勢力との争いの中から徐々に整えられてきたものであろう。

このように建水西荘の人々は、鉱山開発において繰り返される衝突の中で、自らの生命財産を守り、かつ利権を確保するために武力衝突に対応出来る組織を整備するなど結束力を強化していったことが分かる。光緒二九（一九〇三）年に建水県西荘出身の周雲祥が、英仏勢力の排除を唱え、これに呼応した人々を率いて箇旧を襲撃したが、この事件もこうした文脈の中に位置付けることが出来よう[32]。建水人は、常に実力行使出来る体制を整え、武力衝突も辞さない姿勢を鮮明にすることで鉱山開発を有利に進めていったのである。

②　箇旧の石屏漢人の台頭

建水人は各地で鉱山開発に携わっていく中で回民などの他勢力と鉱山開発の利権を巡って争いを繰り返し、地縁を基盤として結束力を固めていったが、こうした建水人が辿った歴史的経過は、大量の漢人移民が流入し社会が不安定であったこの時代において、程度の違いはあれ、石屏漢人にも共通していたであろう。実際、石屏漢人の主要な活動拠点であった他郎および老摩多の両金山、それから箇旧は、建水人のそれと重なっており、両者間に軋轢が生じるのは自然の流れであった。事実、光緒年間には箇旧で石屏漢人が建水西荘人の横暴を訴え、政府がその仲介に乗り出す事態に発展している[33]。

清朝の光緒八（一八八二）年、建水県西荘出身者が多く箇旧に進出し、争いごとを起こし殺人を犯したので、石屏人が政府に訴えた。臨安府知府劉毓珂の司法担当である張思敬が（罪人）送致を行なったので、石屏人は以前のように鉱山開発に復帰し、元の鞘に戻し、臨安人（建水人）もまたその活動が制限された。鉱山開発を巡る石屏漢人と建水人の衝突は、この他にも大小含めると少なからず発生したと見え、[34] こうした他勢力との衝突が石屏漢人に自らの組織力や結束力を強めていく機会を提供することとなったであろう。そして、清末民国期以降、箇旧において地元雲南省の建水人が、外省漢人を押し退け、鉱山開発を率先していく最中、石屏漢人もその活動を活発化させていくのである。民国『石屏県志』巻六では、一九世紀末の海関開設以降の石屏漢人の動向に関して以下のように記す。[35]

乙丑《ママ》の年（光緒一五〔一八八九〕年）に蒙自が開かれるに及び、様々な商品が流通し、錫の価格が次第に上昇し、中壩と上壩の石屏人の視線が箇旧に集まり、次々と鉱山にやってきて経営を始めた。庚子の年（光緒二六〔一九〇〇〕年）から今日に至るまで、こうした動きが益々広がり、石屏人は鉱山を開き、錫の年間産出量は、すでに全市場の五分の二を占め、ほぼ臨安人（建水人）に拮抗するほどとなった。

即ち、蒙自に海関が開かれて後、ベトナムを経由して香港に通じる新たな流通の幹線ルートが登場し、錫の価格も上昇したことで、それまでの異龍湖東岸の海東を中心とした下壩地域に加え、赤瑞湖周辺部の上壩や石屏州城附近の中壩からも多くの人々が箇旧に進出した。この結果、民国年間には箇旧市場で石屏漢人関連の錫の占める割合が、建水人のそれに迫るほどまでに増加したのである。

3　箇旧鉱山における建水人と石屏漢人の役割

箇旧鉱山の開発では、清末民国期以降、地元臨安府属の建水や石屏出身者が、外省出身者を凌ぎ急速に勢力を伸ばしてきた。では、実際、彼等は鉱山開発において具体的にどのような役割を担うことで、勢力の伸張を図ってきたのであろうか。

ここでは、まず箇旧鉱山における錫の採掘から加工を経て売買に至るまでの作業工程と仕組みについて民国年間を例に簡単に紹介しておく。一連の作業工程は、大きく採掘および洗鉱・製錬・取引の三つに分類される(36)。錫山の経営を行なうことを「辦廠」あるいは「辦尖子」といい、融資者である廠主（供頭）が出資し(37)、上前人と呼ばれる人々が労働者の募集から工具類の準備までを司り、実質的な生産の管理経営を行なう。上前人の下には熟練工の欀頭と単純工の砂丁と呼ばれる鉱山労働者がおり、採掘を担う体制であった。また、洗鉱工程では別に専門的な技術職人が控えていた。この工程では、繰り返し洗浄を施し、不純物を除去し、その過程で含錫量は一〇〇分の二から一〇〇分の七〇程度までに高められた。この洗鉱作業は、通常採掘場所付近で行なわれた。続いて、この洗鉱工程を経た鉱石を受け取り、製錬を担うのが炉戸である。炉戸は土製の旧式熔鉱炉を使用していたが、これは箇旧県城内に設置されており、すべての鉱石が箇旧で製錬を行なうという規則の下、臨安や開遠などから運ばれた木炭を燃料として製錬が行なわれた。そして、こうして製錬された錫は、取引を担う取扱業者に引き渡される。錫の取引は、箇旧錫市場あるいは、輸出先の香港錫市場で行なわれ、香港市場の錫相場によって買い付け価格が決定された。ただし、取扱業者は、これで外国商人と直接交易が出来るわけではなく、一旦錫をすべて広東商人に売り渡し、香港の錫店で精錬を行ない、成分を統一する必要があった。これは、土法で製錬された錫は純度が一定でなかったためであり、香港の中間業者に巨大な利益をもたらしていた。この問題に関しては、一九三三年に反射炉を備えた雲南煉錫公司が設立され、地元箇旧で純度九九パーセント以上の錫板が精錬され、香港での精製を経ずして欧米に輸出されるようになったことで一部解決したが(38)、一九四〇年代においても煉錫公司製を除き、香港に輸出された錫は純度が一律でないことを理由に香港で精錬されており(39)、箇旧の錫生産の大部分が依然として土法による製錬によって担われていたのである(40)。

こうした錫の採掘洗鉱・製錬・取引といった一連の工程は、採掘洗鉱と製錬、あるいは製錬と取引、あるいは総ての工程というように一体的に経営されている事例もあったが、その多くは別々の経営者によって扱われていた(41)。そして、それぞれの工程を担う廠主（供頭）・炉戸・取扱業者の三者は、互いに様々な利害関係で絡み合っており、とりわけ廠主（供頭）と炉戸の間には強い経済的従属関係が存在していた。もともと箇旧の炉戸は製錬能力に余力を持っており、有望な廠主（供頭）の取り込みを図るため(42)、採掘を行なう廠主（供頭）に錫を抵当に資金を融資することで深い経済的結びつきを保持しており、時には高利貸しとしても彼等から利益を得ていたのである(43)。取扱業者においても、廠主（供頭）や炉戸の関係性には遠く及ばないものの、廠主（供頭）と融資関係を持ち、生産した錫を特定の取扱業者に提供する者もあった(44)。

また、これら一連の作業工程を担う廠主（供頭）・炉戸・取扱業者は、それぞれ同郷業者によって担われる傾向が強く、互いにギルドを形成していた(45)。廠主（供頭）は民国三〇年代において一〇〇〇以上存在したが、そのほとんどが建水と石屏出身者によって占められ(46)、炉戸もまたその七割が建水人であったという(47)。このことから廠主（供頭）および炉戸は、ほぼ地元臨安府の人々によって独占されていたといえよう。その一方で、広域的交易を必要とする錫の取扱業者は、地元以外の広東や昆明などの商人が担っており、彼等は箇旧に出張所を設けていた(48)。後にフランス商人も錫取引に参入することになったが、これには建水や石屏といった地元の人々が国際的な取引の経験が乏しかったこととも関係していた(49)。

このように箇旧の錫産業において、建水と石屏出身者が地元で行なう錫の採掘から製錬までの作業を一手に担い、実質的に箇旧の鉱山開発を牛耳っていた。とりわけ両地域出身者が多数を占める廠主（供頭）と炉戸は、地縁に加え、経済面でも深い繋がりを持っていた。こうした強固な結びつきは、外部の圧力に対して大きな力を発揮した。例えば、箇旧では、一九世紀末以降、採掘権の獲得と製錬への参画を図る英仏勢力の進出および国家管理の強化があったが、廠主（供頭）および炉戸はこれに尽く抵抗の姿勢を示し、外国企業の進出を阻止した。この中で昔から続く箇旧産錫の地元での製錬と外部への原鉱の売買禁止の原則を強化することで、土法製錬を行なう炉戸の保護を一貫して主張してきたのである。[50]おそらく、融資関係を持つ炉戸と廠主（供頭）は、経営上互いの存在が不可欠であり、外国勢力の介入に危機感を抱いたことで、建水と石屏出身者が多くを占める両者が地縁的な繋がりも利用しつつ抵抗したのであろう。結局、土法を操る伝統的炉戸は淘汰されることなく、先に述べたように煉錫公司が近代設備を導入した一九四〇年代においても箇旧錫の製錬の大部分を担っていたのである。ただし、ここには箇旧の廠主（供頭）や炉戸による外国勢力の排除に加え、一九二〇年代の土法製錬を応用した精錬技術の革新[51]、インドシナ銀行などの出現による融資拡大などの他の要因も関係していたことを忘れてはならない。

一九世紀末、蒙自に海関が設置されて以降、元江（＝紅河）経由、後に滇越鉄道の敷設により香港に大量の箇旧錫を素早く安定的に輸出が出来るようになったことで、雲南は本格的に世界市場に組み込まれていくこととなった。錫輸出を中心とする貿易は、当地に莫大な利益をもたらし、雲南の近代化にも貢献したのである。同時に、箇旧では鉱山開発の活発化とともに、一九世紀以来、雲南各地の鉱山開発で実力を蓄えてきた建水人が外省漢人を押し退け、箇旧鉱山の開発を主導するようになっていった。こうした中、石屏漢人もそれまでの海東の下壩出身者に加え、上壩と中壩の人々も当地の鉱山開発に参入するようになり、急速に勢力を伸ばした。結果、民国年間には建水と石屏出身者が、採掘製錬部門である廠主（供頭）と炉戸の大部分を担うようになり、外国などの外部からの介入を排除することで、自らの権益の確保を図ったのである。

また、建水と石屏の人々は、箇旧錫の採掘と製錬を自ら担ったのに対し、交易は広東商人などの外部の人間に任されており、自らの利益を確保しつつ、外省勢力の能力を巧みに活用しながら箇旧鉱山の発展を図ったともいえよう。

第二節　茶市場の伸張と石屏漢人の活動

一九世紀末の思茅と蒙自における海関設置と流通の発達は、比較的沿岸部に近い滇東南のみならず、ミャンマーやラオスに接する雲南南部に位置する普洱の茶山にも大きな影響を及ぼすこととなり、当地の石屏漢人の活動を活発化させた。この原動力となったのが、経済力のある香港などの中国沿岸部に形成された普洱茶の新たな市場である。本節では世界市場に進出した普洱茶を説明した上で、石屏漢人の活動に触れることとする。

1　世界市場における普洱茶の新市場形成

普洱茶の市場は、もともと雲南省の西北部や四川省を中心とする国内、さらに東南アジア、チベットなどの地域であった[52]。一九世紀末にリヨン商工会議所が組織した調査団の報告によると、一八九七年に思茅経由で移出された普洱茶四〇〇〇〇挑（一挑は二四キロ）の内訳は、四川省一八〇〇〇挑・チベット約一〇〇〇〇挑・雲南省一〇〇〇〇挑・貴州省六〇〇〇挑であり、広西および広東はわずか約四〇〇挑に過ぎなかった[53]。しかし、二〇世紀に入るとこうした経済力を持つ広東や香港などの沿岸部の巨大市場の需要が急速に高まってくる。これら新興市場への輸出については海関報告に詳しい。一八八七年の蒙自海関開設に続いて、一八九七年には思茅にも海関が設置された。普洱茶は両海関で扱われる主要品目であったため、毎年提出される海関報告には輸出量の動向に関して詳細な記録が残されている。一九〇三年の思茅海関報告によると、思茅海関で記録される普洱茶は、易武や倚邦などの六大茶山から、黒河を下り、北ラオスおよび北ベトナム莱州経由で輸出されるが、これとは別に蒙自海関を通過し、トンキン（北ベトナム）や香港に輸出されるルートがあったとあることから[54]、二〇世紀初頭の普洱茶の産出量の増減および市場の動向を知る上に

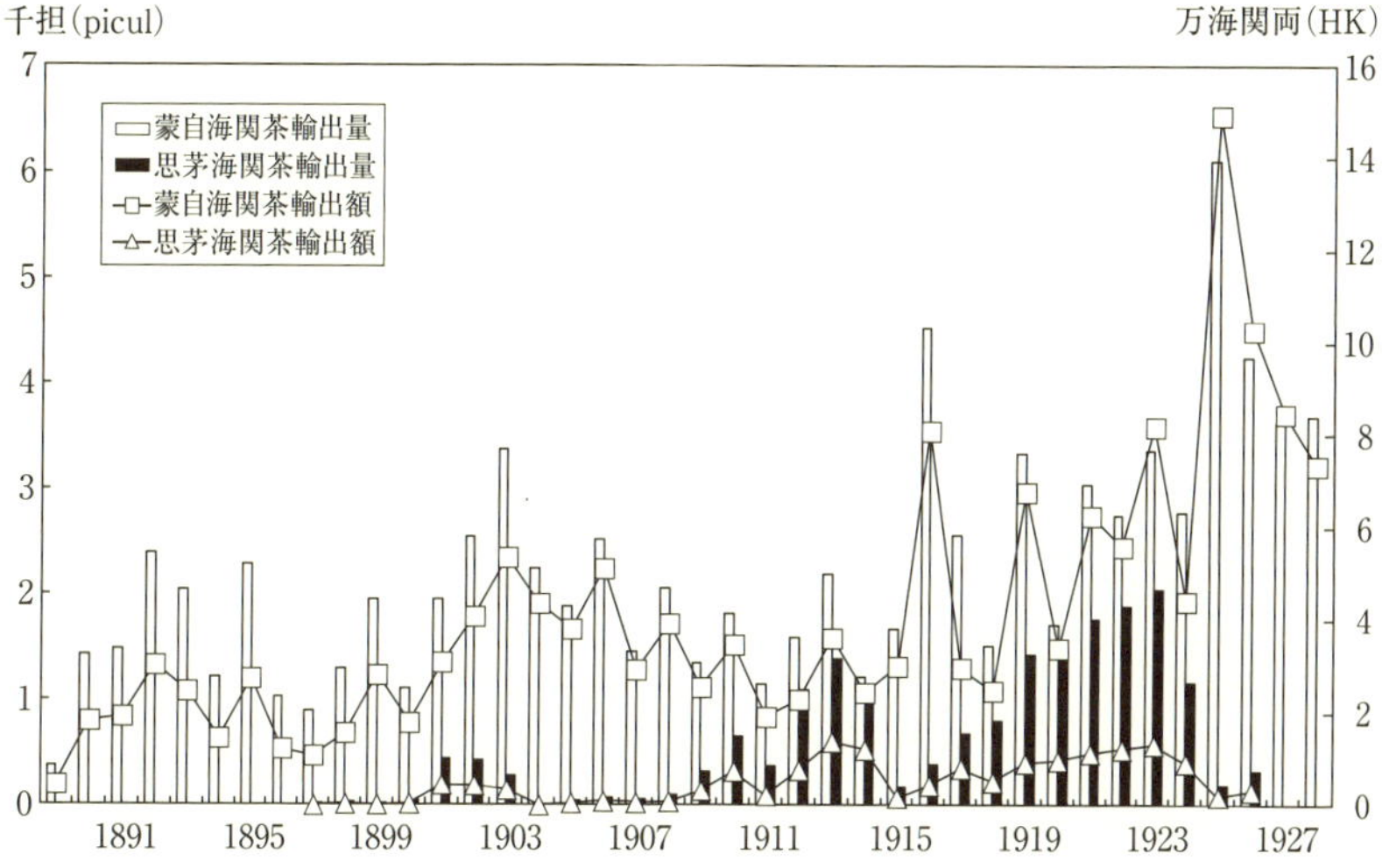

グラフⅤ　蒙自・思茅海関の茶輸出量と輸出額（1889-1928）

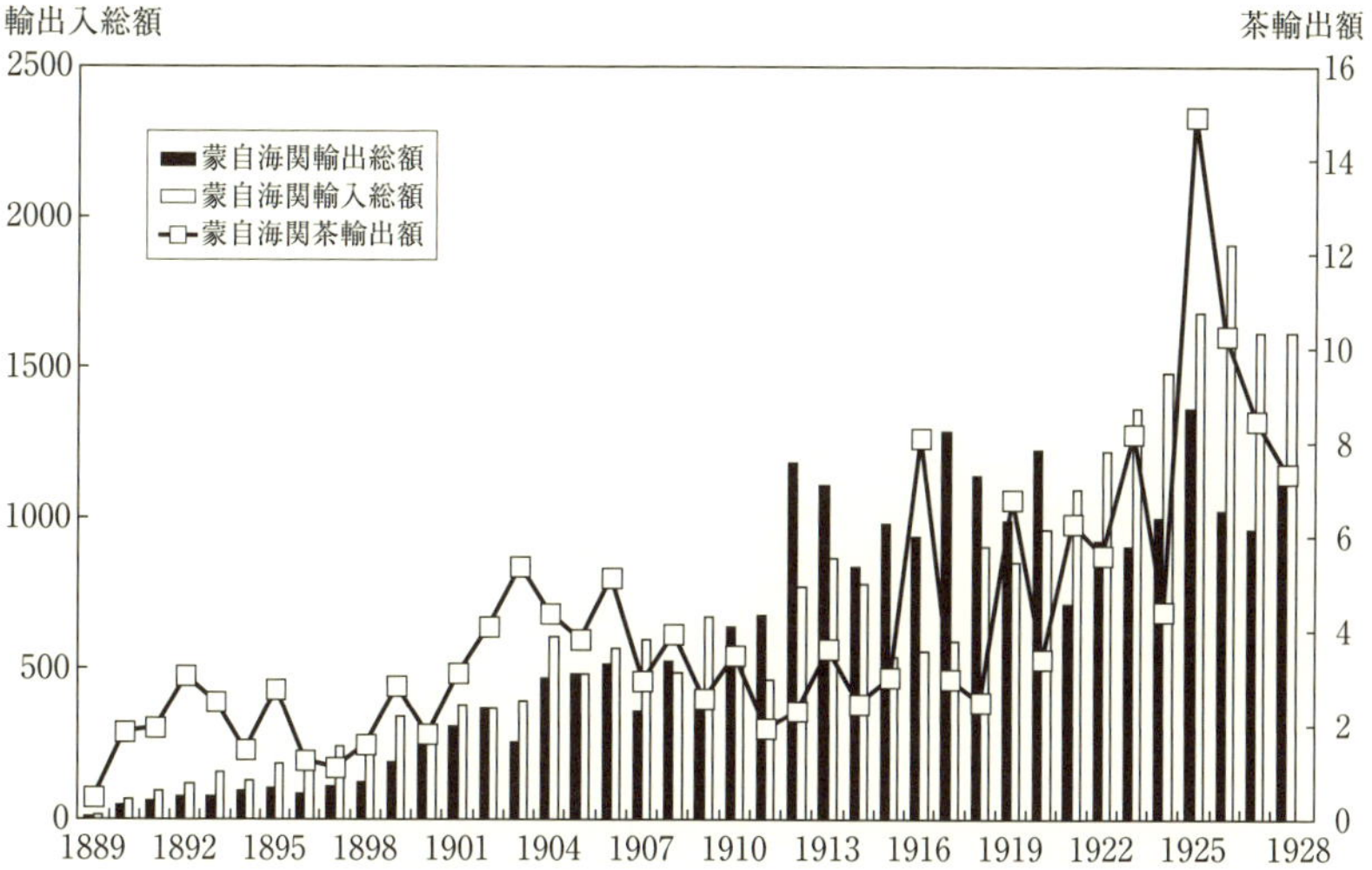

グラフⅥ　蒙自海関輸出入総額と茶輸出額（1889-1928）単位：万海関両

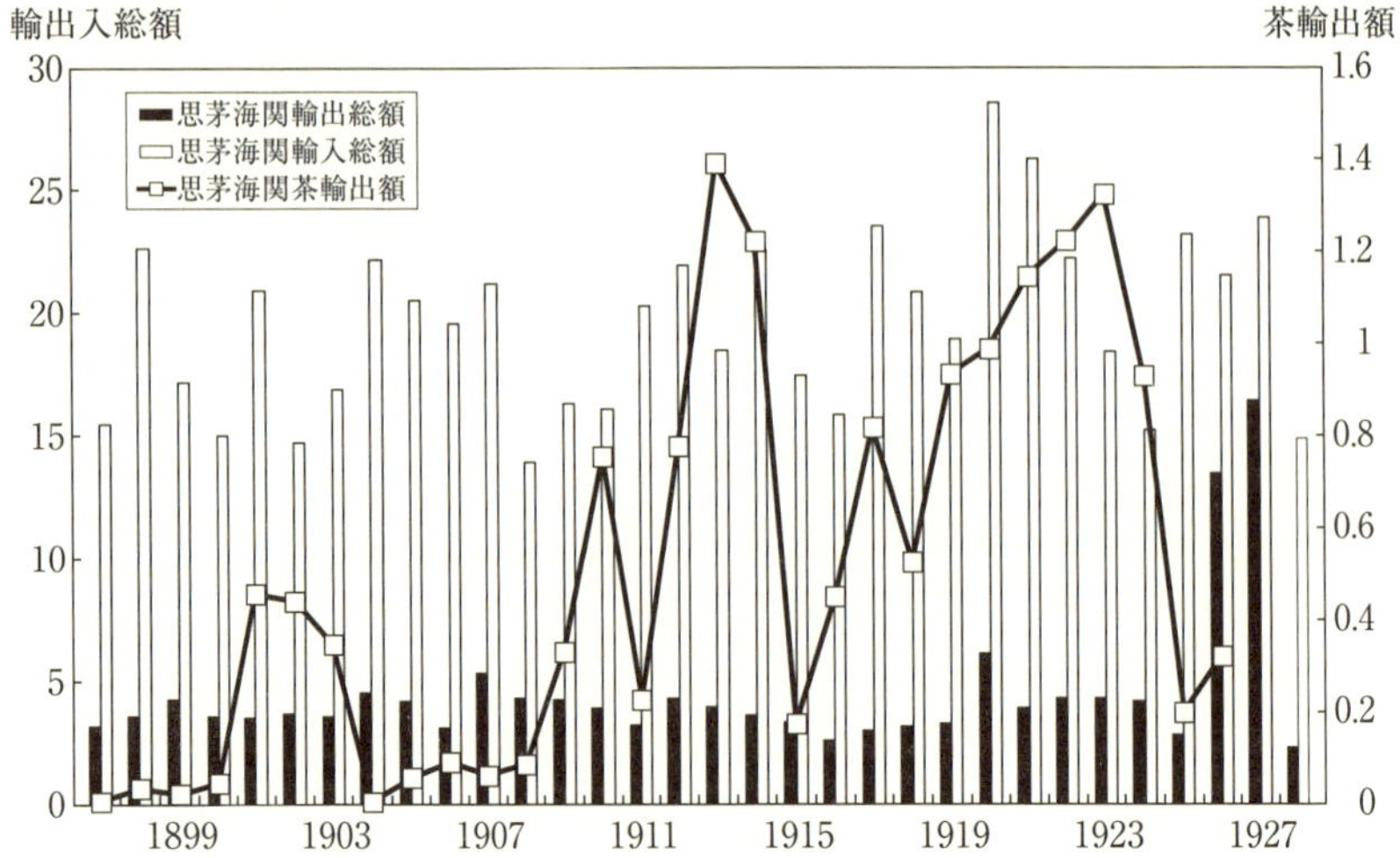

グラフⅦ　思茅海関輸出入総額と茶輸出額（1897-1928）単位：万海関両

おいて、思茅と蒙自の両海関の輸出量を参考にする必要がある。そして、これら海関報告に基づき、一八八九年から一九二八年までの蒙自と思茅の海関から輸出された茶の輸出量と輸出額を整理し示したのがグラフⅤである。(55)また、グラフⅥとⅦは、それぞれ両海関の輸出入総額と茶輸出額の関係を示す。

グラフⅤから茶の輸出は増減を繰り返しながら、全体的に増加傾向にあることが分かる。グラフⅥとⅦに関して、全体的に輸出入総額と比べて茶輸出額は激しく上下するが、これは前年の茶の摘みすぎによる翌年の収穫量の低下、(56)自然災害、(57)それから生産地と市場を結ぶ交通機関の未整備により人馬に頼らざるを得ないためにしばしばその時の治安状況に左右されるためである。(58)

普洱茶の輸出は、様々な影響を受けながら増減を繰り返しており、これを時期ごとに区分すると、次のように大きく三つに分類される。まず海関が設置された一八八九年から九六年までが第一期、一八九七年から一九一一年までが第二期、一九一二年以降が第三期である。第一期では普洱茶の輸出先は主にトンキンであり、一八八九年の蒙自海関報告には、トンキン向け普洱茶の内、低質のもの四〇担を香港に向けて船で運輸することを検討中であるとのみ記されている[59]。しかし、一八九六年になり、香港向けの普洱茶の輸出量が、トンキンのそれを逆転する。これに関して海関報告は次のように記している[60]。

普洱茶の輸出量はわずか一〇三三担であり、一八九五年と比較して約四五％の低下である。香港向けは昨年七二担であったのに対して六〇〇担に増え、トンキン向けは四三三担である。トンキンの需要が大幅に下がったのは、米の不作と一八九五年末に実施された関税の大幅引き上げにより贅沢品の普洱茶を嗜めなくなったためである。

つまり、トンキンでは、米の不作と関税の引き上げにより嗜好品である茶を買う経済的余裕がなくなり、香港向けの輸出が増加したのである。これを契機にして、蒙自海関から輸出される普洱茶は香港向けがトンキンを上回るようになる。そして、第二期の一八九九年には総輸出量一九四三担の内、三分の二が、一九〇二年にはそのほとんどが香港向けとなり[61]、一九〇八年の報告には、「香港には普洱茶のすばらしい需要があった」とまで記されている[62]。これは、香港に普洱茶を受容する市場が着実に育ってきたことを示している。グラフⅥからも分かるように蒙自海関経由の普洱茶の輸出額は後に大幅な増加を見せるが、そこには購買力を持つ香港広東市場との連結があったと考えられる。このように沿岸部の香港で普洱茶が受け入れられた背景には、易武や倚邦で清朝宮廷用の貢茶の任を担うなどの確かな栽培技術に支えられた質の高さがあった[63]。さらに、普洱茶は消化を助ける医薬品として中国の富裕層に珍重され、大きな利益を生む下地が存在したのである[64]。続いて、一九一一年前後の清末民国初期の社会的混乱による輸出低下を一つの区切りとして第三期に移行する[65]。第三期では香港市場との関係が一層深まり、一時的に第一次世界大戦による影響を受けながらも[66]、一九一六年以降、普洱茶の輸出は全体として大幅な伸びを示す。この要因としては箇旧の錫輸出増加と同様に一九一〇年にトンキンと雲南を結ぶ滇越鉄道の開通による運搬能力の向上がある。つまり、鉄道の登場により、大量の物資を一度に素早く安定的に運搬することが出来るようになった。加えて、一九一二年に雲南省政府が富滇銀行を開設し、思茅や蒙自にもその支店を設けたことも大きく作用したであろう。富滇銀行は、香港にも拠点を持ち、取引上の融資や決済が円滑になったのである。(67) こうして一九一六年以降、普洱茶の輸出量はしばしば三〇〇〇担を超えるようになり、一九二五年には六一〇〇担を記録した。ただし、香港市場への輸出増加により、第一次世界大戦の例に見えるように箇旧の錫と同様に普洱茶市場は否応なく世界市場に巻き込まれていったのである。

また、こうした香港への輸出量増加には、世界貿易の変化にともなう香港市場自体の成長があったと考えられる。一九世紀末から二〇世紀の初頭にかけて、インド・日本・中国・東南アジアを中心とするアジアは、欧米から導入した交通・通信・金融などのインフラを基盤として、綿業を機軸とする国際分業体制を発展させ、欧米向け輸出に依存しながら、域内でもその需要を急激に拡大させた。そして、こうしたアジア間貿易を地域レベルで支えたのが、広大なネットワークを持つインド商人や中国商人であった。この結果、アジア域内の貿易額は欧米間のそれに肩を並べるほどに成長したのである。(68) こうした中、茶の市場にも大きな変化が生じていた。イギリス市場において、品質改良に成功したインドアッサム・セイロン産紅茶に淘汰されつつあった中国茶の新たな市場として、ロシアや中国国内の存在感が高まりつつあったのである。(69) 普洱茶は、以上のような状況の下で香港市場などの広東デルタでの消費を伸ばしつつ、さらにはシンガポールにも輸出されるに至った。(70) 普洱茶の輸出増加は、アジア間貿易の活発化とともに中国沿岸部を中心に台頭してきたこれら新興市場と深く関係しているであろう。

2 茶山の拡大と石屏漢人

このように普洱茶の大幅な需要増加の背景には、アジア間貿易拡大にともなう経済成長著しい香港市場との連結があった。前章で述べたように乾隆年間末に茶山への漢人移住の認可が下りて以降、大量の漢人移民が流入し茶園を開設したため、茶の栽培地域は周辺へと拡大した。とりわけ磨者河の東に位置する易武では、易武土把総の招聘を受け茶園を開いた石屏漢人が次第に地域社会で実力を持つようになり、一八四〇年代には土司ですらその存在を無視出来なくなった。その後も石屏漢人は盛んになりつつある茶交易を背景に、易武においてその地盤を固め、さらに多くの同郷人を引き付け、新たな漢人コミュニティを形成していったのである。易武の石屏漢人について民国三四（一九四五）年の人口調査には、以下のような記載が見える。(71)

民国三四（一九四五）年著者である李払一が鎮越県を視学した際、人口総数を調査したところ、合計二二一二八人であった…全県二二一二八人の内、漢人が一二パーセントを占め、その大部分が第一区易武郷鎮の茶生産地区に住み、茶葉の摘み取りや加工に従事し、その中でも石屏出身者が最も多かった。

ここに見える鎮越県とは現在の猛臘県にあたるが、鎮越県内の漢人の多くが、易武の茶山地域に住み、茶業に従事する石屏出身者であった。加えて、海関報告によれば、一九世紀末頃思茅の主要交易品である茶・塩・原綿の取引は、石屏商人によるほぼ独占状態であったとあり、郷里を共通とする石屏漢人が物流を掌握しており、普洱茶はまさにその栽培から運搬までの一切を彼等の手に委ねられていたのである。(72)

また、一九世紀末以降の海関設置と普洱茶の需要拡大はメコン川東岸の六大茶山にとどまらなかった。メコン川西岸においても茶園の急速な拡大が起こりつつあった。(73)事実、一九世紀末から二〇世紀初頭にかけてメコン川西岸の猛海を中心とする一帯の普洱茶の生産量だけを見れば、六大茶山のそれを凌駕する状況になっていく。(74)この後、メコン川西岸の普洱茶が商品化する上において石屏漢人の持つ技術が大きな役割を果たすのであるが、これについては次章で詳しく述べることとする。

おわりに

一九世紀末に蒙自と思茅に海関が設置されて以降、元江（＝紅河）沿いに鉄道が敷設され、金融や通信インフラが整備され、雲南は香港を通して世界と結びつきを深めていった。とりわけ、輸出面では蒙自海関では錫が、思茅海関では普洱茶が、ともにグラフで示されているように滇越鉄道敷設以降、短期間に安定的かつ大量に運搬出来るようになったことで、雲南の主要産品として盛んに国内外の市場で取引されるようになり、雲南が本格的に世界市場に組み込まれることとなったのである。本章で明らかになったことを整理すると以下の五点にまとめられる。

①一九世紀初頭以降、臨安府属の建水や石屏出身者は、漢人移民の大量流入と広がる社会不安の中、雲南各地の鉱山開発において他勢力と利権を求めて武力衝突を繰り返す中で地縁を基盤として組織化され、結束力が高められた。これが、後に箇旧鉱山において地元の建水や石屏出身者が、それまでの江西などの外省漢人を押し退け、次第に鉱山開発の主導権を掌握していく上で重要な役割を果たす。

②箇旧の錫山では、採掘洗鉱を担う廠主（供頭）および製錬を行なう炉戸のほとんどを建水と石屏出身者が独占する一方、不得手である広域的な取引を広東人に任せることで、両者が巧みに棲み分けを行ない、箇旧鉱山の発展が図られた。

③廠主（供頭）と炉戸の間には、融資関係が存在し、互いに不可欠な存在であった。そのため英仏勢力の進出や国家管理の強化などに見られる第三者による介入に対して、両者は一致団結して抵抗の姿勢を示し、鉱山開発の利権を確保した。

④普洱茶が海関の設置をきっかけとして、東南アジアやチベットなどの従来の市場に比べ、格段に高い購買力を

持つ香港やシンガポールなどの沿岸部に輸出されるに至り、茶山に繁栄がもたらされ、茶栽培が周辺地域にも拡大した。こうした茶業の興盛は、すでに易武茶山を牛耳っていた石屏漢人により一層の繁栄をもたらすとともに、この地域に多くの石屏漢人を引き付けることとなった。

⑤滇越鉄道の敷設は、大量の物資を一度に安定的かつ短期間で目的地に輸送することを可能にし、雲南経済と世界市場との連結を促し、箇旧産錫や普洱茶の輸出を通して、石屏漢人に活躍出来る場を提供することにもなった。

一九世紀末の思茅と蒙自における海関設置と香港を介した世界市場との連結は、雲南の二大産品である茶と錫を扱う石屏漢人に活躍の機会を与えた。ただし、こうした時代の潮流に乗ることが出来たのは、それまで築き上げてきた、石屏盆地のおける歴年の水利事業の実施や産業の育成、滇南各地に広がるネットワーク、雲南各地での鉱山開発、易武などにおける茶園開発、普洱府の物流の掌握などの様々な経験と財産に結び付いた結果である。そして、ここにこそ石屏漢人が、他の雲南出身者に先んじて茶や錫などの主要産業において頭角を現すことが出来た根本的原因が隠されているのである。

註

（1）海関報告については、濱下武志 一九八九『中国近代経済史研究：清末海関財政と開港場市場圏』に詳しい。

（2）蒙自海関開設までの一連の歴史的経過と海関設置の意義については楊斌・楊偉兵 二〇一〇「近代雲南箇旧錫鉱的対外運銷（1884—1943）」（楊偉兵主編 二〇一〇『明清以来雲貴高原的環境与社会』八三—一一一頁）を参照。

（3）グラフⅢとグラフⅣは、China Imperial Maritime Customs, *Returns of Trade and Trade Reports*, Published by Order of the Inspector General of Customs, Shanghai(以下 *Trade Reports* と略称) *1889-1910*, Mengtsz; China the Maritime Customs, *Returns of Trade and Trade Reports*, Published by Order of the Inspector General of Customs, Shanghai(以下 *Trade Reports* と略称) *1911-1915,1917,1918*, Mengtsz: China the Maritime Customs, *Foreign Trade of China,*

Published by Order of the Inspector General of Customs, Shanghai(以下 *Foreign Trade of China* と略称), *1919,1921,1923-1928*, Mengtsz から作成。

（4）China the Maritime Customs, *Decennial Reports, on the Trade, Industries, etc., of the Ports Open to Foreign Commerce, and on Conditions and Development of the Treaty Port Provinces, 1922-1931, Southern and Frontier Ports*, Published by Order of the Inspector General of Customs, Shanghai(以下 *Decennial Reports 1922-1931* と略称),Vol2.Mengtsz, pp. 345-346. 一九二四年の貿易収支を例にとれば、輸入総額約一四八四万海関両の内、アメリカ産とスマトラ産灯油が占める割合は約一四六万海関両と、全体のほぼ一〇パーセントに達する。また、綿糸では、インド産が最も多く、次にベトナム産、日本産が続き、三者の輸出総額は一三三万海関両余りであるが、全体に占める割合は年々下降しつつあった。China the Maritime Customs, *Mengtsz, Annual Trade Report and Returns*, Published by Order of the Inspector General of Customs, Shanghai.1924,p.3. を参照。

（5）前掲　楊斌・楊偉兵「近代雲南箇旧錫鉱的対外運銷（１８８４—１９４３）」。

（6）武内房司　二〇〇三「近代雲南錫業の展開とインドシナ」『東洋文化研究』五、一—三三頁。

（7）*Trade Reports,1908*,Mengtsz,p.680.

（8）*Trade Reports,1907*, Mengtsz,p.633.

（9）篠永宣孝　一九九二「雲南鉄道とフランス帝国主義—外交文書に依拠して—」『土地制度史学』一三六、三七—五〇頁。

（10）China the Maritime Customs, *Decennial Reports, on the Trade, Industries, etc., of the Ports Open to Foreign Commerce, and on the Condition and Development of the Treaty Port Provinces, 1902-1911, Southern and Frontier Ports, with Appendix*, Published by Order of the Inspector General of Customs, Shanghai（以下 *Decennial Reports, 1902-1911* と略称), Vol2.p.275.

（11）前掲　楊斌・楊偉兵「近代雲南箇旧錫鉱的対外運銷（１８８４—１９４３）」。

(12) インドシナ銀行の中国市場への進出に関しては、権上康男 一九八五『フランス帝国主義とアジア―インドシナ銀行史研究―』を参照。

(13) *Trade Reports,1915*, Mengtsz.p.1335: China the Maritime Customs, *Decennial Reports, on the Trade, Industries, etc., of the Ports Open to Foreign Commerce, and on the Condition and Development of the Treaty Port Provinces, 1912-1921, Southern and Frontier Ports, with Appendix*, Published by Order of the Inspector General of Customs, Shanghai（以下 *Decennial Reports, 1912-1921* と略称）, Vol2,p.351.

(14) *Trade Reports,1914*, Mengtsz,p.1284;*Trade Reports,1918*, Mengtsz.p.1450.

(15) *Decennial Reports, 1902-1911*, Vol2, Mengtsz,p.279.

(16) *Decennial Reports, 1912-1921*, Vol2, Mengtsz,p.351.

(17) *Trade Reports, 1918*, Mengtsz,p.1450.

(18) 台湾総督府官房調査課編（糠谷廉二著）『雲南省事情（其三）』一九二四年、第一一章、二一―二二頁。

(19) 『雲南経済』第一〇章、経済命脈之鉱業、第三節、大錫的開採冶錬与銷售、Ｊ２５頁。一九三二年から三六年までの箇旧とロンドンの錫の価格を比較した「箇旧錫価与倫敦錫価之比較」一覧表を参照。

(20) 『雲南経済』第一〇章、経済命脈之鉱業、第三節、大錫的開採冶錬与銷售、Ｊ２０頁。内容は以下の通り。「１９２６年、労働者が不足…１９２９年、内戦がまだ収束せず、労働者に事欠いており、錫の輸出が少ない（１９２６労工欠乏…１９２９内戦未已，欠少工人，錫出口少）」。

(21) China the Maritime Customs, *The Principal Articles of Chinese Commerce* (*Import and Export*), Published by Order of the Inspectorate General of Customs, 1930, pp.285-286.

(22) 台湾総督府官房調査課編（糠谷廉二著）『雲南省事情（其二）』第九章、一一八―一二〇頁。

(23) 『雲南清理財政局調査全省財政説明書初稿』不分巻、歳入部、官業、第八款、六頁。原文は以下の通りである。「雲南個旧錫廠孕育宏厚，開採已数百年，而猶層出不窮，実為全省最著之鉱産，官民利源之所繋也。従前開辦硐尖，多係湘粤江西等省商人，近数十年来，則本省臨属人辦者已居多数」。

(24) *Decennial Reports 1892-1901*, Vol2. Mengtsz, p.469,477; *Trade Reports,1901*, Mengtsz,p.738.

(25) 民国『続修建水県志稿』巻二、物産。内容は以下の通り。「他地域で建水人が成果を挙げたのは、他郎庁および老摩多の金山、箇旧の錫山などである。とりわけ箇旧の炉戸はその七割を建水人が占めた（至若地在外属而為建人辦有成效者，則有如他郎、老摩多之金廠、箇旧之錫廠。箇旧炉戸建人十居七人）」。

(26) この時期の回民の動向に関しては、神戸輝夫の一連の研究（一九七〇「清代後期の雲南回民運動について」『東洋史研究』二九（二・三）、一一八—一四六頁）・一九七八「回族起義—一八五〇～六〇年代の雲南における」『講座中国近現代史』（第一巻、二四三—二六四頁）・一九八一「騰越における回民起義」『大分大学教育学部研究紀要（人文・社会科学）』（五（六）、一五—二九頁）・一九八一「雲南回民起義の指導者馬如龍について」『大分大学教育学部研究紀要（人文・社会科学）』（六（一）、三九—五二頁）・一九八二「雲南鉱山と回民起義」『大分大学教育学部研究紀要（人文・社会科学）』（六（二）、八三—九四頁））がある。

(27) 道光二七（一八四七）年から二年余り雲貴総督を務めた林則徐は、他郎金山を閉鎖したにもかかわらず、富を求めて集まる者が絶えなかったと記している。林則徐『林文忠公政書』（雲貴奏稿、巻一〇、「他郎庁新砿酌更営汛摺」）には以下のようにある。「竊に臣等が本年二月に連署して上奏し、皇帝の命令に従い鉱山開発を試行する。奏摺の中で述べたことだが、他郎庁通判所轄の坤勇箐はかつて金を産出していたが、遊民が勝手に採掘し暴力沙汰を起こしたので、鉱山を封鎖した。しかし、金は絶えず産出されたため、人々が戻ってくることを止めることは出来なかった（竊臣等於本年二月会奏遵旨試行開採，摺内声明，他郎通判所轄之坤勇箐曽出金砂，因遊民私採闘争，将山封閉。但金砂不時湧現，難免去者復来）」。

(28) 『他郎南安争砿記』（白寿彝編、中国史学会主編一九五二『回民起義』所収）。ここに引用する『他郎南安争砿記』とは編者である白寿彝が名付けた書名である。編者によると、当該史料には二種類の抄本が存在し、一方が馬生鳳による抄本で道光三〇（一八五〇）年から咸豊五（一八五五）年まで、もう一方が納忠によるもので道光三〇（一八五〇）年から咸豊六（一八五六）年まで、それぞれ事件のあらましが記されており、両抄本は内容から判断すれば同じ来歴を持ち、本書

は納抄本を元にしているとある。一連の事件に関する原文は以下の通りである。「道光三十年庚戌，他郎金廠賭匪肇乱，逐殺廠回。金満斗、馬明鑑等迭控，官不為理…時有臨安建水県属西荘周鉄嘴，同弟四鐮刀為賭徒中最強者。一日有廠商回人馬綱，在周賭場，与李経文（西荘人）闘賭，李輸，馬金将及百金，馬索金，李要再賭，馬不賭，李即不付。馬性情凶悍…将用武，周出調，約日送馬寓，迭爽期，馬追益急。経文同弟経武暗邀潘徳（亦西荘人）潜周所，謀殺馬。馬亦知備，預使人伺防，然後入。周佯出款洽。潘、李継至，馬急退出街。周、潘、李緊随出力，刀矛相向，馬党起，相角逐。逾時，経武殞命，鉄嘴、潘徳負傷，馬党亦死一人，傷一人。還是痞首黄和排解，暫息」。

(29)『他郎南安争砿記』。原文は以下の通り。「而潘徳以膂力過衆，常欧（殴）辱人，莫或敢与較，即自命為蓋世英雄。茲受傷，威名掃地，矢殺馬党以雪恥。乃回西荘見大紳黄鶴年説，金廠美利為回壟断。能逐回得廠，臨安必成黄金世界矣。鶴年心動，使侄武挙殿魁，邀林五代，挑郷人五百，於中秋節後，陸続赴廠，街場益見紊乱。廠紳回人馬亮、納福海、馬明鑑、保泰、金満斗、金満堂知不祥，商諸漢紳遅鵬万、楊新民等聯名将，廠地游賭日衆，恐生不測，呈懇迅派大員，駐廠鎮懾，由庁転詳府道司院，迄無批示。九月初，到者益衆，情勢更形鴟張。満斗、明鑑赴城求官，続詳催。時潘徳已潜来，探知廠紳聯呈，説満斗、明鑑住城守控。於初十晩，帯人，殺馬綱，以心祭経武華，烹炙飲酒。李、周督殺聯呈回紳泰、亮、福海、満堂同時被害，漢紳遅、楊不問。凡回逃避不及者，死百餘人。満斗、明鑑知事変，趨衙泣訴」。

(30)『他郎南安争砿記』。内容は以下の通り。「咸豊四（一八五四）年三月、ならず者の周鉄嘴と李経文等は再び仲間たちを率いて石羊廠を襲い、回民四〇〇人以上がその被害に遭い、追われた者は一〇〇〇人以上に上った。石羊廠は楚雄府南安州に属しており…他郎金廠がならず者たちに占領されたため、多くの人が石羊廠に流れ込んだ（咸豊四年甲寅三月，匪徒周鉄嘴、李経文等復率党犯石羊廠。回民遇害者四百餘人，被逐者千餘人。石羊廠係楚雄府南安州属…自他郎金廠被匪佔，人多奔石羊）」。

(31) 安藤潤一郎 二〇〇二「清代嘉慶・道光年間の雲南省西部における漢回対立―「雲南回民起義」の背景に関する一考察―」『史学雑誌』一一一（八）、四六―七一頁。

（32）光緒三〇年五月一六日・署雲貴総督丁振鐸等奏収復臨安石屏府州城地請奨折（『辛亥革命前十年間民変档案史料』六七四―六七五頁）。内容は以下の通り。「竊かに調査したところでは、昨年四月に廠匪の周雲祥が捕縛を逃れ、騒乱を起こし、箇旧を襲い、臨安府や石屏州各城を陥れた…臣等が調査したところでは、この度賊どもが変乱当初、十日も経たないうちに、各城を次々と陥落させた。賊の首領周雲祥はまた早くから孝義の名を偽り、世間を欺き人々を惑わし、紳士や資産家たちもまたこれを信じて従うものも少なくなかった。鉱山を保護して外国から守ることを理由に、益々自ら銃や大砲を調達して準備し、決死の人々をひそかに養っていた…調べたところでは、首領周雲祥は、腕力では衆に抜きん出て、財に執着せず結託して殺人や喧嘩、詐欺を行ない、決まり事を無視し、徒党を組み、狼藉は日々ひどくなるばかりであった。フランス領事が滇越鉄道の建設を議論し、外国人技術者が次々と訪れる中、愚民どもは何も知らずに、デマをとばして血気盛んとなり、群れて好き勝手に振舞った。建水西荘で育った逆賊周は、『また西荘で異気をよく目にし、古くから伝わる讖語では、自分は一八年大運であり、地域を守る力となるであろう』とうそぶいた。ここで神仏のように崇められ、人々を煽り増長し、反逆は明らかであった…常時数万人いる各鉱山の労働者は、玉石混交であり、一旦逆賊周が外国による鉱山の独占を阻むという噂が伝わると、連中は行動を起こし、さらには外からやってきた遊民が加わることで、ついに騒乱に発展し、衆もまた万を数えるようになり、四月一八日に箇旧の鉱山を掠奪した（竊査上年四月廠匪周雲祥拒捕倡乱，焼搶箇旧，竄陥臨安府、石屏州各城…臣等伏査此次該逆変乱之初，未及旬日，即連陥各城。而首逆周雲祥又夙假孝義之名，以欺世惑人，即紳富亦多信従之者。既借保廠御外為由，益私自購備槍炮，潜蓄死士…査首逆周雲祥，膂力過人，軽財結納，殺人磕詐，視若尋常，党羽既衆，虐戾日滋。因法領事議修滇越鉄路，洋員工匠往来如織，愚民無識，謡啄紛騰，群焉思逞。周逆生長建水西荘，又復謬謂西荘常見異気，旧伝讖語，該逆有十八年大運，堪為地方保障，於是奉若神明，搆煽囂張，叛逆顕著…各廠硐砂丁常数万人，良莠不斉，一聞周逆阻洋占廠之謡，群思蠢動，加以外来閑亡，遂致為彼嘯聚，衆又逾万。四月十八日，焼搶箇旧廠）」。

（33）民国『石屏県志』巻六、風土志、商業。原文は以下の通りである。「清光緒壬午建水西荘旅箇者衆，争醸殺戮，屏人訴諸政府，蒙劉本府嶽科委張思敬送，屏人仍営廠業，物帰故主，臨人亦就範囲」。

(34) 例えば、清末民国期に箇旧鉱山の開発で成功を収めた張榛輿は、建水と石屏の鉱山開発を巡る諍いに関して仲裁を行なっている。民国『石屏県志』（巻二一、芸文附録二、序跋下）「張榛輿先生遺稿序」には、「その後、科挙の功名を隠し実業界に身を投じ、箇旧に行き鉱山開発を行ない、多くの失敗を経ても意志を貫き、遂に成功を収めた。ただ家族のために長期的事業発展の基礎を打ち立てただけでなく、我々雲南省のために無尽蔵の宝を発見し、無限の財源を切り拓いたのである…（石屏に）磨古橋を架け通行人に資したこと、崇実学校を建設して人材を育成したこと、石屏と建水両県の鉱山労働者間の闘争を仲裁して後に起こりうる問題を未然に防いだことなどは、すべて先生の大きな功績である（厥後蔽蓰科名投身実業界，入箇旧開鉱廠，屢経失敗而志愈堅力愈果，卒告成功。不惟為家人立永久基業，且為吾滇発無尽之宝藏，闢無窮之利源…如建磨古橋以利行人，設崇実学校以育人才，調解石、建両属砂丁闘争以消弭後来陰患，皆先生功業之举举大者）」とある。

(35) 民国『石屏県志』巻六、風土志、商業。原文は以下の通り。「迨乙丑蒙自開闢，百貨流通，錫価漸漲，中、上両壩屏人視線集於箇旧，逐漸到廠経営，自庚子以至今日，愈推愈広，屏人辦廠，年出大錫，已佔全市五份之二，幾与臨人所産相抗衡」。光緒年間に乙丑の年は存在しない。蒙自に海関が設置されたのは一八八九年であり、光緒年間の己丑の年に当たることから、「乙」は「己」の間違いと考えられる。

(36) 一連の作業工程に関しては、『雲南冶金史』（一一七—一一八頁）および『新修支那省別全誌』3（九四一—九四二、九五一、九五八、九六六—九六八頁）を参照。また、前掲 武内房司「近代雲南錫業の展開とインドシナ」にも詳しい。

(37) この他にも「鉱主」といった呼称が存在する。

(38) 『雲南経済』第一〇章、経済命脈之鉱業、第三節、大錫的開採冶煉与銷售、J16頁、J31頁。雲南煉錫公司の項目には「一九三三年に設立され、新たな方法で精錬した錫を直接外国に売り渡すことが、経営の主要事項である。当公司は採掘事業を行なわず、専門的に錫を買い上げ純度九九パーセント以上の錫を精錬することである（設立於1933年，以新法煉錫直接銷售外国為其経営之主要事項。該公司不営開採事業，専買淨砂煉成百分之99以上純錫）」とあり、さらに「煉錫公司の輸出する錫は、その質において非常に優れており、香港で精錬する必要がないので、多くが欧米の消費地に直接輸出される（錬《ママ》錫公司所出之錫，其質較佳，不須在港復錬，故多数皆直運欧美消費国家）」とある。

（39）『新修支那省別全誌』3、九六七―九六八頁。

（40）『新修支那省別全誌』3、九七一頁。

（41）『新修支那省別全誌』3、九六五―九六八頁。

（42）『支那省別全誌』第三巻、七〇一―七〇三頁。

（43）W.F.Collins,Associate. *Tin Production in the Province of Yunnan, China.* Nineteeth Session,1909-1910. p.189 ; *Decennial Reports 1892-1901*,Vol2.Mengtsz.pp. 469-470.『新修支那省別全誌』3、九四一頁。

（44）『新修支那省別全誌』3、九四一頁。

（45）W.F.Collins,Associate. *Tin Production in the Province of Yunnan, China.* Nineteeth Session,1909-1910, p.190.

（46）『黔滇川旅行記』八五、八七頁。内容は以下の通り。「（官商公司は、）宣統元（一九〇八）年に名を錫務股份有限公司に改め機器を購入し、宣統二（一九〇九）年正式に採掘を行なった。当時建水や石屏などの県の紳商もまた次々と投資し土法による掘削に従事した。現在錫務公司以外にも、なお私営の鉱商が一〇〇〇余り存在する…箇旧鉱山では錫務公司を除き、他に組織的なものはなく、営業中か否かやその営業状況について調査の仕様がない。私営の鉱商で資本の大きな者は国幣で数百万元にのぼり、小さい者は僅か数百元に過ぎない。全鉱山の鉱主（供頭）は一〇〇〇余りであり、多くは建水や石屏などの人々である（宣統元年改名錫務股份有限公司購買機器，於宣統二年正式開採。当時建水、石屏等県紳商亦紛紛投資従事土法開採。現除錫務公司外，尚有私人鉱商千餘家…箇旧全廠除錫務公司外，餘則全無組織，作輟盈虧，無従稽考。私人鉱商資本大者有国幣数百万元，小者則僅数百元。全廠鉱主大約有千餘家，多係建水、石屏等処人）」。著者の薛紹銘は山東省の濮県で教育科に在職していたが、民国二三（一九三四）年に休養を兼ねて雲南に旅行に出かけ、途中箇旧に立ち寄った。箇旧では錫務公司の社員が薛氏について地元を案内している。

（47）前掲註（25）の民国『続修建水県志稿』（巻二、物産）を参照のこと。

（48）『雲南省事情（其二）』第九章、一一七頁。

（49）『雲南経済』第一〇章、経済命脈之鉱業、第三節、大錫的開採冶煉与銷售、Ｊ17頁。内容は以下の通り。「雲南の輸出を司る錫商は多くが広東人であり、フランス商人がそれに続く。思うに雲南商人は以前からあまり省外の貿易状況について知識がないが、広東人は、香港の錫商と連絡をとっているため、都合がよい（雲南出口錫商多為広東人，次為法商，蓋雲南商人以前多不識省外貿易情形，而粵人与香港錫商聯絡較為方便也）」。

（50）この一連の歴史的経緯に関しては、前掲 武内房司「近代雲南錫業の展開とインドシナ」を参照。

（51）民国時期、香港を経由して外国に輸出される錫は非常に高い純度が求められたが、箇旧の熟練技術者が伝統的な溶鉱炉を利用して、土法を繰り返すことで錫純度が最高九八から九九パーセントにまで高められ、純度の高い物はアメリカに、純度の低い物は上海にそれぞれ輸出されるようになった。*Decennial Report 1922-1931*, Vol2.Mengtsz, p.350.

（52）*Decennial Reports 1892-1901*, Vol2. Szemao, p.489; Diplomatic and Consular Reports, China, Annual Series, *Report for the Year 1899 on the Trade of Ssumao and Mengtse*, Presented to both Houses of Parliament by Command of Her Majesty, London,p.5: China, No. 1（1888）: *Report by Mr. F. S. A. Bourne of a Journey in South-Western China*, Presented to both Houses of Parliament by Command of Her Majesty, London,1888,p.17. また、清朝の公式的な記録である『欽定大清会典事例』巻二四二（『続修四庫全書』第八〇一冊、史部政書類所収、八六五頁）には、「乾隆一三（一七四八）年、雲南の茶引（政府発行の手形）を雲南省に交付し、それを麗江府に転送して、麗江府より月々商人に渡し、普洱府に行って手形と交換し茶を仕入させ、鶴慶州中甸（現在の迪慶チベット族自治州香格里拉県）管轄下の土着民の居住地域に運ばせ、商品を売さばくことを審査した上で許可する。〔乾隆一三年〕又議准，雲南茶引頒発到省，転発麗江府，由該府按月給商，赴普洱府販買，運往鶴慶州之中甸各番夷地方行銷」とあり、一八世紀半ば清朝政府は、雲南西北部で普洱茶の販売を進めていたことが確認出来る。

（53）Chambre de Commerce de Lyon, *La Mission Lyonnaise d'Exploration Commerciale en Chine*, 1895-1897,1898, Deuxième Partie Rapports Commerciaux et Notes Diverses, p.139. 本書は、リヨン商工会議所が組織した調査団が、一八九五年か

ら九七年まで行なった調査報告書であり、普洱茶に関しての移出先データは昆明において得たとある。

(54) *Trade Reports, 1903,* Szemao,pp.897-898.

(55) ⅤからⅦのグラフは、*Trade Reports, 1889-1915,1917,1918,*Mengtsz; *Trade Reports, 1897-1915,1917,1918,*Szemao; *Foreign Trade of China,1919,1921,1923-1928* から作成。

(56) *Trade Reports, 1904,* Szemao,p.979.

(57) *Trade Reports, 1909,* Szemao,p.760.

(58) *Trade Reports, 1905,* Szemao,p.526 ; *Trade Reports, 1914,* Mengtsz,p.1284 ; *Trade Reports, 1918,* Mengtsz,p.1476; *Decennial Reports 1912-1921,*Vol2.Szemao,p.370.

(59) *Trade Reports,1889,*Mengtsz,p.538.

(60) *Trade Reports,1896,*Mengtsz,p.590.

(61) *Trade Reports,1899,*Mengtsz,p.718; Trade Reports,*1902,* Mengtsz,p.824.

(62) *Trade Reports,1908,*Mengtsz,p.680.

(63) 海関報告には、平均的に高い品質を誇る普洱茶においても倚邦と易武の茶は、最も優れていたとある。*Trade Reports, 1911,* Szemao, p.831.

(64) *Decennial Reports 1892-1901,*Vol2. Szemao, p.490 ; *Trade Reports, 1899,* Szemao,p.732.

(65) *Decennial Reports 1912-1921,*Vol2.Mengtsz,p.351.

(66) *Trade Reports, 1917,* Mengtsz,p.1450. 同年、ヨーロッパ市場における茶の滞貨と輸送困難、さらにイギリス政府の輸入禁止の影響を受け、香港市場で茶価の暴落が起こり、普洱茶の輸出が振るわなかった。

(67) *Decennial Reports 1912-1921,*Vol2.Szemao, p.354,pp.375-376.

(68) 杉原薫　一九九六『アジア間貿易の形成と構造』。

(69) 前掲　濱下武志『中国近代経済史研究―清末海関報告と開港場市場圏』二九九―三〇四頁。本野英一　一九九五「イギリ

ス向け紅茶輸出貿易の衰退と中国商人「団結力」の限界―福州での紛争、論争を中心に―」『東洋学報』七七（一・二）、一〇五―一三三頁。

（70）China the Maritime Customs, *Mengtsz, Annual Trade Report and Returns*, Published by Order of the Inspector General of Customs, Shanghai.1925,p.3.

（71）『鎮越県新志稿』第参編、四二頁。原文は次の通りである。「民国三十四年，著者視学鎮越時，調査所得之人口総数，共為二万二千一百二十八人…全県二万二千一百二十八人，漢人約佔百分之十二，大都聚居于第一区之各郷鎮産茶地区，従事採製茶葉，以石屏人為最多，其餘百分之八十八，皆為土著民族」。

（72）*Decennial Reports, 1892-1901*, Vol2.Szemao,p.487.

（73）*Trade Reports,1903*, Mengtsz, pp.897-898.

（74）*Decennial Reports 1892-1901*,Vol2.Mengtsz,p.490 ; Diplomatic and Consular Reports, China, Annual Series, *Report for the Year 1900 on the Trade of Ssumao and Mengtse*, Presented to both Houses of Parliament by Command of Her Majesty, London,p.3.

第五章　石屏漢人の経済活動と技術・技能の伝播

はじめに

これまで述べてきたように、石屏漢人が外界へ新天地を求めて移住したそもそもの原因は、郷里である石屏盆地における土地資源利用の限界に求められる。石屏盆地では、明代初期に屯田の入植を端緒とし、自流灌漑による耕地開発が始まったが、明代万暦年間には早くも開発容易な土地は消滅しつつあった。そこで、官主導による大規模水利事業を行ない、赤瑞湖および異龍湖周辺で耕地の拡大を図りつつ、商品作物の栽培や手工業の発展に取り組んだが、閉塞した状況を打開するには至らなかった。こうした中で清代初期から石屏漢人は、新たな生活の場を求め、積極的に対外進出を模索し始めたのである。乾隆年間以降、彼等は、整備されつつあった交通路に沿って、石屏に隣接する鉱山地帯や他地域の漢人商人があまり活動していないフロンティアを中心に積極的に進出し、雲南経済の好景気の波にも乗り、商業活動を通して強力な地盤を各地に築いていくのである。

本章ではこうした移住活動において、石屏漢人が行なった移住戦略に注目する。ここでキーワードとなるのが技術である。つまり、その移住戦略には、ある特定の技術を身につけ、それを足がかりとして地元社会に入り込み、こうした技術を移転していくことで様々な土地に移住していく特徴があった。ここでは、石屏漢人が駆使する技術に着目し、（1）リテラシー能力に基づく読み書き技術（2）茶の栽培加工技術（3）鉱山開発における掘削技術を如何に活用して、移住活動を優位に展開していったかを論じる。

第一節　漢文素養と識字能力

石屏では、第三章で述べたように多数の知識人が教師や字識として外界に赴いた。彼等は、漢字の読み書き能力、つまり、リテラシー能力に基づく読み書き技術を身に付けており、それを自由に操る技能を持ち、この技術を駆使することにより外界で生活の糧を得ることが出来たのである。本節では、石屏漢人が多数の科挙合格者を出してきた歴史を紹介し、それを支えた教育システムに言及した上で、その陰で大量に生み出された科挙不合格者がこうしたリテラシー能力を持つ下層知識人の供給源となったことに触れる。さらに、培われた教育重視の気風が移住先にも引き継がれ、リテラシー能力に基づく読み書き技術や技能が如何にして定着・普及していったかにも言及する。

1　石屏の科挙合格者

ある地域の教育水準を計る一つの指標として、科挙合格者数がある。科挙とは中国歴代王朝が行なってきた官吏任用試験である。この試験は個人の才能をはかる所に狙いがあるが、官吏になることは将来の約束を意味するため、合格するのは至難であった。

具体的に合格者数を検討していく前に、明・清代の科挙試験の制度について簡単に紹介しておく(1)。明朝は、成立当初の試行錯誤を経て洪武一七（一三八四）年に至り、本格的に科挙試験を開始した。明代の科挙試験は、それまでの歴代王朝と異なり、地方官学の制度が整えられ、これが科挙制度に包括された。つまり、科挙受験生は、まずそれぞれ出身地の府州県学の生徒である生員となり、そこで初めて地方各省において実施される郷試の受験資格を得ることが出来た。そして、無事郷試を通過した者が挙人と呼ばれたのである。挙人は中央礼部で行なわれる会試を受ける資格を有し、さらに会試、それから皇帝自ら試験を行なう殿試を通過して進士となるのである。清代には、不正を防止するために試験の回数が増えるなど複雑化したが、基本的にはこうした明朝の制度を引き継いだ。

石屏では明代後半以降、多数の科挙合格者が出現した。康熙一〇（一六七一）年頃に書かれた「重修学宮記」の中で督学の陳必成は次のように石屏を評している。(2)

石屏は臨安の名勝である。学校は元朝に端を発し、明初に再建され、徐々に拡張され、その後益々立派になった。今ではその規模は他州と比較しても大きく、この三〇〇年来、科挙に及第する者は一〇〇人余りにのぼり、西南の文物はこの地で最も栄えている。

つまり、元代から学校が建設されるなど石屏では昔から学問が盛んであり、多くの科挙合格者が生まれた。これは統計上からも裏付けることが出来る。表10は、明朝の洪武年間から明末の天啓年間までの雲南の挙人と進士の人数を各府別に分類したものである。無論これは、明代の雲南の挙人と進士をすべて網羅したものとはいえないが、府別の比較としては十分その指標となるといえよう。

表10より石屏州を管轄下におく臨安府の進士および挙人の人数は、ともに雲南府に次ぎ、ほぼ大理府と同様の水準にあったことが読み取れる。ただし年代別という点に注目して両者を比較すれば、大理府が明朝期を通じて満遍なく科挙合格者を出しているのに対して、臨安府では明朝後期の嘉靖年間以降、急速に増加傾向を示す。続いて、表11は、清代における雲南の各府別に挙人と進士をまとめた一覧表である。(3)

明朝と清朝の間では行政区画に変化が生じるために単純な比較は出来ないが、臨安府に関していえば、科挙合格者は、明朝後期から引き続き増加傾向にあり、大理府と比較するとその充実振りがうかがえる。とりわけ康熙から乾隆年間においてはその勢いを加速させ、臨安府の挙人と進士の数は、雲南府をも上回り、省全体の三分の一を占めるに

表10　明代雲南科挙合格者一覧表

地名	雲南府		大理府		臨安府		永昌府		楚雄府		曲靖府		澂江府		蒙化府		鶴慶府	
分類	進士	挙人	進士	挙人	進士	挙人	進士	挙人	進士	挙人	進士	挙人	進士	挙人	進士	挙人	進士	挙人
洪武	4	4																
永楽		57	3	54	1	35				17		4		15		3		6
宣徳	1	16		5		7				7		1		4				
正統		16		9	1	9					2	4		8		1		
景泰	1	27	1	22	1	13		4		4		3		6		2		
天順	1	16	2	10	2	8		1		1	2	4	1					
成化	10	78	5	56	3	25	3	16		6	4	10		6	2	4		3
弘治	4	57	5	41	3	26	2	23		5		10		5		7	1	10
正徳	5	55	8	33	4	25		24		3	1	5	1	2	1	7	1	4
嘉靖	16	166	11	119	8	107	6	78	1	11	4	19	2	16	2	24	2	24
隆慶		16	5	18	4	18	2	12		1		3		3		3	1	4
万暦	14	169	7	96	17	177	7	74	1	28	2	19	3	21	1	20	14	77
天啓	3	20		12	3	29	2	12	1	5	1	4		5			3	7
合計	59	697	47	475	47	479	22	244	3	88	16	86	7	91	6	71	22	135

姚安府		広西府		尋甸府		武定府		景東府		元江府		広南府		順寧府		北勝府		合計	
進士	挙人	進士	挙人	進士	挙人	進士	挙人	進士	挙人	進士	挙人	進士	挙人	進士	挙人	進士	挙人	進士	挙人
																		4	4
	11										4							4	206
1											1							2	41
	2																	4	49
																		3	81
																	1	7	41
	5								2							1	2	28	213
																	2	15	186
	1		1						1								2	21	163
1	3								1		1						4	53	573
1	1										1							13	80
1	3		2		4		6		5		10				4		3	67	718
	1		2												1		1	13	99
4	27		5		4		6		9		17				5	1	15	234	2454

典拠：林涓 二〇〇〇「明代雲南文化教育発展的地域差異―兼論各類学校与人才数量的相関関係」『思想戦線』（第三期、第二六巻、一二六―一三一頁）の表2を参考に作成。ただし表中の数字に関しては原典史料である天啓『滇志』（巻八―九、学教志）に拠り、適宜訂正を加えた。

表11　清代雲南科挙合格者一覧表

場所	雲南府		大理府		臨安府		楚雄府		澂江府		広南府		順寧府		曲靖府		麗江府		普洱府	
区別	進士	挙人	進士	挙人	進士	挙人	進士	挙人	進士	挙人	進士	挙人	進士	挙人	進士	挙人	進士	挙人	進士	挙人
順治		15		4		10		12		6						3		2		
康熙	13	187	2	70	17	280	3	41	9	65				3		28		28		
雍正	13	70	9	40	18	131	3	27	1	37		2			1	6		6		
乾隆	26	300	24	202	42	441	5	67	12	125		5		9	4	84	2	51		1
嘉慶	36	188	16	76	25	125	9	28	9	45		1	1	3	4	20	6	34		9
道光	45	261	17	98	13	119	6	44	7	33	2	13		5	7	40	5	42		9
咸豊	17	60	8	17	3	15	1	12		4		2		4	2	7	2	10		1
同治	22	98	8	17	2	37	4	12		11		5			1	39	1	12		
光緒	46	278	16	92	23	170	3	27	3	29	1	5		2	2	49	6	47	1	4
合計	218	1457	100	616	143	1328	34	270	41	355	3	33	1	26	21	276	22	232	1	24

鎮沅直隷州		元江府		武定直隷州		広西直隷州		蒙化直隷庁		永北直隷庁		景東直隷庁		昭通府		東川府		開化府		永昌府	
挙人	進士	挙人	進士	挙人	進士	挙人	進士	挙人	進士	挙人	進士	挙人	進士	挙人	進士	挙人	進士	挙人	進士	挙人	進士
								1												1	
		10	1	7		16	1	16		1								10		14	
		8		4		5	1	12	1									9		7	1
2		17	1	7		47	2	54	5	9	3	15		8		2		5		28	4
2	1	5		1		9	1	12	3	7		10		7		3		3	1	12	3
2		4		2		26	1	16	3	1	2	30	4	21	3	10	1	6		34	1
1		3				3		6	1			7		9				1		8	1
		1		1		8		2				1		14	3	18		3	1	6	
		9	1	1		22	3	14	3	4		3		51	5	39	4	7	1	35	6
7	1	57	3	23		136	9	133	16	22	5	66	4	110	11	72	5	44	3	145	16

黒塩井直隷提挙司		琅塩井直隷提挙司		白塩井直隷提挙司		出身地不明		合計	
進士	挙人	進士	挙人	進士	挙人	進士	挙人	進士	挙人
									54
							1	46	777
								48	364
	1		5		17		3	130	1505
			3	1	5		2	116	610
	1		3	2	8			119	828
			2		3			35	175
	1		1		4			42	291
	5		1		6			124	900
	8		15	3	43		6	660	5504

典拠：道光『雲南通志稿』巻一三七―一四二、選挙志。光緒『雲南通志』巻一〇一、選挙志。

至った。

次により詳細に分析するため臨安府内の動向を見てみよう。明代と清代のそれぞれ府州県別の科挙合格者の元号ごとに変遷をまとめたのが表12および表13である。

表12に見えるように明代においては臨安府がその多くを占めていたが、嘉靖年間に石屏出身の進士が初めて登場して以降、挙人の数においても増加傾向が見られる。これは、石屏盆地の自流灌漑に頼った耕地開発に陰りが見え始め、官主導の大規模水利事業による低湿地開発や他産業の育成が始まった時期とほぼ重なっており、この時期を境として教育への投資が本格化したことがうかがえる。

清朝期に入ると、増加傾向はより一層強まり、科挙合格者数の上にも顕著になって現れた。表11・表13によれば、康熙雍正年間の雲南省内の進士九四人のうち石屏出身者が三五人を占め、その割合は実に二〇パーセント余りに上る。

表12　明代臨安府科挙合格者一覧表

地名	臨安府		建水州		石屏州		阿迷州		寧州		通海県		河西県		嶍峨県		蒙自県		合計	
分類	進士	挙人	進士	挙人	進士	挙人	進士	挙人	進士	挙人	進士	挙人	進士	挙人	進士	挙人	進士	挙人	進士	挙人
洪武																				
永楽		7				11		1	1	6		4		4		0		2	1	35
宣徳		2								1		1		1		1		1		7
正統	1	2				1		1		0		1		4		0		0	1	9
景泰	1	5				3		1		0		3		1		0		0	1	13
天順	2	2				2		1						1		2			2	8
成化	2	12				1		1	1	5		2		2				2	3	25
弘治	1	12	2			3				2		5				3		1	3	26
正徳	2	15				3	1	1	1	2		4							4	25
嘉靖	6	58	1		1	18		7		1		12		6		3		2	8	107
隆慶	3	12				1		1				2					1	2	4	18
万暦	8	88		1	3	35	1	3	4	9	1	12		9		6		14	17	177
天啓		8	2	6		5	1	1		2		2		3				2	3	29
合計	26	223	5	7	4	83	3	18	7	28	1	48		31		15	1	26	47	479

典拠：天啓『滇志』巻9、学教志。

表13　清代臨安府科挙合格者一覧表

場所	区別	順治	康熙	雍正	乾隆	嘉慶	道光	咸豊	同治	光緒	合計
臨安府	進士										
	挙人	1	33	14	50	16	12	2	4	16	148
建水県	進士		5	3	14	4	2		1	5	34
	挙人	1	50	24	99	30	13	3	3	35	258
石屏州	進士		9	10	9	7	5	1		6	47
	挙人		89	32	92	24	26	6	1	36	306
阿迷州	進士				1	1					2
	挙人		4	4	20	9	1		1	3	42
寧州	進士				6		1			2	9
	挙人		13	8	35	8	7		3	7	81
通海県	進士		3	1	2	3	2	2		4	17
	挙人	3	41	12	46	7	23	1	7	30	170
河西県	進士			1	1	1					3
	挙人		22	12	37	11	7		4	7	100
嶍峨県	進士			1	4	2				3	10
	挙人	4	12	7	13	2	7		2	8	55
蒙自県	進士			2	5	7	3		1	3	21
	挙人	1	16	18	49	18	23	3	12	28	168
合計	進士		17	18	42	25	13	3	2	23	143
	挙人	10	280	131	441	125	119	15	37	170	1328

典拠：道光『雲南通志稿』巻一三七—一四二、選挙志。光緒『雲南通志』巻一〇一、選挙志。

乾隆末期以降、その割合においては減少傾向となるものの[4]、一貫して五パーセント前後の数字を維持し、清代を通じた州県別でも建水県を凌駕して臨安府内で最も多くの合格者数を誇り、教育重視の姿勢は衰えることはなかった。

そもそも三〇三七平方キロメートルの石屏の面積は、ほぼ日本と同じ三九四〇〇〇平方キロメートルを誇る雲南省のわずか〇．七七パーセントを占めるに過ぎず[5]、人口においてもその比率は、正徳年間から乾隆年間まで雲南省全体の〇．八から一．三パーセントを推移している状況であった[6]。このように面積人口ともに雲南省の一パーセント前後を占めるに過ぎなかった石屏から、雲南省全体の五分の一の進士が輩出されるに至った背景には、次節で詳述するように土地を挙げての科挙合格を目指す気風とそれを支えるシステムの存在があったのである。

2　学校制度と私塾

前節で指摘したように長年に渡り科挙合格者を安定的に輩出するには、それを支えるための教育システムが欠かせなかった。ここでは、こうした知識人の育成に貢献した石屏特有の学校制度に焦点を当て論じていくこととする[7]。

明朝は各府州県に学校を建設し、科挙の予備試験に利用されたことはすでに述べたが、こうした流れを受け、石屏においても洪武二二（一三八九）年に学校が設置された[8]。ただこれら官学は、科挙受験の資格を得る生員となるためだけの施設となり、実際には教育機関としてほとんど機能しなかった[9]。

明代にはこうした官学に加えて、書院や社学などの民間の学校が建てられた。書院では学問や思想活動が活発に行なわれ、東林書院のように明代政治史においても重要な役割を果たすものも出現した。社学は、生徒の大半が農民の子弟で占められ、読み書き算盤、さらに洪武帝が発布した民衆教化の教訓である「六諭」などの教育が施された。石屏では万暦年間に州城の北に龍泉書院が建てられ、宝秀や州城の周辺に社学が四箇所設置された[10]。

清朝においても明代同様に学校制度を利用した科挙試験制度が引き続き実施された。書院も存続したが、明末に政治活動の場となったため、清朝政府の管理下に入り、自由な雰囲気は失われてしまった。このほか、清代には読み書きや経典の暗誦を重点的に行なう義学が各地に設置された。石屛では石屛盆地を中心に州内に義学が六箇所建設されている[11]。

ただし、これら各種学校は、科挙試験の予備校的位置付けや人民教化の教育機関として他地域でも普遍的に存在しており、石屛特有の科挙合格者の大幅増加の直接的原因とは到底考えられない。そこで、注目されるのが、石屛に特化した私塾文化である。石屛では学問と品行にすぐれた人物は、自ら塾を開き生徒を受け入れ、人材の育成を図る習慣があった。これについて民国『石屛県志』巻六では次のように記している[12]。

　士というものは品行方正を第一とし、学問を修めることを務めとする。四書五経はみな諳んじ、およそ人品学問ともに優れた者は塾を開き生徒を受け入れる。早朝、旧書を諳んじ、朝食時には楷字を習う。新書を三度読んだ上で、さらに旧書を諳んじる。やや優秀な者は、作文したり、議論したり、詩作したり、経史を講読したりする。夕食後は休息し、夜復習する。これが、学習のあらましである。優秀な学生であれば、一年の課にして数経を終える者もいる。

即ち、私塾では、連日朝早くから漢文素養の学習を行ない、リテラシー能力を会得し、その技術と技能を自らのものにしていったのである。その様子は、同史料に「官が招聘した教師には、上の者は書院の山長となり、下の者は義学の社師となる。しかし、それらは民間の私塾の旺盛なることにはとても及ばない」とあるように民間施設の私塾は公的機関である書院や義学に比べてはるかに盛んであった[13]。

こうした気風に支えられて石屛盆地には古くから多くの私塾が建設された。この中でも代表的なのが、石屛州城の南に建設された星聚館であった。字に書いて読むが如く、明末から清初にかけて、ここから多くの知識人が輩出された。星聚館に関して、乾隆『石屛州志』巻二では、次のように記している[14]。

星聚館は州城の南に位置する。孫穎がここに徒弟を受け入れること三〇余年にして、生徒は二〇〇人余りに上る。門には翰墨とあり、翰林院の許賀来や張漢はともにここの出である。呂従姫・譚瓚・孫士鶴はみな解元（郷試の主席合格者）であり、孫守之・許龍驤・許泰来・馮昆瑛・孫丙はともに挙人である…このほかにも博士や弟子が四〇人余りおり、時に門墻の盛と称えられる。

ここに見える許賀来は康熙二四（一六八五）年に、張漢は康熙五二（一七一三）年にそれぞれ進士に及第し、翰林院庶吉士にまで登り詰め、[15]その他の挙人まで含むと星聚館出身の科挙合格者は相当数に上った。また、西湖（赤瑞湖）にあった古栢山房は、明末の崇禎一三（一六四〇）年に進士となった張一甲が勉学に励んだ場所として知られている。[16]このほかにも史料上には錦屏社や焚舟社などの名が見え、史料に見えない小規模な塾を含めば、かなりの数が存在したと推測される。[17]

このように私塾は遅くとも明代末には開設され、多くの人間がここでリテラシー能力を身に付け、科挙合格に大きく寄与してきた。おそらく明代後半期から土地投資への限界が明らかになるとともに、民間での教育熱が高まり、こうした科挙合格を目指した教育機関の隆盛を支えたと考えられる。結果的にこれは、科挙合格者の大幅な増加に繋がり、雲南省内において石屏出身の知識人の名声を高める効果をもたらしたのである。

3　下層知識人の形成と教育意識の民間への浸透

明代末以降、石屏では民間の教育施設である私塾が充実するとともに、挙人を含む多数の科挙合格者が出現し、大いに教育重視の気風が醸成された。そして、こうした歴史的過程の中で、その副産物としてリテラシー能力を有する知識人が多く生み出され、さらにこうした漢文素養は一部の知識人の枠組みを超えて深く民間にも普及していくのである。

しかし、科挙合格者の増加は、同時にその何倍もの不合格者が大量に生み出されたことを意味した。科挙受験は、非常に競争が厳しく、多くの脱落者が出た。こうした人々の中には、不運にして合格を果たせなかったものの、激しい受験競争の中で高いリテラシー能力を身につけた者も多数含まれており、石屏の下層知識人を形成することとなり、知識人の裾野を広げる役割を果たしたのである。

こうした下層知識人の存在に関しては、J・H・コール（James H. Cole）が浙江省紹興を対象としてその実態を明らかにしている。[18] コールの研究によれば、紹興は明・清時期において中国有数の進士合格者を誇る土地柄であったが、それでも科挙試験受験者の中で郷試に挑戦して晴れて挙人になれる者は、一〇分の一にも満たなかった。そこで、こうした知識人の受け皿となったのが、「紹興師爺」で知られ、一般的に幕友と呼ばれる地方官の私設秘書や、中央政府の下級役人などであり、こうした役職を時には金銭などの手段を使いながら、地縁・血縁関係の範囲で代々継承し、その地位を確保することで、科挙受験者の没落を回避すると同時に人的資源の活用にもつなげたという。[19]

石屏では、これら下層知識人の主要な受け皿の一つとなったのが私塾の教師であった。こうした私塾の教師には、紹興の事例と同様、挙人でもなく、進士でもない、科挙試験を通過していない貢生と呼ばれる身分の人々が多く含まれていた。貢生は、科挙の受験資格を持つ府州県学所属の生員から中央の国子監に転属した者を指し、科挙試験を経ずに学校制度の体系の中から官吏となることが出来た。ただし、実際は、国子監に入れる貢生は、ほんの一握りに限られ、原籍に居住しているのが一般であった。官職に就くには長い時間を浪費して順番を待たねばならなかったため、貢生の多くは科挙受験をして官吏を目指したのである。[20] このように貢生を取り巻く状況は、決して恵まれていたとはいえず、石屏の貢生も例外ではなかった。地方誌にはこうした事例が散見される。例えば、康熙年間の貢生であった劉篤公は土地を耕しながら、塾を開き生徒を受け入れていた。[21] また、康熙三八（一六九九）年に挙人となり、江川県県学の教員を務めた楊桐のように、官吏として赴任するまで生活のために塾を経営していた例も見られる。[22] この他にも、道光年間の貢生楊浥膏は、督学などの職を全うし、石屏に帰郷した後、郷里で教育に従事し、人材の育成に貢献したという(23)。

こうした貢生に代表される高いリテラシー能力を持つ人々が、それぞれ私塾を開設して生徒を受け入れることでさらに多くの知識人が生み出され、石屏の知識人層の厚みが一層増すこととなった。そして、こうして大量に生みだされた高いリテラシー能力を有する下層知識人は、人材の供給源を形成し、第二章で触れた如く周辺地域から教師や字識として大いに歓迎され、様々な形で外界に赴き、石屏漢人の移住活動の一端を担うこととなるのである。

また、多くの知識人が石屏各地で教育施設を開いたことで、教育重視の気風は広く社会にも行き渡り、民間の人々のリテラシー能力向上にも貢献した。例えば、石屏商人は、いわゆる読み書き算盤はある程度習得しており、帳簿の作成など商売にも応用していたという(24)。おそらくこうした商人の中には、科挙受験に失敗し商人に転職した者も少なからず含まれていたであろう(25)。さらに、教育を重んじる気風は女性にも浸透し、同様に読み書き算盤を身に付け、農業や商業に役立てたとある(26)。長年に渡り培われた教育重視の気風は、職業や性別の垣根を超えて石屏社会全体にまで行き渡り、商売のノウハウの習得や向上にも貢献したのである。

このように科挙受験の興盛とともに、副産物として多くのリテラシー能力を持った人間が大量に生み出された。彼等は石屏各地に私塾を開き、さらなる知識人の育成に努めたのである。こうした積み重ねにより教師や、土司に仕える字識などの漢文職能者予備軍が大量に生みだされ、女性や商人など民間にまで漢文素養が広く普及するに至り、石屏漢人の知識人の裾野が広がり、周辺地域に進出する上において陰に陽に様々な形で下支えすることとなるのである。

4　移民社会における教育システムの継承

石屏の私塾文化と教育重視の姿勢は、移住した先でも受け継がれ、石屏漢人の子弟等のリテラシー能力の習得を通して知識人の再生産に貢献した。つまり、リテラシー能力に基づく読み書き技術と技能の移住先への移転が行なわれたのである。

石屏漢人は、普洱府の易武において茶園開発に携わったが、教育重視の姿勢はこの地においても強く現れた。「易武茶案碑」には、乾隆末期に父の代に易武で茶園経営を始めた張氏が、息子二人を学校に通わす為に、その費用を茶民から供出させるように土司に働きかけたことが確認出来る(27)。

こうした教育への投資は、次第に個人レベルにとどまることなく、地縁を中心とする組織レベルで行なわれるようになった。易武では茶園拡大とともに私塾が設立され、漢文の素養が施されるようになり、民国時期になると、私塾が廃止され、学校制度が施行された(28)。この際に、新しく設置された小学校は、私塾の経費の一分を割いてその経営に充て、さらに拡充に際しては石屏会館や商人ギルドが資金援助をして全面的に学校運営を支えたという(29)。会館は普洱の例にも見えるように(30)、その資金源は土地建物の家賃収入や人々の寄付から成り立っており、同郷組織の紐帯としての役目を果たしている。加えて、ここに見える商会も石屏漢人主体の組織であったと推測されることから、学校援助そのものが石屏漢人の総意に基づいたものであったことは間違いないであろう。

このように教育重視によって支えられた民間主導の教育システムは、移住先においても導入され、多くの知識人を生み出すとともに、現地の石屏漢人移民の教育水準の向上にも貢献し、石屏漢人の移住をより一層後押しすることとなったのである。

ただ、教育への情熱と投資はあくまでも石屏出身者に限られており、移住先の現地の人々には波及しなかった。このため、技術移転のプロセスからすると、易武ではリテラシー能力の技術移転は、定着・普及の段階に到達することはなかったのである。

5　知識人の再生産と移住パターン

石屏漢人は教育を重視し、内外で設置された私塾では、リテラシー能力を持つ多くの人材が育ち、周辺地域へと散らばっていった。この結果、教育重視の気風は、移住先での活躍のみならず、移住先からの再移住にも一翼を担うことになるのである。

こうした移住先での教育によるリテラシー能力を有する人材育成の成果は、中華民国期以降、非漢人地域で顕著に現れた。易武や猛海といった地域はもともと非漢人が居住し、漢字文化に対して一定程度の教育水準を持ったものが少なかった。民国二（一九一三）年、当地に普思沿辺行政総局が設置され、柯樹勲が総局長を務めたが、行政を担った者は外界から赴任してきており、民国政府側が、清朝期のシプソンパンナー国王を介した間接支配から、より直接的な支配に移行する上で地元社会と仲立ちが出来る人材を必要としたのである(31)。そこで、これら現地の社会にもある程度通じ、一定水準のリテラシー能力を持つ易武在住の石屏漢人の存在がクローズアップされた。『鎮越県新志稿』第二章には流寓氏族という項目があり、鎮越県内の有力氏族の紹介をしている。表14はこれをまとめたものであるが、鎮越県の四つ区の中で、区長の半数が石屏漢人で占められており、教育面においても鄭恵民が普思沿辺勧学所の所長を務めるなど主導的役割を果たした。

また、易武の石屏漢人の活躍は鎮越県内にとどまることはなかった。王氏の王克寛のように、鎮越県外のメコン川西岸の仏海県（現在の猛海県）に移住した後、猛海土把総刀宗漢の姉を娶り、県の教育局長、行憲国民大会代表候補を歴任するような者まで現れ、石屏の教育重視の風土が再移住の一助となったことがうかがえる。

これまで述べてきたように、石屏では科挙受験の高まりとともに、民間において盛んに私塾が建設され、リテラシー能力を持った知識人を多く生み出してきた。そして、科挙受験不合格者として大量に生み出された下層知識人は、教

表14　鎮越県石屏出身有力氏族一覧

氏族	民国期の官職（役割）	備考
伍氏	雍正七（一七二九）年に伍午虎が、軍功を挙げ、易武土把総に任ぜられ、二百年以上続いている。	『鎮越県新志稿』では「易武土把総伍氏が元々石屏出身であった」としているが、これは後に石屏漢人との婚姻関係を繰り返した結果と推測される。
劉氏	郷紳劉向陽は、政府の命により、鎮越県の倉庫管理を任される。	
鄭氏	鄭恵民は普思沿辺勧学所の所長を務める。	
許氏	許鞨は鎮越県第一区区長（易武鎮・漫撒鎮など）を務める。	
	許煜祥は漫乃郷の郷長を務める。	
王氏	郷紳王克寛は後に仏海県（現在の猛海県）に移住し、猛海土把総刀宗漢の姉を娶り、仏海県の教育局長・行憲国民大会代表候補を務める。	
	王少和は第三区区長（県南方の猛捧など）を務める。民国三七（一九四八）年に県長と対立し、反乱を起こす。	

史料典拠：『鎮越県新志稿』第二章氏族篇　第二節流寓氏族　一四七―一五二頁

師や字識などの漢文職能者として周辺地域に散っていったのである。また、時間をかけて民間にまで深く浸透した教育重視の気風は、人々に読み書き算盤を習得させるなど教養の底上げに繋がり、石屏漢人商人の外界での活躍にも貢献したのである。さらに、こうした教育重視の姿勢は、移住先でも受け継がれ、民間で学校を建設し、教育の普及に取り組んだ。高い教育意識を持つ石屏漢人は、このようにしてリテラシー能力に基づく読み書きという技術の移転を図ったのである。

こうした一連の行動を通して石屛漢人の教育と移住活動の間にはある一定の法則が見える。つまり、石屛漢人は教育に投資することで、リテラシー能力を身に付けさせ、優秀な者は官吏として全国に赴任し、科挙に合格しなかった者も教師や字識として周辺地域に進出する機会を得た。さらにその他の者も性別を問わず、その能力を商業に転換することが出来、移住先での生活の糧に繋げる事が出来たのである。これは紹興の事例と同様に科挙受験不合格者の没落を防止し、知識人の確保にも効果を発揮したであろう。加えて、各自の能力を活かし雲南各地に散らばった石屛の人々は、地縁を中心とする石屛漢人のネットワーク形成に貢献し、移住活動を支える一端を担うこととなったのである。明代後半以降、土地資源の投資に限界が生じた石屛では、人を一種の資源とみなし、積極的に投資対象にしたといえる。

第二節　茶栽培の技術移転

普洱府の易武は、これまで説明してきたように一九世紀以降に石屛漢人の移住活動が行なわれた最も盛んな地域の一つであり、その多くが茶業関係の仕事に従事し、茶栽培が彼等の生活を支える生業の支柱であった。本節では、石屛漢人が、識字能力を活用して移住を進めたのと同様に、如何にして茶の栽培加工技術を移転・活用し、地元社会に受け入れられ、さらに周辺地域にも繰り返し拡大していったかを明らかにする。また、その過程で必ずしも漢人移民が一方的に山地に入っていくのではなく、山地民自身にも漢人移民を積極的に活用し、その技術を取り入れる動きがあったことにも触れる。

1　茶園開発と栽培技術

普洱茶の栽培加工技術移転のケースでは、技術と技能を持った漢人の職能集団が移住することで技術移転が起こり、さらにその技術を活用して他の茶山へと進出し、その中で地域を取り巻く政治・社会・経済的背景の変化により定着・普及が生じるという過程を辿る。そして、結果的にこうした技術移転が、普洱茶が地域市場から抜け出し、その名を世に轟かせる前提条件を作り出すのである。

石屏漢人の本格的な移住の発端となったのは、一九世紀末に清朝から易武一帯の茶山管理を任されている易武土把総伍氏が、シープソンパンナー国王の認可を受けた上で出した、漢人に対する移住の許可書であった。この文書を通して、易武土把総伍氏は、漫撒で土地を買い茶園を経営している漢人に、山地民のみに課せられていた清朝宮廷用の貢茶献納を含む各種賦役を負うことを求めたのである。貢茶生産が山地民にとって非常に重荷となっていたことは漢人にもその負担の平等化を求めたことからも間違いないであろう。では、貢茶生産が何故山地民にこれほどの負担となったのであろうか。この原因を知るべく、貢茶栽培とは如何なるものであったかを続いて説明していく。

普洱茶の貢茶栽培については、一九世紀末の思茅の状況を記した海関報告に詳しく紹介されている。報告には、メコン川東岸の六大茶山の倚邦と易武を例に挙げ、当地の茶栽培が漢人によって行なわれているとし、栽培方法の特徴についても具体的な解説が付け加えられている。それによれば、「茶樹は種から育て、苗木になると、前もってすべての植物を取り除いた丘の斜面に横に並べるように移植する。そして、土壌は柔らかい状態に保ち、時折雑草を抜く。また、茶樹は一般的に高さ一〇、一二、あるいは一五フィートであるが、ここでは平均七フィートの低木でなくてはならない」と土壌の状態などを含め、栽培時の方法を詳細に記している。さらに報告には、漢人のそれと比較して、メコン川西岸猛海と猛旺の山地民の茶栽培について、「猛海や猛旺の茶栽培はシャン（現在の民族分類ではタイ族）やアカ

（現在の民族分類ではハニ族）の人々によってなされているが、倚邦や易武の漢人による栽培に較べてあまり管理がされていない。雑草の手入れはなされていない上、茶樹自身も大きな樹木の影の下でほとんど野性のまま育てられている」と紹介している[32]。報告では、漢人は栽培段階で丁寧に手入れを施し、雑草の駆除や土壌の状態の保持にも及んでいるのに対し、山地民は粗放的な栽培を行なっていた点が強調されており、漢人の栽培技術のきめ細かさがうかがわれる。

このように漢人によって栽培された中でも最上級品であったのが清朝宮廷用の貢茶であり、報告には、「倚邦と易武では茶の摘み取りは三月末に始まる。最高級品は生芽の名で知られ、その芽は柔らかく、短い毛で覆われており、そこからほんの僅かな量しか得ることが出来ない。そして、その品質に関しては高く評価されており、慎重に分類され、皇室用の貢茶の一部として、北京に運ばれるのである。そのほかの熟芽・尖子などは単により古いものであり、またサイズ・色・摘み取りの時期で分けられている」とある[33]。同様の記録は、光緒一二（一八八六）年に思茅を訪れたボーン（Bourne）の調査報告にも見え、「芽茶」あるいは「毛尖」の名で紹介されており、商人の話として易武産の茶が最も良質であるが、ほんの僅かしか採れないと記している[34]。こうしたことから貢茶となる生芽の収穫量は極めて少量な上、栽培過程で多大な労力が必要とされたことがわかる。

清朝宮廷用として供される貢茶は、収穫される量が限られていた上に、質においても高い水準が求められ、その栽培管理は容易でなかった。粗放的な栽培をしていたであろう山地民にとって、こうした茶生産が大きな負担となったことは想像に難くない。そして、ここにこそ、茶栽培の技術に熟知し、かつその技術を使いこなせるだけの技能を身につけている漢人が、技術移転することで当地に進出し、第三章で述べたように利益を確保しながら地元社会に根付いていく余地が存在したのである。そして、一九世紀末から普洱茶が香港を通して世界市場に輸出されるに至り、こうした茶栽培の技術と技能に長けた石屏漢人の茶園開発は、易武だけにとどまらず、メコン川西岸へとさらなる広がりをみせることになるのである。

2　猛海茶山への加工技術移転

第四章のグラフV（225頁）で示したように一九一〇年以降、思茅海関で記録される茶の輸出が急激に伸びる。これには、メコン川西岸への茶の加工技術の移転が深く関係している。元来、猛海では先述したように粗放的な方法でシャンやアカの人々が茶栽培をしていた。彼等は、摘み取った茶を、天日干しのみの状態で定期市に持込み、それを漢人商人が買い集めて思茅に運び、そこで分類や混合を行ない、圧縮して様々な形に整えていた(35)。これは、メコン川東岸の易武や倚邦ではその場で加工を行ない、商人と取引を行なったのとは対照的である(36)。しかし、一九世紀末頃から猛海茶山の産出量が急激に増加するにつれて猛海茶山にも大きな変化が訪れる。一九〇九年に張堂階という人物が当地に恒春茶荘を開設し、茶の加工を開始したのである(37)。張堂階の茶荘については、一九五八年八月に行なわれた、恒春茶荘の従業員であった当時七四歳の刀喃温に対する聞き取り調査の中で次のように記されている(38)。

二四歳で刀氏が猛海に来た一、二年後に張堂階が揉茶（蒸してから布の袋に入れ、それを打ち振り、茶を分別する作業）を始めた。これが猛海で最も早い揉茶である。これ以前猛海では茶葉の散茶を思茅に運んでから揉製（揉茶により分別した茶をそれぞれ一定の形に整える作業）し、チベット族が毎年三月と一〇月の二回思茅まで茶を買いに来た。張堂階が茶号を設立し、思茅から揉茶技術者を呼び寄せ、揉茶と製緊（茶に圧力を加え固める作業）を開始して以降、チベットに運ぶ茶葉は猛海から輸出されるようになり、ケントゥン・ヤンゴン・カルカッタ、そして、カリンポンを経由してチベットに運ばれた。これ以後、漢人技術者の指導の下、多くのタイ族やその他民族の揉茶技術者が養成され、猛海では茶の加工技術を持つ茶荘が次々と現れたのである。

このようにして茶揉みや加重し固めるといった技術と技能を有する漢人技術者が猛海に招聘されたことで、現地の人々の中にも茶の加工技術を彼等から習得しようとする者が現れた。ここに至り、技術移転のプロセスとしての移転段階から、漢人技術者から技術・技能を学び、それを支える職能集団が地元社会において育成されるという、定着・普及という次の段階に移行したといえよう。さらに一九二八から二九年にかけて地元猛海のタイ族土把総刀宗漢が新民茶荘を設立した(39)。この茶荘は漢人との合弁であり、資本が不足していたものの、茶の加工を自ら行なった(40)。刀宗漢は、この外にも機械を購入し紡績工場を建設して技師を昆明から呼び寄せるなど殖産興業にも熱心であり、英国植民地ビルマとの貿易の必要性から英語教育にも積極的に取り組んだ(41)。また、彼の実姉は、石屏出身の鎮越県郷紳王克寛と婚姻関係を結んでおり、王克寛自身も仏海県にて教育局長の要職についていることから、石屏出身者のこの地域への影響力が垣間見える(42)。

さらに、茶荘で雇われていた労働者には、易武・倚邦・石屏・思茅などの茶の加工技術と技能を持った出身地の者が含まれており、経験者として一役買っていたと推測される(43)。

以後、当地には次々と茶荘が設立された。こうした様子については、一九三八年に仏海県を訪れた姚荷生が以下のように記している(44)。

> 昔、シプソンパンナーで採れた茶葉は、まず思茅普洱に運ばれ、緊茶に精製されたので、普洱茶と呼ばれた。チベット人は西康省阿登子（アトンズ）から大理に普洱茶を買いに来た。民国七（一九一八）年に雲和祥が仏海で緊茶の製造を始め、そして、これらの茶を、緬甸、印度を経由してチベット辺疆のカリンポンに運び、チベット人に売り、巨大な利益を得た。商人がこの噂を聞きこの地にやってきて、多くの茶荘が次々と設立され、今では大小の茶荘が一〇数軒林立している。

このように加工技術の移転とミャンマー経由の新たなチベットへの交易ルートの開拓により、豊富な産出量を誇る猛海地域の茶山が外部の市場と結びつき、より活況を呈するようになったのである。

石屏漢人は茶の加工技術を移転することで、猛海の地元社会に深く関っていった。一方で、地元社会にも猛海土把総刀宗漢のように石屏漢人と婚姻関係を結び、茶荘を開くなどして、その技術や経営方法を積極的に吸収し活用する者が現れた。こうした動きから、漢人側が経済的な利益を追求し、茶の加工技術を媒介とすることで入植していくという一面に加え、地元社会が漢人の技術や技能を習得し、自らに還元していったという側面が垣間見える。これは、交易の活発化という変化の中で地元社会にも技術や技能を持つ職能集団が形成され、再生産を開始するという本格的な技術の定着・普及が生じたことを意味する。

以上のように普洱茶が世界市場開拓に成功し、中国沿岸部の消費者の要求に堪え得るだけの品質を保持出来た背景には、石屏漢人の辺疆地区への技術・技能の移転によって担われた貢茶生産の歴史が関係していたのである。

石屏漢人は茶栽培の技術を媒介としながら巧みに移住を繰り返す一方で、地元山地民は貢茶の例に見えるように彼等の技術移転を利用した。さらに二〇世紀になると、隣接する英国植民地ビルマとの交易の活発化にともない、猛海タイ族土把総刀宗漢のように積極的に加工技術を習得し、自ら茶荘を開く者も現れた。普洱茶の加工技術に関して、定着・普及が開始されたのである。

そもそも石屏漢人が急速に普洱茶の栽培技術を習得し、短期間で高い水準にまで達することが出来たのには、それまでの石屏盆地における経験が関係していたと考えられる。つまり、石屏盆地は、土地資源の効率化のため綿・桑・麻などが盛んに栽培されてきた歴史を持ち、こうした商品作物栽培について豊かな経験があり、茶栽培にもそれを応用することが出来たのであろう。石屏漢人が、いち早く普洱茶栽培に着手出来、後世に見る茶市場の独占が可能となったのは、このような確固たる経験則に基づいた商品作物栽培の技術と技能に、取捨選択や工夫を加え、普洱茶の栽培に適用するというまさに石屏盆地で蓄積した知識資源を活用した成果といえよう。

第三節　鉱山開発技術

石屏漢人は、雲南各地で鉱山開発に従事し、その経験を通して結束力を強めるとともに鉱山開発の技術にも磨きをかけてきた。この結果、二〇世紀の箇旧鉱山では、建水人とともに鉱山採掘を行なう廠主（供頭）の多くを担い、強力な勢力基盤を形成したのである。

箇旧の採掘部門において石屏漢人がここまで勢力を伸張するに至った背景には、古くから鉱山開発に従事してきた海東地域出身の技術者集団の存在が大きい。第一章で述べたように、異龍湖東岸の湖出口部にあたる海東では、土砂が蓄積しやすく、淹水被害が頻発したため、数世紀に渡って浚渫などの治水工事が繰り返し行なわれてきた。こうした積年の淹水被害は、海東の人々を苦しめ経済的に移住へと追い詰めていく一方で、土木工事に関する経験の蓄積と技術の発達をもたらしたのである。

1　水利工事の経験蓄積と組織力の強化

異龍湖東岸では、幾度となく淹水対策のため官主導で治水工事が実施されてきた。この中で史料上確認出来る最も早いのが、明代天啓年間に知州顧慶恩が実施した治水工事であった。知州顧慶恩は、第一章で述べたように異龍湖東岸の他にも、宝秀河の付け替え工事などの大規模水利事業を推進した。顧慶恩は、江南デルタの太湖湖畔に位置する蘇州の呉県出身であった。この一帯では、北宋から明初に至るまで大規模な低湿地開発が進められ、宋代には「蘇湖熟すれば天下足る」と称されたほどの大穀倉地帯となり、中国経済の最先進地域であった。しかし、江南デルタ地帯は、六月から九月までの梅雨と台風期に雨が集中し、周辺山系から太湖に水が流入するため、水位が上昇し、異龍湖同様に水の滞留に苦しんでいた。そこで、この地域では、排水するための技術や経験が蓄積されることとなったのである。[45] おそらく顧慶恩が大規模水利事業を実施した頃、石屏の人々は治水工事の経験が浅く、当時の最先進地域であった郷里から経験豊富な技術者を招聘した可能性は十分に考えられるであろう。そして、こうした技術者に従って治水工事を行なう中で、海東周辺の人々は次第に治水工事の技術を習得し、徐々に習熟していったのではないだろうか。

また、一連の淹水対策にともなう治水工事は、技術面の発達だけにとどまらず、共通の作業を通して地元社会の人々に組織力を高める効果をもたらしたと推測される。康熙年間末に異龍湖東岸で治水工事を実施した吏目の葉世芳は、頻発する淹水被害を憂え、浚渫工事を定期的に行なっていく方針を打ち出した。[46] つまり、新田開発によって生じる利益で農閑期の人夫を雇用して、それを元手に定期的に治水工事を行なうようにしたのである。こうした農閑期の人夫は、周辺地域の農民によって構成されていたと考えられるが、罰則を設けることで地元の人間が組織的に取り組むように法を整備した。そして、第一章で詳述したように、こうして決定した方針を「歳修海口碑記」として石に刻み残すことで、子々孫々まで伝え守られることを望んだのである。果たして、こうした規則がどこまで正確に守られたかは不明である。しかし、土砂の堆積と淹水は二〇世紀になるまで継続していたことから何らかの形で定期的に治水工事に取り組まざるを得ず、自然災害に対し力を合わせて組織的に対処することで、海東地域住民同士の繋がりが強まり、組織力を高める効果をもたらしたことは間違いないであろう。

このように、明代万暦年間から本格的に開始された異龍湖東岸の官主導による大規模治水工事では、初期の段階では外部の土木技術者に指導監督を仰ぎながら、徐々に地元海東の人々は具体的な方法を学び、自ら担うようになったと考えられる。そして、こうした実践を通して治水工事の経験を積み重ねる過程で、土木技術を発達させる余地が生まれたのであろう。加えて、実際の工事では周辺住民の組織的協力が不可欠であり、治水工事が繰り返される過程で技術の伝達や共有も行なわれるようになったと推測される。

2　鉱山開発における掘削技術

長年に渡る治水工事を通して海東出身者は、土木技術を発達させ、組織的協力を実践することで、上壩や中壩などの他地域の石屏漢人に先んじ、箇旧や老摩多に代表されるように鉱山開発を主導する素地を作ってきた。治水工事で豊富な経験を持ち、土木工事に一日の長を持つ海東の人々は、鉱山開発において、外省の人間に学ぶ際にも素早く技術を吸収出来る上、それまで身につけた土木技術を応用することも容易であったであろう。こうして海東出身者は、一八世紀の鉱山開発の潮流に乗り、雲南各地の鉱山に散らばり、経験を蓄積しつつ、鉱山開発に必要な土木技術に一層磨きをかけていったのである。この結果、多くの後継者が育成され、後の箇旧鉱山での石屏漢人の活躍に繋がる基礎を作りあげたのである。

箇旧の龍樹では海東出身者が雍正年間から銀の採掘に従事していたが、一九世紀に至り箇旧へと移動し、錫の採掘を開始した。これとほぼ同時期に元江（＝紅河）南岸の老摩多金山から海東出身者が箇旧廠の錫山開発に合流する形となる。加えて、一九世紀末に蒙自に海関が設置され、錫の取引が盛んになると、石屏盆地の上壩や中壩の人々も富を求めて箇旧の錫山の開発に参入することとなった。こうして各地で鉱山開発を巡って他地域の勢力としのぎを削る中、同郷者同士で結集し、上・中壩からも労働力の供給が行なわれたことで石屏漢人は箇旧において強力な勢力基盤を築ける条件が整ったといえる。これ以降、建水の人々とともに江西などの外省勢力を押し退け、箇旧鉱山開発の主導権を掌握し、官からの管理強化、英仏産業界の圧力にも粘り強く抵抗し、自らの利権を確保することとなる。

第四章で述べたように箇旧鉱山における勢力基盤構築の大きな要因となったのは、石屏と建水出身者による採掘部門の掌握であった。そして、こうした両者による箇旧鉱山の採掘部門独占には、彼等の持つ独自の掘削技術が関係していた。鉱山開発には、坑道の掘削や溜まった水の排出など様々な土木技術が必要とされる。この点において、箇旧の錫山開発では、石屏出身者は露天掘りを、建水出身者は坑道掘りをそれぞれ伝統的に得意としたのである(47)。これは、ある掘削技術を共有する職能集団が地域ごとに存在していたことを示唆する。元江（＝紅河）以南に位置する老摩多金山の開発では石屏海東の産金業者が地元土司との交渉に一役買っていたといわれ、石屏には昔からこうした鉱山開発業者が存在し、鉱山開発ごとに大いにその能力を発揮したと推測される(48)。石屏と建水はともに古くから雲南各地で鉱山開発にかかわってきた歴史を持ち、前者は海東出身者が、後者は西荘出身者がそれぞれ中心的役割を担ってきた。こうした人々が長年培ってきた露天掘りや坑道掘りの技術を、新規参入した同郷者や若い世代に移転することでその技術が伝統的に受け継がれてきた構造が垣間見える。

ただし、二〇世紀の箇旧鉱山において、外省漢人を退け、地元の石屏と建水出身者が勢力を伸ばし、影響力を保持出来た原因として、当然のことながらすべてを掘削技術に帰することは出来ない。なぜなら、雲南の鉱山開発を、それまで担ってきた外省漢人は、雲南漢人よりも格段に豊富な経験を持っており、技術面で劣ることはなかったと推測されるからである。地理的に隣接する石屏と建水出身者が、箇旧鉱山で強い勢力基盤を築くことが出来た背景には、地元であるが故に大量の労働力を容易に供給出来、他勢力との利害対立においてもすぐに人員を派遣して武力衝突に備えることが可能であったことが大きく関係していたといえよう。さらに、石屏と建水出身者が採掘製錬部門の大半を担う一方で、不得手な国際貿易を外省漢人に任せるという一種の分業体制を確立出来たことで、鉱山の発展を可能にしつつ、自己の利益を確保し影響力を保持したのである。あくまでも掘削技術の習得はこうした体制に移行する上でその一助となったに過ぎない。

以上、これまで論じてきたように石屏漢人の鉱山開発において主導してきたのは海東の人々であった。海東出身者は、明代以来の水利事業を通して土木技術を身につけ、これに関する様々な経験をまさに知識資源として蓄積してきた。そして、この知識資源を下地として治水工事に関する土木技術に工夫や応用を加えることで鉱山開発にも秀でた能力を発揮した。さらに、彼等は各地の鉱山に進出し、経験を蓄積する中で、石屏漢人の特徴となる露天掘りなどの技術を生み出したと推測される。世界市場の需要増加に支えられ箇旧鉱山が全盛期を迎える中、技術を持つ海東出身者は、新たに参入した同郷の上壩や中壩の人々に掘削技術の移転を行なうことで、掘削の担い手を育成し、箇旧での影響力を増していったのであろう。

おわりに

石屏漢人は、清代中期以降、石屏盆地の開発が頭打ちとなり、移住によるフロンティア開発に活路を見出した。この中で彼等は、（1）リテラシー能力に基づく読み書きの技術（2）茶の栽培加工技術（3）鉱山掘削技術などの独自の知識や技術を媒介とし、新たな土地に入り込み、技術の移転を行ないながら、定住を進めたのである。とりわけ非漢人地域では、石屏漢人の持つこうした技術が不可欠であったため、地元社会との間で一種の潤滑油として相互依存関係の構築に貢献し、移住をより円滑に進めることが可能となった。

このように石屏漢人が、様々な技術を急速に習得出来た背景には石屏盆地が歩んできた歴史が関係していた。つまり、耕地開発の限界に達した明代万暦年間以降、石屏漢人は、大規模水利事業、商品作物の栽培、手工業の発展、教育への集中的投資を行ない、状況の打開を図ってきた。結局、清朝以降、石屏漢人は積極的に移住を進めていくこととなるが、外界において彼等の生活を支えたのがこうした過程で身につけた技術であり、さらには技術を含む様々な経験を通して積み重ねてきた知識の集大成、つまり、知識資源であった。長い時間をかけて蓄えられた知識資源は、多種多様な商業機会に対する臨機応変な対応を可能にした。即ち、鉱山開発では、治水工事の経験豊富な海東地域出身者に活躍の場を提供した。易武の茶栽培では、商品作物栽培を通して身につけた経験則が応用され、茶の運搬ルートの整備などにも豊富な土木工事の経験が威力を発揮した。また、教育への集中的投資は、多くの下層知識人を生み出し、漢文素養を武器に字識や教師として、清朝との接触が増加しつつあった非漢人地区で重要な役割を担ったのである。

註

（1）科挙に関しては、宮崎市定一九八七『科挙史』を参照されたい。
（2）康熙『石屏州志』巻九、芸文志、碑記、「重修学宮碑」。原文は以下の通り。「石屏為甸町名勝，学宮起自元時，及明初重建，漸加開拓，踵事増華。於是規模宏敞，較他州為最，三百年来，士之由科日升庸者百餘人，西南文物於斯称極盛已」。
（3）表11は、順治一八（一六六一）年から道光一四（一八三四）年まで道光『雲南通志稿』（巻一三七―一四二、選挙志）に、それ以降の道光一五（一八三五）年から光緒二四（一八九八）年までは光緒『雲南通志』（巻一〇一、選挙志）に拠ってそれぞれ作成した。科挙は光緒三〇（一九〇五）年を最後に廃止されたため、清朝期の雲南における科挙合格者についてはこれでほぼ網羅出来る。また、挙人に関しては、雲南省に割り当てられた郷試合格者の人数、いわゆる学額が史料上にそれぞれ付されており、清代を通して挙人の人数とその出身地を高い精度で把握出来る。
（4）こうした背景には、この頃起きた人口爆発に起因する大規模漢人移民流入による雲南社会の変動があり、外省出身の漢人が移住先である雲南で出身地を偽り、科挙試験を受験する傾向が増加したと推測される。例えば、清朝期の台湾を対象として科挙受験の第一段階である童試受験を分析した林淑美の研究によると、個人の受験資格の有無の確認は不可能であり、事実上他人の保証に頼らざるを得ず、合格者の多くは、台湾本地人ではなく、内地からの受験生によって占められていたという。林淑美二〇〇二「清代台湾移住民社会と童試受験問題」『史学雑誌』（一一一（七）、六〇―八四頁）および林淑美二〇〇五「十八世紀後半の台湾移住民社会と童試不法受験事件―受験の諸条件と廩保―」『東洋学報』（八七（三）、三二一―三四九頁）を参照。
（5）雲南省地方志編纂委員会『雲南省志』巻一、七頁。

（6）雲南省内における石屏が占める人口の割合は、明代正徳年間では〇．八パーセント、嘉靖年間が一．二八パーセント、乾隆年間が〇．八四パーセントである。同時期の雲南の人口数に関しては、前掲 李中清『中国西南辺疆的社会経済：1250—1850』掲載の表5．1（一三二頁）および表5．5（一四二頁）を参照。

（7）科挙試験に関連して社会移動の流動性を論じた何炳棣は、明・清代の科挙制度の興盛を支える上で有効な役目を果たした要因として、官立私立の各種学校の充実、試験志願者に対する共同体の種々の援助、一族の資金力を結集し財政援助を行なう機能として発揮した宗族制度、印刷業の発達による書物の普及などを挙げる。Ping-ti Ho, *The Ladder of Success in Imperial China, Aspects of Social Mobility, 1368-1911.* op.cit.（前掲 何炳棣『科挙と近世中国社会—立身出世の階梯』八三—一〇〇頁）。

（8）万暦『雲南通志』巻八、学校志。内容は以下の通り。「石屏州の儒学は州治の東方にある。元朝の至元年間（一二六四—一二九四年）に建てられ、戦乱により消失したが、洪武二二（一三八九）年に再建された（石屏州儒学在州治東。元至元間創，毀於兵燹。洪武二十二年復建）」。

（9）明・清代の教育機関については前掲 松丸道雄・池田温・斯波義信・神田信夫・濱下武志編『世界歴史大系　中国史4—明～清—』（一八、四八五—四八六頁）を参照。

（10）天啓『滇志』巻九、学教志。内容は以下の通り。「龍泉書院は州城の北方にある。万暦年間に知州の徐応斗が建設した。社学は州城の西・宝秀市・五畝・張大寨にそれぞれ一箇所ずつ、計四箇所あり、知州の蕭廷対がそれらの拡張工事を行なった（龍泉書院在州北，万暦間知州徐応斗修建。社学四，一在州治西、一在宝秀市、一在五畝、一在張大寨。知州蕭廷対増建）」。

（11）乾隆『石屏州志』巻二、学校志、義学。六箇所の義学として城内尊経閣義学・宝秀秀山書院義学・五郎溝義学・海東義学・龍朋城義学・曠野義学が挙げられている。

（12）民国『石屏県志』巻六、風土志、士習。原文は以下の通りである。「士以立品為先，博文為務，四書五経人人誦習，大約品学優者設塾収徒，晨背旧書，饔習楷字，読新書三次，再背旧書，学徒稍高者，或課文或課対課詩，或講経史，殆後休息，晩温書，此其大略也。若聡穎之徒有一年課畢数経者」。

(13) 民国『石屏県志』巻六、風土志、士習。原文は以下の通りである。「官聘之師，上者為書院山長，下者為義学師，然不如私塾之盛」。

(14) 乾隆『石屏州志』巻二、建設志、文社。原文は以下の通り。「星聚館在城南。孫穎授徒，於此幾三十年，生徒二百餘人，門署曰，翰墨林。翰院許賀来、張漢倶出其門。呂従姫、譚璜、孫士鶴倶解元。孫守之、許龍驤、許泰来、馮崑瑛、孫昞倶郷挙…餘博士弟子員四十餘人，時称門墻之盛」。

(15) 許賀来と張漢の履歴については乾隆『石屏州志』（巻二、学校志、科目）に詳しい。

(16) 乾隆『石屏州志』巻二、建設志、園林。内容は以下の通り。「古栢山房は西湖（赤瑞湖）の東南の土地廟のそばにあり、張一甲が学んだ場所である（古栢山房在西湖岸東南土地廟側，張一甲読書処）」。張一甲に関しては、乾隆『石屏州志』（巻四、人物志、郷賢）に「張一甲、字は退叔、号は蓑君、庚辰の年（一六四〇）に進士となる（張一甲，字退叔，号蓑君，庚辰進士）」とある。

(17) 乾隆『石屏州志』巻二、建設志、文社。

(18) James H. Cole, *Shaohsing : Competition and Cooperation in Nineteenth-Century China*, The University of Arizona Press, 1986,pp.75-129.

(19) こうした下層知識人である紹興師爺については、山口久和（二〇〇七「立身出世の階梯を諦めた人々—章学誠の〝紹興師爺〟像を中心に」『都市文化研究』九、八六—九七頁）の研究がある

(20) 貢生に関しては、前掲 宮崎市定『科挙史』（一一九—一二五頁）を参照。

(21) 劉篤公の名は、乾隆『石屏州志』（巻二、学校志、貢士）に確認出来る。また、その事績について、民国『石屏県志』（巻三〇、芸文附録一一、「貢士劉振振墓表」）に次のように見える。「わが石屏の劉公振振先生は乙亥の年（康熙三四〔一六九五〕年）に亡くなり、享年五九歳であった…姓は劉、諱は篤公、字は振振である…先生は二番目の弟の翼翼とともに生徒を受け入れ、土地を耕しながら授業を行なった（吾屏劉公振振先生卒乙亥，年五十有九…姓劉氏，諱篤公，字振振…先生乃与仲弟翼翼公謀授徒，且耕且課）」。

(22) 楊桐の名は、乾隆『石屏州志』(巻二、学校志、貢士)に確認出来る。また、その事績に関して、民国『石屏県志』(巻三〇、芸文附録一一、「敕封翰林院庶吉士教授楊君墓表」)に次のようにある。「君は雲南石屏州の人であり、幼くして体に障害を負っており、自ら学問に励み、その才能は抜きん出ていた。二四歳にして、州学の門人となり、ついで生活のため生徒を受け入れた。家塾の師として厳格であった…康熙己卯の年(三八〔一六九九〕年)に郷試に合格したが、字句に誤りがあったので、副榜(補欠合格)となった。丁酉の年(五六〔一七一七〕年)に江川県の県学の教諭となった…君、諱は桐、字は嶧山…君は康熙乙巳(四〔一六六五〕年)正月二〇日に生まれ、雍正辛亥(九〔一七三一〕年)八月三日に亡くなった。享年六七歳であった(君雲南石屏州人，少負異姿，知自力於学，徳器卓然，年二十有四，補州学弟子員，旋食餼授徒，家塾師厳…康熙己卯中式，以字句疵，抑置副榜。丁酉授江川県学教諭…君諱桐，字嶧山…君生康熙乙巳正月二十日，卒雍正辛亥八月初三日，得年六十有七)」。

(23) 楊浥膏は、民国『石屏県志』(巻七、学校志、貢生、道光年)にその名を確認出来る。その事績については民国『石屏県志』(巻三二、芸文附録一二、「楊融甫先生墓誌銘」)に「先生は石屏北郷の人であり、諱は浥膏、字は融甫、稚蓮と号し、晩年は湫雲と号した…癸卯(道光二三〔一八四三〕年)の年に祭酒督学となる…後に石屏に帰郷し招聘を受けて、思茅に四年居住した後に辞退して、郷里で生徒を受け入れ、郷里では多くの後進を育成した。これは先生の功績であると世間の人々は評した(先生石屏北郷人，諱浥膏，字融甫，号稚蓮，晩号湫雲…癸卯葉祭酒督学…後帰屏応聘，思茅居四年辞還，教授郷里，郷里後進成就益多，此則先生之功及乎人世者也)」とある。

(24) 民国『石屏県志』巻六、風土志、商業。内容は以下の通りである。「商人は皆、字を読むことが出来、優秀な者は文章も書け、字も上手であり、そうでない者でも『三国志演義』や小説を読むことが出来る。また往々にして文書を書くことが出来、理財にたけ、計算能力にも秀でている…石屏人には次のような常套句がある。商家には、算盤・帳簿・金融相場・信用という四つの宝がある、と(商皆識字，高者能文工書，下者閲三国演義、小説，亦往往自操書，扎持籌握算，綽有能力…屏人有恒言。商家四宝，一算盤、二賬務、三銀水、四信用)」。

(25) こうした科挙に挫折した人々が商業などの別の職業に転職して社会的成功を模索する例は、徽州や広西においても確認

出来る。菊池秀明 前掲『広西移住社会と太平天国』(二五五―二五六頁)、何炳棣 前掲『科挙と近世中国社会―立身出世の階梯』八三―一八四頁)。

(26) 民国『石屏県志』巻六、風土志、婦工。内容は以下の通りである。「婦女は徳行を重んじ、また詩文にも長け、読み書き算盤も習得し、農商の助けとした(婦女重徳行，亦或能詩文，嫻書算，助農商)」。

(27) 「易武茶案碑」の小引に「道光一七(一八三七)年に、張応兆の二人の息子である張端と張煜は学校に入った。張応兆は茶山に入り、易武の土弁を通して茶民から供出させようとした(道光十七年〔張〕兆之二子張端，張煜幸同入庠，兆到山□，易官諭茶民幇助)」とある。

(28) 『鎮越県新志稿』第三章、教育篇、第二節 私塾、一五三―一五四頁。内容は以下の通りである。「天下に聞こえる普洱茶の産地は、攸楽・倚邦・莽芝・蛮磚・漫撒・易武の六箇所あり、六大茶山と呼ぶ。その内、易武・漫撒の二箇所は鎮越県に存在し、ともに第一区に位置する。茶業が盛んであり、漢人が大量に流入し、普洱茶経営をしていた時代に漢文の私塾を設立した。この種の私塾は民国初年になり、とうとう現在の学校に取って代わられた(馳名天下之普洱茶之産区有六，曰攸楽、倚邦、莽芝、蛮磚、漫撒及易武，統称六大茶山，本県佔有其二，曰易武、曰漫撒，均位于第一区。当茶産旺盛，漢人大量移入以経営普洱茶的時代，応即有漢文私塾之設立，此類私塾，一直延至民国初年，方始由現在之学校所取代)」。

(29) 民国『鎮越県志』第十章、教育(1)県立小学。内容は以下の通りである。「民国一六(一九二七)年に県に改められるに至り、初めてこの地を長きに渡り担当していた県長が提唱し、私塾に改革が加えられ、第一区易武に小学校のクラスが一つ設置された。運営費は、私塾の経費を一部割いて賄った。民国一八(一九二九)年になり、前任の県長温楽山が私塾を廃止し、易武小学校の設備を整え、もう一クラス拡充した…民国二四(一九三五)年から、二学年の小学校に小学生女子クラスと小学生クラスをそれぞれ募集した。この結果、上級クラスが一つ、小学生クラスが二つ、女子クラスが一つとなり、運営費に不足が生じたため、石屏会館が二一〇元、商人ギルドが三〇元、財政局が六〇元、合わせて三〇〇元それぞれ出し合った(至民国十六年改県後，歴任県長，始稍提唱，対於私塾，始稍改良，就第一区易武設初小一校学生一班。経費由裁私塾原有之経費充之。至民国十八年，前任県長温楽山，始将私塾取消，将易武小学添設完備，拡充初小一班…自

二十四年起，就両級小学内，添招初小女生一班、初小一班。自此有高級一班、初小二班、女生一班，不敷経費，由石屏会館，私会内提款二百一十元、商会提拔三十元、財政局提拔六十元，共三百元）」。

（30） *Decennial Reports,1892-1901*,Vol2.Szemao,p.487.

（31） クリスチャン・ダニエルス 一九九九「西南中国・シャン文化圏における非漢族の自律的政権―シプソンパンナー王国の改土帰流を実例に―」『アジア・アフリカ文化研究所研究年報』三四、五六―七〇頁。

（32） *Decennial Reports,1892-1901*,Vol2.Szemao, p.490.

（33） *Ibid.*

（34） China, No. 1（1888）: *Report by Mr. F. S. A. Bourne of a Journey in South-Western China*, Presented to both Houses of Parliament by Command of Her Majesty, London,1888. ボーンは一八八五年一〇月二六日から一八八六年五月五日まで四川・雲南・広西・貴州を旅行し、各地の詳細な記録を残しており、茶山の状況について公式報告は実態と乖離しているとし、独自の調査に基づき報告している。

（35） *Trade Reports,1903*,Szemao, pp.897-898.

（36） *Ibid.*

（37） 雲南省猛海県地方誌編纂委員会 一九九七『猛海県誌』（二一〇頁）では、張堂階は石屏出身としている。

（38） 中国科学院民族研究所雲南民族調査組雲南省歴史研究所民族研究室編 一九六四『雲南省傣族社会歴史調査材料―西双版納地区―』（九）「猛海工商業資本家対各族労働人民的剥削」五三頁。原文は次の通り。「拠74歳的傣族資本家刀喃温談，他24歳到猛海，1―2年後，始有張堂階揉茶，這是猛海揉茶最早的一家。在此以前，猛海茶葉散茶運至思茅揉製，藏族在毎年三月和十月，両次到思茅買茶。張堂階設立了茶号，由思茅請来了漢族揉茶師，開始揉茶製緊茶以後，運往西藏的茶葉便由猛海出口，経由景棟、仰光、加爾各答噶倫堡而進入西藏。此後，包括傣族和其它兄弟民族的大批揉茶技術人員，在漢族師傅的培養下成長起来，而猛海地区揉製茶葉的商号也如雨後春笋，紛紛出現」。

（39） 前掲 中国科学院民族研究所雲南民族調査組雲南省歴史研究所民族研究室編『雲南省傣族社会歴史調査材料―西双版納

地区―』五三頁。

(40) 譚方之 一九四四「滇茶藏銷」『辺政公論』一一（三）、四九―六〇頁。原文は次の通り。「為住仏海之漢人、土司、叭、鮓等，合資設荘，資本薄弱，祇能採製，無力運搬」。

(41) 劉献廷「猛海土司刀宗漢先生略伝」（『雲南文史集粋』（九）、一〇二―一〇五頁所収）。本略伝は、刀宗漢の長女刀卉芳提供の資料に拠ったとある。

(42) 『鎮越県新志稿』第二章氏族篇、第二節流寓氏族、一四九頁。

(43) 前掲 中国科学院民族研究所雲南民族調査組雲南省歴史研究所民族研究室編『雲南省傣族社会歴史調査材料―西双版納地区―』五七頁。原文は次の通り。「受雇工人主要是漢族，傣族，此外有拉祜，哈尼等族。工人除少数来自瀾滄，易武，倚邦，磨沙，石屏，思茅等地外，多数是猛海人…当毎年六月開始採製茶葉的時候，他們即受雇帮工」。

(44) 姚荷生『水擺夷風土記』第二部，西双版納見聞録茶的都市―仏海，一四四―一四六頁（『民俗民間文学影印資料』）。原文は次の通り。「従前十二版納出産的茶葉先運到思茅普洱，製成緊茶，所以称為普洱茶。西藏人由西康阿登子経大理来普洱購買。民国七年雲和祥在仏海開始製造緊茶，経緬甸印度直接運到西藏辺界葛倫舗売給藏人，賺到很大的利益。商人聞風而来，許多茶荘先後成立。現在仏海約有大小茶号十餘家」。

(45) 前掲 濱島敦俊「明代の水利技術と江南地主社会の変容」『シリーズ世界史への問い 2 生活の技術 生産の技術』（七五―一〇三頁）。

(46) 前掲第一章註（46）、乾隆『石屏州志』（巻五、芸文志一、記、「歳修海口碑記」）を参照のこと。

(47) 箇旧市志編纂委員会 一九九八『箇旧市志』（三〇四頁）には、当時「建水人多打老硐，石屏人多盤嶺崗」といわれていたとある。同様の記述は、『新修支那省別全誌』3（九三二頁）にも見え、「錫山の経営に就て見るに箇旧土著人は、概してその性質悍勇にして闘争を好み、阿片、賭博に沈溺する習僻があるので、錫山の経営は多く建水県石屏県出身者によって占められて居り、建水県人は硐尖（坑道掘鑿による経営）を主とし石屏県人は打草皮尖（露天掘採鉱）を主とする伝統的特徴がある」とある。

（48）『新修支那省別全誌』3（一〇〇九頁）には、「老摩多金山は明朝末期より採鉱せられ、入山者は一人銀一両の入山税を土司に納付して採掘する慣習であったが、約二〇〇年以前、石屏、海東の産金業者が猛拉土司より老金山、銀鉱河の周囲約二〇〇支里に亘る鉱区を買収し、入山税を免除されることとなった」とある。また、民国『石屏県志』（巻六、風土志、商業）には、「清朝嘉慶年間以後、銀山が衰え、箇旧鉱山で錫が発見された…これより以前に下四郷出身の人々は、紅河南岸の老摩多金山で採掘を行なっていたが、次第に移動し箇旧鉱山へと集まってきた（清嘉慶而後，銀廠業衰，箇旧老廠発現錫鉱…先是下四郷有到江外採辦老摩多金廠者，亦漸移集於箇旧老廠也）」との記述があり、老摩多金廠を開発する採掘業者も、後により利益を生み出す箇旧に移ったことがわかる。

終章

かつて雲南の歴史を概観しつつ、東南アジアにおける動向も踏まえて漢人の南方への拡大を論じたフィッツジェラルド（C. P. FitzGerald）は、移住の原動力を民間の自発性に求め、王朝権力との相関性を強く否定した(1)。こうした見解は、民間主導型移住に軸足を据えた研究でしばしば唱えられた、人口圧によって飽和状態となった地域から周辺の人口希薄の未開発地域に押し出され、次々とフロンティアを移民で埋め尽くしながら移住を繰り返していく図式とも共通している。こうした図式が広く支持されてきた背景には、従来、王朝主導型移住を起源とする植民社会を土地に固定された存在であると見なし、王朝主導型の移民の歴史が全く静態的に描写されてきたこととも関係している。これは、結果的に、歴代王朝が周辺地域に配置した軍事移民の意義を、耕地面積の拡大や土着民との融合を通して、現代の中華人民共和国の形成の前提条件を整えたという予定調和的な理解にとどめ、中華世界の拡大があたかも民間主導型移住の結果であるというイメージを生み出し、中国史における移住活動の歴史を余りにも平坦に描くという弊害をもたらしたといえる。

しかし、こうした見方は、本書で論じたように石屏の事例を通して修正を加える必要がある。即ち、民間主導型移住に加え、王朝主導型移住によって中華世界の周辺部に誕生した漢人社会が、時間の経過とともに変質し、移住活動を通して周辺部に拡大することで、両者が車の両輪として相互に補い合い、加速度的に漢人の居住範囲が外側に向かって押し広げられ、中華世界の拡大を促していくというメカニズムが浮かび上がってきたのである。そして、王朝主導型移住によって出現した社会が時間の経過とともに成熟し、流動性の高い民間主導型移住を生み出す社会へと変質するという事実は、中華世界の周辺部に配置された王朝主導型移住社会に対する固定的かつ静態的イメージを改め、自律的で動態的な存在として認識する必要を我々に迫るのである。

ここで、本書を通して、明らかになった点を確認すると以下の六点にまとめられる。

① 明代初め、王朝主導型移住である軍事移民は、山脚部などの水資源を管理しやすい地域を中心に自然の重力を利用する自流灌漑の水利技術に依拠して石屏盆地の耕地開発を進めたが、一六世紀には早くも耕地不足と人口増加によって構造的飽和状態に陥った。そこで官主導の大規模水利事業によるクリーク灌漑や囲田造成などの低地開発を推進するとともに、商品作物の栽培、手工業の発達などにも取り組み、状況の打開を模索してきた。しかし、こうした努力にもかかわらず、清朝初期には石屏盆地の開発は限界に達し、その後の漢人移民の大量流入も加わり、人口が集中する地域から新たな生活空間を求めて外の世界へ進出せざるを得ない内的要因が形成されていった。

② 一六世紀以降に生じた石屏盆地の構造的飽和状態の下で行なわれた、大規模な水利事業、商品作物の栽培、手工業の発達、さらには教育に対する集中的投資などは、問題の根本的解決には到らなかったが、それぞれ土木技術や栽培技術の発達、教育レベルの向上、勤勉かつ忍耐強い風土などの様々な副産物をもたらし、後の石屏漢人の技術を駆使する移住戦略の基盤作りに大きく貢献することとなった。

③ 盆地開発の限界に達した石屏漢人を外界へと引き付けたのは、元江（＝紅河）を介して石屏の南西部に広がるフロンティアとそこへと通じる交通路の存在であった。この地域は、当時他地域の商人の進出があまり進んでおらず、競合相手が少なかったことも幸いした。加えて、一八世紀前半の雲南の銅山開発の本格化と銅運搬による交易活動の進展が、雲南を含む全国の交易ルートの再編へと繋がり、経済的に中華世界に組み込まれることで雲南

経済の活性化が起こり、道路建設や船舶航行可能な河川工事などに象徴される交通インフラの整備にともなう運搬費用の低下もあり、フロンティア地域の開発が進み、移住活動に絶好の機会を提供した。こうしたフロンティアの存在と経済活性化が石屏漢人を誘う外因を形成したのである。

④石屏漢人は、清朝期におけるフロンティア地域の資源開発の潮流に乗じ、巨大な利益を生む鉱山開発や普洱茶栽培を中心に様々な生業に従事しながら、次々と外界に進出した。また、天然資源の開発と経済活動の活発化は、改土帰流などを通して土司地域と清朝政府の関係性に緊密化をもたらし、土司地域においてリテラシー能力を持つ石屏の下層知識人に活躍の場を提供することとなった。こうして知識人から農工商にわたる様々な形で雲南各地に移住した石屏漢人は、その地域において各自の属する社会的立場を超え、地縁を紐帯としてお互いに結びつくことで、雲南に広がるネットワークを重層的に支える役割を果たした。

⑤一九世紀末に蒙自と思茅に海関が設置されたのを契機に、短期間で大量輸送を可能にする鉄道が敷設され、雲南はベトナム経由で香港を通して世界市場に深く組み込まれることとなったが、この時、雲南の主要輸出品となったのが箇旧産錫と普洱茶であった。長期に渡って茶栽培と鉱山開発に従事してきた石屏漢人は、豊富な経験を通して蓄積してきた知識資源を基に訪れた商機を活かし、大幅な成長が見込まれる両産業に同郷の人材を集中することで、普洱と箇旧において確固たる地位を築いていった。

⑥石屏盆地では、限られた土地資源の効率化を通して土木や栽培の技術が発達し、漢文素養を持つ大量の知識人が生み出された。こうして蓄積された技術と経験は、知識資源として結実し、石屏漢人の技術移転を軸とした移住戦略を可能にした。つまり、（1）リテラシー能力（2）茶の栽培加工技術（3）鉱山掘削技術などの各種技術を、現地の状況に応じて知識資源の中から適宜取り出し、時には応用や工夫を加えながら、移住先に移転することで、土司地域の土着の人々に対しては相互依存関係構築の手段とし、他の漢人勢力に対しては天然資源の開発で優位

に立つことを可能にし、移住活動を着実に進めることが出来たのである。

これまで論じてきたように石屏漢人の移住戦略の特徴は、普洱府易武の茶園開発に象徴されるように、技術移転を媒介とした非漢人社会との相互依存関係の構築に求められる。一八世紀末以降の省外からの大規模漢人移民の流入に際して、雲南各地では水や森林などの天然資源を巡り、非漢人との間で軋轢が生じたが、易武では技術移転を通して巧みに現地社会に溶け込み、猛海への再移住への道筋を作った。まさに石屏漢人の移住戦略の成功の鍵は、非漢人である現地社会との対立を回避したことにあるといえよう。

また、こうした移住戦略の柱となった技術は突然現れたものではなく、明初に王朝主導型移住によって入植を果たした軍事移民が、盆地開発を進めていく中で多大な労力と膨大な時間をかけて習得してきた成果であったことを忘れてはならない。従来の雲南漢人移民の研究では、明代雲南の軍事移民の果たした歴史的役割について耕地開発進展にともなう農業生産の増産という結果のみに帰され、その開発過程をほとんど具体的に論じてこなかった。しかし、石屏盆地の事例に見える如く、土地資源の開発において導入された江南デルタ地帯の水利開発や商品作物栽培など様々なノウハウや技術を、時間をかけて身につけ、かつそれらに習熟することで、後世に見る普洱茶栽培や箇旧錫山開発などに繋げることが出来たのである。

ここで、石屏に代表される技術移転を駆使した王朝主導型移住の事例を通して、非漢人地域に対する一つの移住パターンが提示出来る。即ち、初めに、王朝主導型移住によって中華世界の周辺部に漢人社会が配置される。次に、地域社会の成熟化にともない、土地資源の効率化を図るべく、大規模水利事業の実施、商品作物の栽培、手工業の発達、さらには漢文素養習得など各方面に力を入れる過程で技術の習得・習熟が行なわれ、特定の職種に秀でた人材が大量に生産されることで豊富な知識資源が蓄えられる。続いて、土地資源開発の限界と人口過剰という構造的飽和状態に直面する中、フロンティアに生まれた商業的機会を捉えるべく、交通アクセスの優位性を利用して外界に接続する。

この段階に至り、蓄積してきた知識資源から必要となる技術をピックアップし、時には移住先の状況に合わせて必要な取捨選択や工夫を加えながら、技術移転を行ない、非漢人社会と媒介する役割を担うことで、移住活動をサポートすることとなる。さらに、技術移転を軸とする移住戦略によって拡大した中華世界の外縁部に、再び王朝主導型移住が実施され、新たな植民社会が配置されるという経過を辿る。そして、こうしたパターンが繰り返されることで中華世界は周辺地域に向かって拡大し続けると想定されるのである。つまり、中華世界の周辺部にコロニーを配置し、コロニーを起点に周囲に向かって移住が行なわれ、またその外縁部に新たなコロニーが設置され、これが繰り返されることで周辺地域に向けて絶えず拡大をしていくというパターンが、今日の中華世界の一側面を形作ってきたということが出来、これを支えたのが技術移転を機軸とした移住戦略の展開であった。

そして、時に、非漢人地域に入った一部の漢人が起こすトラブルが、外縁部に新たなコロニーを設置する機会を王朝側に提供することとなった。雍正年間シプソンパンナー王国の直轄地化を通して中華世界の拡大について論じたダニエルスは、非漢人地域において漢人が土着民との間でトラブルを起こし、土司がその処置に失敗し、そこに清朝が治安維持を目的に介入することで中華世界が拡大していくというモデルを提示したが、(2) このように対立型と相互依存型が相互に交錯しあいながら王朝の介入を引き起こすことで中華世界の拡大が促されるのである。

こうした移住戦略は、広い領域と多くの人口という優位性を背景に、長い歴史の中で文字を媒体として蓄積されてきた様々な知識資源を共有する漢人が、豊富な経験に裏付けられた多種多様な技術群を非漢人地域に持ち込むことによって初めて成り立った。知識資源の中には、移住戦略を実践する上で必要となる各種の技術・技能は勿論のこと、移住および現地社会に適応する際に必要とされる様々な知識が含まれる。こうした特定の核となる技術・技能に加え、移住戦略に活用されるあらゆるノウハウや経験が、一系列の技術・技能としてパッケージ化され何度も移転される中で、移住先となる現地社会の政治・経済・社会の環境に合わせて、担い手である移民による取捨選択や応用を経て、次第に内容に変更が加えられ、資源として移住活動を継続的に支えていくのである。

また、技術移転を媒介とした移住の方法は、スキナーが示した特定の技能に秀でた人間の都市部への移動を前提とした「移動戦略」をも包括した移住戦略として定義し直すことが可能であろう。即ち、周辺地域に存在する様々な商業機会に対して、地域開発で培った技術をベースにして現地社会に適用、時にはニーズに合わせて巧みに応用を加える。そして、その技術を維持すべく技術移転を行ない、これを繰り返すことで次々と周辺地域に移住を進めていくのである。スキナーの移動戦略は中心となる一点からその周辺地域の某地域という二点間の移動を前提としているのであれば、移住戦略では技術移転という要素を加味することで、ある中心となる一点から周辺地域に向けて放射状に枝分かれをしながら無限に広がっていくという空間的展開モデルが提示出来よう。

ただし、技術を活かした移住活動では、必ずしも代々決められた一つの技術が安定して継承されたのではなく、個人の適性に照らして、その時期ごとに利益を得やすい業種を選択し、かつ市場の需要に合わせて資源活用の技術を柔軟に習得していったと考えられる。こうして各地の地域社会の様々な社会階層に組み込まれた人々は、地縁を紐帯として、それぞれの社会的地位と地域性を越えて縦と横を結ぶネットワークを築き、経済活動を互いに支えあうシステムを編み出していくのである。かくして技術移転を繰り返し、次々と周辺地域に移住を進め、居住範囲を拡大していったのである。ただ石屏漢人が持つ栽培技術や掘削技術は単独ではそれほどの効果を持たなかったと考えられ、これに築き上げたネットワーク、そして各地に散らばった知識人や行商的移住民がそれを支えることで石屏漢人の経済活動を盛り上げたのである。石屏漢人の技術自体は他省の漢人に比べて決して高いことはなく、あくまでも地元有利の条件下でその能力を発揮したのであり、活動範囲がほぼ雲南省内にとどまり、広東人や福建人のように島嶼部を含む東南アジアに大きな勢力を築くには至らなかった原因の一つがここにあったと考えられる。

最後に、石屏漢人の技術移転を媒介とした移住戦略の展開は、相互作用として雲南経済にも大きな影響を与えたことも指摘しておかなければならない。例えば、これまで論じてきたように、普洱茶が香港市場開拓に成功した要因には、中国沿岸部の消費者の要求に堪え得るだけの品質を保持した点にあったが、これには、石屏漢人の技術移転によって担われた貢茶生産という普洱茶の歴史的背景が関係していた。つまり、香港への普洱茶の輸出は、漢人移民の辺疆地区への技術移転に支えられたものであったのである。雲南の経済交流の歴史的変遷を論じたギエッシュは、一九世紀末以降の雲南の主要輸出品目として茶を挙げたが、「普洱茶」ブランドは、石屏漢人の栽培加工技術の移転をもってして初めて生産され、香港市場で必要とされたのであり、漢人移民の存在なくしては成り立たなかったことは確認しておく必要がある。

雲南省は、その地理的特徴からしばしば外部から切り離された独立した世界と見られがちであるが、本書を通して明らかになったように、一八世紀前半期には銅山開発を契機として中華世界と交流を深め、一九世紀末になると、普洱茶や箇旧産錫などを通じて、ベトナム・ミャンマーなどの東南アジア大陸部、さらには香港などの中国沿岸部と経済的結びつきを強め、世界市場に組み込まれていくこととなり、その存在は中国の歴史ひいては世界の歴史を語る上で決して無視出来るものではないといえるであろう。そして、こうした流れは雲南自体が、陸の世界から海の世界に移行していくという世界的趨勢の一環に位置付けられるのである。

註

（1）C. P. FitzGerald, *The Southern Expansion of the Chinese People : Southern Fields and Southern Ocean*, Australian National University Press, 1972.

（2）前掲 クリスチャン・ダニエルス「雍正七年清朝によるシプソンパンナー王国の直轄地化について―タイ系民族王国を揺るがす山地民に関する一考察―」『東洋史研究』六二（四）、九四―一二八頁。

参考文献

【日文】（五十音順）

青山定雄　一九三六「隋唐宋三代に於ける戸数の地域的考察（一）」『歴史学研究』六（四）、五九―九四頁。

青山定雄　一九三六「隋唐宋三代に於ける戸数の地域的考察（二）」『歴史学研究』六（五）、四九―七四頁。

足立啓二　一九八五「宋代両浙における水稲作の生産力水準」『文学部論叢（熊本大学）』一七、八〇―一〇〇頁。

足立啓二　一九八七「宋代以降の江南稲作」『稲のアジア史　第二巻　アジア稲作文化の展開―多様と統一―』二〇三―二三四頁。

安藤潤一郎　二〇〇二「清代嘉慶・道光年間の雲南省西部における漢回対立―「雲南回民起義」の背景に関する一考察―」『史学雑誌』一一一（八）、四六―七一頁。

市古尚三　二〇〇四『清代貨幣史考』鳳書房。

市村導人　二〇一一「宋代江南における農耕技術史の方法的検討」『仏教大学大学院紀要　文学研究科篇』三九、八五―一〇二頁。

上田信　一九八三「地域の履歴―浙江省奉化県忠義郷」『社会経済史学』四九（二）、三一―五一頁。

上田信　一九八四「地域と宗教―浙江省山間部―」『東洋文化研究所紀要』九四、一一五―一六〇頁。

于志嘉　一九九〇「明代軍戸の社会的地位について―科挙と任官において」『東洋学報』七一（三・四）、九一―一三一頁。

大澤正昭　一九八五「蘇湖熟天下足―「虚像」と「実像」のあいだ」『新しい歴史学のために』一七九（後に同著　一九九六『唐宋変革期農業社会史研究』汲古書院、第七章に所収）。

大澤正昭　一九八九「宋代「河谷平野」地域の農業経営について」『上智史学』三四、九九―一二七頁。

大林太良　一九七〇「中国辺境の土司制度についての民族学的考察」『民族学研究』三五（二）、一二四―一三八頁。

岡田雅志　二〇一二「タイ族ムオン構造再考：18―19世紀前半のベトナム，ムオン・ロー盆地社会の視点から」『東南アジア研究』五〇（一）、三―三八頁。

奥山憲夫　二〇〇三『明代軍政史研究』汲古書院。
片岡樹　二〇〇七「山地からみた中緬辺疆政治史—１８—１９世紀雲南西南部における山地民ラフの事例から」『アジア・アフリカ言語文化研究』七三、七三—九九頁。
片山剛　一九九三「珠江デルタ桑園囲の構造と治水組織：清代乾隆年間～民国期」『東洋文化研究所紀要』一二一、一三七—二〇九頁。
片山剛　二〇〇六「中国史における明代珠江デルタ史の位置—〝漢族〟の登場とその歴史的刻印」『大阪大学大学院文学研究科紀要』四六、三七—六四頁。
加藤繁　一九三〇「宋代の戸口を論じて其前後の変遷に及ぶ」（矢野仁一・石田幹之助等著『東洋史講座　第拾四巻』一—三一頁）。後に、加藤繁　一九五三『支那経済史考証』（巻下、三一七—三三六頁）東洋文庫に所収。
川勝守　一九八九「清、乾隆期雲南銅の京運問題」『九州大学東洋史論集』一七、一—九四頁。
川勝守　一九九三「清乾隆初年雲南銅の長江輸送と都市漢口」（川勝守編『東アジアにおける生産と流通の歴史社会学的研究』中国書店、四〇七—四二八頁）。
川野明正　二〇〇五『中国の〈憑き物〉—華南地方の蠱毒と呪術的伝承』風響社。
神戸輝夫　一九七〇「清代後期の雲南回民運動について」『東洋史研究』二九（二・三）、一一八—一四六頁。
神戸輝夫　一九七八「回族起義—一八五〇～六〇年代の雲南における」『講座中国近現代史 第一巻』東京大学出版会。
神戸輝夫　一九八一「騰越における回民起義」『大分大学教育学部研究紀要（人文・社会科学）』五（六）、一五—二九頁。
神戸輝夫　一九八一「雲南回民起義の指導者馬如龍について」『大分大学教育学部研究紀要（人文・社会科学）』六（一）、三九—五二頁。
神戸輝夫　一九八二「雲南鉱山と回民起義」『大分大学教育学部研究紀要（人文・社会科学）』六（二）八三—九四頁。
菊池秀明　一九九八『広西移民社会と太平天国』風響社。
菊池秀明　二〇〇八『清代中国南部の社会変容と太平天国』汲古書院。

北田英人　一九八九「唐代江南の自然環境と開発」『シリーズ世界史への問い1　歴史における自然』岩波書店、一四一—一七四頁。
北田英人　一九九九「稲作の東アジア史」『岩波講座　世界歴史9　中華の分裂と再生』岩波書店、一六一—一八六頁。
草野靖　一九七二「唐宋時代に於ける農田の存在形態—古田と新田—（上）」『法文論叢（熊本大学）』三一、七八—一〇五頁。
クリスチャン・ダニエルス　一九九一「十七、八世紀東・東南アジア域内貿易と生産技術移転—製糖技術を例として」（濱下武志・川勝平太編『アジア交易圏と日本工業化1500—1900』リブロポート、七〇—一〇二頁）。
クリスチャン・ダニエルス　一九九九「西南中国・シャン文化圏における非漢族の自律的政権—シプソンパンナー王国の改土帰流を実例に—」『アジア・アフリカ文化研究所研究年報』三四、五六—七〇頁。
クリスチャン・ダニエルス　二〇〇四「雍正七年清朝によるシプソンパンナー王国の直轄地化について—タイ系民族王国を揺るがす山地民に関する一考察—」『東洋史研究』六二（四）、九四—一二八頁。
クリスチャン・ダニエルス　二〇〇七「資源としての伝統技術知識」（内堀基光編『資源と人間　資源人類学01』弘文堂、七五—一〇八頁）。
栗原悟　一九九一「清末民国期の雲南における交易圏と輸送網—馬幇のはたした役割について」『東洋史研究』五〇（一）、一二六—一四九頁。
権上康男　一九八五『フランス帝国主義とアジア—インドシナ銀行史研究—』東京大学出版会。
佐伯富　一九五九「清代雍正朝における通貨問題」『東洋史研究』一八（三）、一四二—二一一頁。
桜井由躬雄　一九八七「ベトナム紅河デルタの開拓史」『稲のアジア史　第二巻　アジア稲作文化の展開：多様と統一』小学館、二三七—二七六頁。
篠永宣孝　一九九二「雲南鉄道とフランス帝国主義—外交文書に依拠して—」『土地制度史学』一三六号、三七—五〇頁。
斯波義信　一九六八『宋代商業史研究』風間書房。
斯波義信　一九七八「唐宋時代における水利と地域組織」『星博士退官記念中国史論集』星斌夫先生退官記念事業会、六一—八八頁。

斯波義信　一九八八『宋代江南経済史の研究』東京大学東洋文化研究所。
斯波義信　一九九二「移住と流通」『東洋史研究』五一（一）、一三一―一四六頁。
斯波義信　一九九二「中国移住史のなかの華僑」（可児弘明編『シンポジウム　華南―華僑・華人の故郷』慶応義塾大学地域研究センター、一三三―一四二頁）。
渋谷裕子　二〇〇〇「清代徽州休寧県における棚民像」（山本英史編『伝統中国の地域像』慶応義塾大学出版会、二一一―二五〇頁）。
杉原薫　一九九六『アジア間貿易の形成と構造』ミネルヴァ書房。
鈴木中正・荻原弘明　一九七七「貴家宮裡雁と清緬戦争」『鹿児島大学史録』一〇、一―四〇頁。
周藤吉之　一九六二『宋代経済史研究』東京大学出版会。
周藤吉之　一九六九『宋代史研究』東洋文庫。
瀬川昌久　一九八二「村のかたち：華南村落の特色」『民族学研究』四七（一）、三一―五〇頁。
武内房司　一九九二「清代雲南焼畑民の反乱―一八二〇年永北リス族蜂起を中心に―」『呴沫集』七、二七六―二八八頁。
武内房司　二〇〇三「近代雲南錫業の展開とインドシナ」『東洋文化研究』五、一―三三頁。
武内房司　二〇一〇「一九世紀前半、雲南南部地域における漢族移住の展開と山地民社会の変容」（塚田誠之編『中国国境地域の移動と交流―近現代中国の南と北―』有志舎、一一七―一四三頁）。
武内房司　二〇一〇「地方統治官と辺疆行政―十九世紀前半期、中国雲南・ベトナム西北辺疆社会を中心に―」（山本英史編『東アジア海域叢書1　近世の海域世界と地方統治』汲古書院、一七一―二〇一頁）。
『中国大陸五万分の一地図集成』科学書院、一九八六―二〇〇二。
塚田誠之　二〇〇〇『壮族社会史研究―明清時代を中心として―』国立民族学博物館。
黨武彦　一九九五「乾隆九年京師銭法八条の成立過程およびその結末」『九州大学東洋史論集』二三、三九―八六頁。
唐立編　二〇〇八『中国雲南少数民族生態関連碑文集』総合地球環境学研究所　研究プロジェクト四―二「アジア・熱帯モンスー

ン地域における地域生態史の統合的研究：一九四五―二〇〇五」。
唐立編　二〇一一『雲南西部少数民族古文書集』東京外国語大学アジア・アフリカ言語文化研究所。
砺波護・岸本美緒・杉山正明編　二〇〇六『中国歴史研究入門』名古屋大学出版会。
中嶋敏　一九四五「清朝の銅政における洋銅と滇銅」『民族研究所科学論集』第一冊（同著　一九八八『東洋史学論集―宋代史研究とその周辺』汲古書店、一六一―一七七頁）。
中嶋敏　一九八二「霊渠考」『東洋研究』六二―六四、一九七―二二九頁。
西川和孝　二〇一一「18世紀末の雲南省普洱府漫撒における会館建立と茶園開発―石屏漢人移民の活動を中心として―」（西村昌也編『周縁の文化交渉学シリーズ1 東アジアの茶飲文化と茶業』、関西大学出版部、一四七―一六二頁）。
西澤治彦　一九九二「村を出る人・残る人、村に戻る人・戻らぬ人」（可児弘明編『シンポジウム　華南―華僑・華人の故郷』慶應義塾大学地域研究センター、一―二三頁）。
野本敬・西川和孝　二〇〇八「漢族移民の活動と生態環境の改変―雲南から東南アジアへ―」（秋道智彌監修、クリスチャン・ダニエルス責任編集『論集モンスーンアジアの生態史―地域と地球をつなぐ―第2巻地域の生態史』弘文堂、一五―三四頁）。
野本敬　二〇〇九「批評と紹介　楊偉兵著『雲貴高原の土地利用と生態変遷（1659―1912）』」『東洋学報』九一（三）、六八―七三頁。
長谷川清　一九八二「Sip Song Panna 王国（車里）の政治支配組織とその統治領域―雲南傣族研究の一環として」『東南アジア―歴史と文化』一一、一二五―一四八頁。
濱下武志　一九八九『中国近代経済史研究：清末海関財政と開港場市場圏』汲古書院。
濱島敦俊　一九八二『明代江南農村社会の研究』東京大学出版会。
濱島敦俊　一九八六「明代中期の「江南商人」について」『史朋』二〇、四三―五八頁。
濱島敦俊　一九九〇「明代の水利技術と江南地主社会の変容」『シリーズ世界史への問い2 生活の技術 生産の技術』岩波書店、七五─一〇三頁。
濱島敦俊　二〇一二「江南デルタ圩田水利雑考─国家と地域─」『中国21』三七、九五─一一二頁。
本田治　一九七五「宋代婺州の水利開発─陂塘を中心に─」『社会経済史学』四一（三）、一─二四頁。
本田治　一九八四「宋元時代温州平陽県の開発と移住」『佐藤博士退官記念水利史論叢』国書刊行会、二一三─二三六頁。
本田治　一九九六「宋代温州における開発と移住補論」『立命館東洋史学』一九、一─一三頁。
本田治　二〇〇三「宋代の溜池灌漑について」『中国水利史研究』三一、三六─五三頁。
本田治　二〇〇八「明代寧波沿海部における開発と移住」『立命館文学』六〇八、一六九─二〇五頁。
本田治　二〇一〇「清代寧波沿海部における開発と移住」『立命館東洋史学』三三、一─四七頁。
増田厚之・加藤久美子・小島摩文　二〇〇八「茶と塩の交易史─十九世紀以降の雲南南部から東南アジアにかけて─」（『論集モンスーンアジアの生態史─地域と地球をつなぐ─第2巻地域の生態史』弘文堂、五五─八〇頁）。
松田孝一　一九八〇「雲南行省の成立」『立命館文学』四一八─四二一、四二一─四四二頁。
松田吉郎　一九八一「明末清初広東珠江デルタの沙田開発と郷紳支配の形成過程」『社会経済史学』四六（六）、五五─八一頁。
松丸道雄・池田温・斯波義信・神田信夫・濱下武志編　一九九六『世界歴史大系　中国史2─三国～唐─』山川出版社。
松丸道雄・池田温・斯波義信・神田信夫・濱下武志編　一九九九『世界歴史大系　中国史4─明～清─』山川出版社。
宮崎市定　一九八七『科挙史』平凡社、東洋文庫470。
本野英一　一九九五「イギリス向け紅茶輸出貿易の衰退と中国商人「団結力」の限界─福州での紛争、論争を中心に─」『東洋学報』七七（一・二）、一〇五─一三三頁。
森永恭代　二〇〇六「乾隆初年の雲南金沙江開鑿工事について─清代雲南における航道開発の一事例として」『京都女子大学大学院文学研究科研究紀要　史学編』五、六五─一一九頁。
山口久和　二〇〇七「立身出世の階梯を諦めた人々─章学誠の〝紹興師爺〟像を中心に」（『都市文化研究』九、八六─九七頁。

山田賢　一九九五『移住民の秩序』名古屋大学出版会。
横田整三　一九三八「明代に於ける戸口の移動現象に就いて（上）」『東洋学報』二六（一）、一二一―一六四頁。
横山廣子　二〇〇一「雲南省大理ペー族地区に移住した漢族―明代軍屯に由来する人々」（塚田誠之・瀬川昌久・横山廣子主編『流動する民族：中国南部の移住とエスニシティ』平凡社、一七五―一九九頁）。
林淑美　二〇〇二「清代台湾移住民社会と童試受験問題」『史学雑誌』一一一（七）、六〇―八四頁。
林淑美　二〇〇四「清代台湾の『番割』と漢・番関係」名古屋商科大学外国語学部編『Journal of Language, Culture and Communication』Vol6(2)、八三―九六頁。
林淑美　二〇〇五「十八世紀後半の台湾移住民社会と童試不法受験事件―受験の諸条件と廩保―」『東洋学報』八七（三）、三三一―三四九頁。
和田博徳　一九六一「清代ヴェトナム・ビルマ銀」『史学』三三（三・四）。一一九―一三八頁。
渡部忠世・桜井由躬雄編　一九八四『中国江南の稲作文化：その学際的研究』日本放送出版協会。

【中文】（ピンイン順）

曹樹基　二〇〇一『中国人口史』第五巻、清時期、復旦大学出版社、二一四―二四三頁。
方国瑜「明代在雲南的軍屯制度与漢族移民」（林超民編　二〇〇三『方国瑜全集』第三輯、雲南教育出版社、一四五―二三二頁）。
方国瑜　一九八七『中国西南歴史地理考釈』台湾商務印書館。
方国瑜　二〇〇八『滇西辺区考察記』雲南人民出版社。
藩向明　一九九〇「清代雲南的交通開発」（馬汝珩・馬大正主編『清代辺疆開発研究』中国社会科学出版社）三六四―三九三頁。
傅衣凌　一九五六『明清時代商人及商業資本』人民出版社。
葛剣雄主編　一九九七『中国移民史』第一巻、福建人民出版社。

箇旧市志編纂委員会　一九九八『箇旧市志』雲南人民出版社。
龔蔭　一九九二『中国土司制度』雲南民族出版社。
郭松義　一九八四「清代的人口増長和人口流遷」『清史論叢』五、一〇三―一三八頁。
何炳棣　一九六六『中国会館史論』台湾学生書局。
何炳棣　一九七八「美洲作物的引進、伝播及其対中国糧食生産的影響」『大公報在港復刊卅周季紀念文集』大公報出版、六七三―七三二頁。
姜濤　一九九八『中国近代人口史』南天書局。
江応梁「明代外地移民進入雲南考」（田方・陳一筠 主編　一九八六『中国移民史略』知識出版社）五七―一〇九頁。
藍勇　一九九六「清代西南移民会館名実与職能研究」『中国史研究』四（七二）、一六―二六頁。
藍勇　一九九七「清代西南的移民会館」『西南歴史文化地理』西南師範大学出版社、五〇七―五二七頁。
藍勇　二〇〇六「清代滇銅京運路線考釈」『歴史研究』三〇一、八六―九七頁。
李中清　一九八四「明清時期中国西南的経済発展和人口増長」『清史論叢』五、五〇―一〇二頁。
李中清　二〇一〇「清代中国西南的糧食生産」『史学集刊』（秦樹才・林文勲訳）四、七二―七九頁。
李中清　二〇一二『中国西南辺疆的社会経済：1250―1850』（林文勲、秦樹才訳）人民出版社。本書は李中清氏が一九八三年にシカゴ大学に提出した博士学位論文「The political Economy of a Frontier :Southwest China 1250-1850」をもとに、二〇年以上の歳月をかけ、大幅に加筆修正したものである。
劉献廷「猛海土司刀宗漢先生略伝」（雲南省政協文史委員会編　二〇〇四『雲南文史集粋』（九）雲南人民出版社、一〇二―一〇五頁所収）。
林涓　二〇〇〇「明代雲南文化教育発展的地域差異―兼論各類学校与人才数量的相関関係」『思想戦線』三（一二六）、一二六―一三一頁。
陸韌　一九九七『雲南対外交通史』雲南民族出版社。

羅群　二〇〇四『近代雲南商人与商人資本』雲南大学出版社。

譚方之　一九四四「滇茶藏銷」『辺政公論』三（一一）、四九―六〇頁。

譚其驤主編　一九八二『中国歴史地図集』第八冊（清時期）、地図出版社。

王毓銓　一九六五『明代的軍屯』中華書局。

辛法春　一九八五『明沐氏与中国雲南之開発』文史哲出版社。

楊斌・楊偉兵　二〇一〇「近代雲南箇旧錫鉱的対外運銷（１８８４―１９４３）」（楊偉兵主編　二〇一〇『明清以来雲貴高原的環境与社会』東方出版中心、八三―一一一頁。

楊偉兵　二〇〇八『雲貴高原的土地利用与生態変遷（１６５９―１９１２）』上海人民出版社。

楊煜達　二〇〇四「清代中期（公元１７２６―１８５５年）滇東北的銅業開発与環境変遷」『中国史研究』三（一〇三）、一五七―一七四頁。

楊煜達　二〇〇八「清代中期滇辺銀鉱的鉱民集団与辺疆秩序―以茂隆銀廠呉尚賢為中心」『中国辺疆史地研究』一八（四）、四三―五五頁。

厳中平　一九四八『清代雲南銅政考』中華書局。

于希賢　一九八一『滇池地区歴史地理』雲南人民出版社。

元陽県人民政府編　一九九二『雲南省元陽県地名志』。

雲南大学歴史系雲南省歴史研究所雲南地方史研究室　一九八〇『雲南冶金史』雲南人民出版社。

雲南省測絵局編印　一九九〇『石屏県地図』。

雲南省地方志編纂委員会　一九九八『雲南省志』巻一、雲南人民出版社。

雲南省猛海県地方誌編纂委員会　一九九七『猛海県誌』雲南人民出版社。

雲南省石屏県志編纂委員会　一九九〇『石屏県志』雲南人民出版社。

張秀敏　二〇〇三「異龍湖退田還湖及其対策」『雲南環境科学』二二、増刊一、五一—五四頁。
中国科学院民族研究所雲南民族調査組雲南省歴史研究所民族研究室編　一九六四『雲南省傣族社会歴史調査材料—西双版納地区—』（九）。

【欧文】（アルファベット順）

Ann Maxwell Hill, *Merchants and Migrants :Ethnicity and Trade among Yunnanese Chinese in Southeast Asia,* Yale University Southeast Asia Studies,1998.

Carol Benedict, *Bubonic Plague in Nineteenth-Century China.* Stanford University Press,1996.

C. P. FitzGerald, *The Southern Expansion of the Chinese People : Southern Fields and Southern Ocean,* Australian National University Press, 1972.

C.Patterson.Giersch, *"A Motley Throng:"Social Change on Southwest China's Early Modern Frontier,1700-1800,* The Journal of Asian Studies Vol.60,No1,2001,pp.67-94.

C.Patterson.Giersch, *Cotton, Copper, and Caravans: Trade and the Transformation of Southwest China* , in Eric Tagliacozzo and Wen-chin Chang（eds.）: Foreword by Wang Gungwu, Chinese Circulations : Capital, Commodities, and Networks in Southeast Asia, Duke University Press,2011, pp.37-61.

David Bello, *The Venomous Course of Southwestern Opium: Qing Prohibition in Yunnan, Sichuan,and Guizhou in the Early Nineteenth Century,* The Journal of Asian Studies Vol.62,No4,2003,pp.1109-1142.

G.William.Skinner, *Mobility Strategies in Late Imperial China : A Regional Systems Analysis,* in Carol A.Smith,ed.,Reginal Analysis,Vol. I,Economic Systems,Academic Press,1976,pp.327-363.

Herold J. Wiens,*China's March toward the Tropics : A Discussion of the Southward Penetration of China's Culture, Peoples, and*

Political Control in Relation to the Non-Han-Chinese Peoples of South China and in the Perspective of Historical and Cultural Geography, Shoe String Press,1954.

James H. Cole, *Shaohsing : Competition and Cooperation in Nineteenth-Century China,* The University of Arizona Press, 1986.

James Lee, *Food Supply and Population Growth in Southwest China,1250-1850,* The Journal of Asian Studies Vol.41,No4,1982,pp.711-746.

James Lee, *Migration and Expansion in Chinese History,* in.William H.Mcneill and Ruth S.Adams(eds.),Human Migration: Patterns and Policies, Indiana University Press, 1978, pp.20-47.

James Lee, *The Legacy of Immigration in Southwest China,1250-1850,* Annales de Démographie Historique, 1982, pp.279-304.

John E .Herman, *Empire in the Southwest: Early Qing Reforms to the Native Chieftain System,* The Journal of Asian Studies Vol.56,No1,1997,pp.47-74.

John E. Herman, *Amid the Clouds and Mist : China's Colonization of Guizhou, 1200-1700,* Harvard University Asia Center, 2007.

Mark Elvin, Darren Crook, Shen Ji, Richard Jones, and John Dering, *The Impact of Clearance and Irrigation on the Environment in the Lake Erhai Catchment from the Ninth to the Nineteenth Century.* East Asian History, 23, 2002, pp.1-60.

Ping-ti Ho, *Studies on the Population of China, 1368-1953,* Harvard University Press, 1959.

Ping-ti Ho, *The Ladder of Success in Imperial China, Aspects of Social Mobility, 1368-1911,* Columbia University Press, 1962. (寺田隆信・千種真一訳 一九九三『科挙と近世中国社会―立身出世の階梯』平凡社)。

Richard Von Glahn.*The Country of Steams and Grottoes: Expansion, Settlement, and the Civilizing of the Sichuan Frontier in Song Times.* Cambridge: Council on East Asian Studies, Harvard University Press,1987.

引用史料

【漢文】（五十音順）

『雲南清理財政局調査全省財政説明書初稿』雲南清理財政局、一九一〇年。

袁嘉穀纂修『石屏県志』民国一七（一九二八）年（『中国地方志集成』雲南府県志輯五一—五三、鳳凰出版社・上海書店・巴蜀書社に所収、二〇〇九年）。

王槐栄等修・許実等纂『宜良県志』民国一〇（一九二一）年（『中国方志叢書』華南地方雲南省　第三〇号、成文出版社に所収、一九六七年）。

王志高修・馬太元等纂『新平県志』民国二二（一九三三）年（『中国方志叢書』華南地方雲南省　第四四号、成文出版社に所収、一九六七年）。

王士性撰『広志繹』（宋世犖編『台州叢書』甲集所収、嘉慶年間）。

王文韶等修『続雲南通志稿』光緒二七（一九〇一）年。

何懐道等修・万重貭等纂『開化府誌』道光九（一八二九）年。

鄂爾泰等修『雲南通志』乾隆元（一七三六）年。

管学宣纂『石屏州志』乾隆二四（一七五九）年（『中国方志叢書』華南地方雲南省　第一四二号、成文出版社に所収、一九六九年）。

管学宣・万咸燕纂修『麗江府志略』乾隆八（一七四三）年。

韓三異等纂修『蒙自県志』康熙五一（一七一二）年、抄本、上海市図書館蔵。

甘汝棠修・陳肇基纂『富州県志』民国二一（一九三二）年（『中国方志叢書』華南地方雲南省　第二七二号、成文出版社に所収、一九七四年）。

魏藎臣修・闞禎兆纂『通海県志』康熙三〇（一六九一）年。

『欽定大清会典事例』（『続修四庫全書』八〇一、上海古籍出版社、一九九五—二〇〇三年）。

『軍機処档摺件』国立故宮博物院蔵。

闕名纂修『続修蒙自県志』宣統三（一九一〇）年。

闕名撰『銅政便覧』（『続修四庫全書』八八〇、上海古籍出版社。一九九五—二〇〇三年）。

闕名撰・劉啓藩増編『黎県旧志』民国五（一九一六）年（『中国方志叢書』華南地方雲南省　第二五四号、成文出版社に所収、一九七四年）。

阮元等修・王崧等纂『雲南通志稿』道光一五（一八三五）年。

厳廷珏等纂修『続修易門県志』道光二五（一八四五）年。

江濬源『介亭文集』同治一三（一八七四）年（『続修四庫全書』一四五三、上海古籍出版社、一九九五—二〇〇三年）。

江濬源纂『臨安府志』嘉慶四（一七九九）年。

『皇朝文献通考』乾隆一二（一七四七）年勅撰。光緒八（一八八二）年、浙江書局刊本。

項聯晋修・黄炳堃等纂『雲南県志』光緒一六（一八九〇）年（『中国方志叢書』華南地方雲南省　第四三号、成文出版社に所収、一九六七年）。

呉其濬撰・徐金生絵『滇南鉱廠図略』（『続修四庫全書』八八〇、上海古籍出版社、一九九五—二〇〇三年）。

国立故宮博物院編『宮中档雍正朝奏摺』一九七七—一九八〇年。

呉光漢等修・宋成基等纂『鎮雄州志』光緒一三（一八八七）年。

呉大勛撰『滇南聞見録』（方国瑜『雲南史料叢刊』巻一二所収、簡体字、雲南大学出版社、二〇〇一年）。

謝体仁纂修『威遠庁志』道光一七（一八三七）年（『中国地方志集成』雲南府県志輯三五、鳳凰出版社・上海書店・巴蜀書社に所収、二〇〇九年）。

周季鳳纂修『雲南通志』正徳五（一五一〇）年（『天一閣蔵明代方志選刊続編』七〇—七一、上海書店に所収、一九九〇年）。

周光倬撰『滇緬南段未定界調査報告』民国二四（一九三五）年（『中国方志叢書』華南地方雲南省　第一四九号、成文出版社に所収、一九六七年）。

周埰等修・李綬等纂『広西府志』乾隆四（一七三九）年（『中国方志叢書』華南地方雲南省　第二七〇号、成文出版社に所収、一九七五年）。

周汝釗修・侯応中纂『景東県志稿』民国一二（一九二三）年（『中国方志叢書』華南地方雲南省　第一四六号、成文出版社に所収、一九六七年）。

朱慶椿等修・陳金堂纂『晋寧州志』道光二三（一八四三）年。

朱占科等修・周宗洛纂『順寧府志』光緒三〇年（一九〇四）年（『中国方志叢書』華南地方雲南省　第二五六号、成文出版社に所収、一九七五年）。

岑毓英等纂修『雲南通志』光緒二〇（一八九四）年。

『清高宗実録』大清高宗純（乾隆）皇帝実録、華文書局、一九六八年。

『清仁宗実録』大清仁宗睿（嘉慶）皇帝実録、華文書局、一九六八年。

秦仁等纂修・傅騰蛟等増訂『弥勒州志』乾隆四（一七三九）年。

『清宣宗実録』大清宣宗成（道光）皇帝実録、華文書局、一九六八年。

崇謙等纂修『楚雄県志』宣統二（一九〇九）年（『中国方志叢書』華南地方雲南省　第三九号、成文出版社に所収、一九六七年）。

寸開泰編『騰越郷土志』光緒年間（『中国地方志集成』雲南府県志輯三五号、鳳凰出版社・上海書店・巴蜀書社に所収、二〇〇九年）。

薛紹銘著『黔滇川旅行記』中華書局、一九三七年。

全奐沢修・許実纂『禄勧県志』民国一七（一九二八）年（『中国方志叢書』華南地方雲南省　第二六四号、成文出版社に所収、一九七五年）。

銭儀吉輯『碑伝集』光緒一九（一八九三）年。

『他郎南安争砿記』（白寿彝編、中国史学会主編『回民起義』神州国光社〔第四冊、二五二―二五三頁〕所収、一九五二年）。

檀萃撰『滇海虞衡志』（胡思敬輯『問影楼輿地叢書』所収、光緒三四〔一九〇八〕年刊）。

中国第一歴史档案館・北京師範大学歴史系編『辛亥革命前十年間民変档案史料』中華書局、一九八五年。

中国第一歴史档案館編『嘉慶道光両朝上諭档』広西師範大学出版社、二〇〇〇年。

中国第一歴史档案館編『乾隆朝上諭档』档案出版社、一九九一年。

『張允随奏稿』（方国瑜『雲南史料叢刊』巻八所収、簡体字、雲南大学出版社、二〇〇一年）。

張運昭修・蒋方正等纂『興安県志』道光一四（一八三四）年。

張鑑安修・寸曉亭纂『龍陵県志』民国六（一八一七）年（『中国方志叢書』華南地方雲南省　第二六八号、成文出版社に所収、一九七五年）。

趙思治修・単鏡泉纂『鎮越県志』民国二七（一九三八）年（『中国方志叢書』華南地方雲南省　第二六七号、成文出版社に所収、一九七四年）。

張自明修・王富臣等纂『馬関県志』民国二一（一九三二）年（『中国方志叢書』華南地方雲南省　第一四三号、成文出版社に所収、一九六七年）。

張肖梅編纂『雲南経済』一九四三年、中国国民経済研究所（古佚小説会重印出版本を使用。二〇〇七年）。

張培爵修・周宗麟纂『大理県志稿』民国五（一九一六）年（『中国方志叢書』華南地方雲南省　第二五五号、成文出版社に所収、一九七四年）。

張無咎修・夏治源纂『臨安府志』雍正九（一七三一）年。

陳燕等修・李景賢等纂『霑益州志』光緒一一（一八八五）年。

陳奇典修・劉慥纂『永北府志』乾隆三〇（一七六五）年（『中国地方志集成』雲南府県志輯四二、鳳凰出版社・上海書店・巴蜀書社に所収、二〇〇九年）。

陳基棟修・繆果章纂『宣威県志稿』民国二三（一九三四）年（『中国方志叢書』華南地方雲南省　第三四号、成文出版社に所収、一九六七年）。

陳権修・顧琳纂『阿迷州』雍正一三（一七三五）年。

陳弘謀撰『培遠堂偶存稿』光緒二二（一八九六）年、東京大学東洋文化研究所蔵書。

陳如金修・華本松纂『百色庁志』光緒一七（一八九一）年（『中国方志叢書』華南地方広西省　第二五号、成文出版社に所収、一九六七年）。

陳盛韶著『問俗録』巻六、道光六（一八二六）年。小島晋治・上田信・栗原純訳　一九八八『問俗録―福建・台湾の民俗と社会』（東洋文庫四九五、平凡社）を参照。

陳宗海修・趙端礼纂『騰越庁志』光緒一三（一八八七）年（『中国方志叢書』華南地方雲南省　第四二号、成文出版社に所収、一九六八年）。

陳宗海等修『普洱府志』光緒二六（一九〇〇）年、上海市図書館蔵。

陳文纂修『雲南図経志書』景泰六（一四五五）年序。

程封纂修『石屏州志』康熙一二（一六七三）年（一九九一年　石屏県地方志編纂辦公室編、佘孟良標点注釈本を使用）。

董枢修・羅雲禧等纂『河西県志』乾隆五三（一七八八）年修、民国一三（一九二四）年重印本（『中国方志叢書』華南地方雲南省第二七一号、成文出版社に所収、一九七五年）。

党蒙・朱占科纂『続修順寧府志稿』光緒三〇（一九〇四）年（『中国方志叢書』華南地方雲南省　第二五六号、成文出版社に所収、一九七五年）。

董良材修・素爾方阿等纂『易門県志』乾隆年間刊本。

屠述濂等纂修『騰越州志』光緒二三（一八九七）年、乾隆五五（一七九〇）年刊本重刊。

南開大学歴史学院暨中国社会史研究中心・中国第一歴史档案館編、杜家驥主編『清嘉慶朝刑科題本社会史料輯刊』天津古籍出版社、二〇〇八年。

馬標修・楊中潤纂『路南県志』民国六（一九一七）年（『中国方志叢書』華南地方雲南省　第三八号、成文出版社に所収、一九六七年）。

范承勲等修・丁煒等纂『雲南通志』康熙三〇（一六九一）年。

繆雲章等纂修『邱北県志』民国一〇（一九二一）年。

繆嘉寿等修・梁家栄等纂『続修建水県志稿』民国九（一九二〇）年。

符廷銓等修・楊履乾等纂『昭通志稿』民国一三（一九二四）年（『中国方志叢書』華南地方雲南省　第三六号、成文出版社に所収、一九六七年）。

方桂等纂修『東川府志』乾隆二六（一七六一）年。

民国雲南学会輯『雲南省地誌（思茅県）』民国一〇（一九二一）年。

民国雲南学会輯『雲南省地誌（寧洱県）』民国一一（一九二二）年。

毛玉成修・張翊辰等纂『南寧県志』咸豊二（一八五二）年（『中国方志叢書』華南地方雲南省　第三二号、成文出版社に所収、一九六七年）。

姚荷生『水擺夷風土記』大東書局、一九四八年（『民俗、民間文学影印資料』、上海文芸出版社、一九九〇年）。

陽仰修撰『禄豊県志条目』民国二一（一九三二）年（『中国方志叢書』華南地方雲南省　第二六三号、成文出版社に所収、一九七五年）。

余慶長撰『金廠行記』（王錫祺輯『小方壷斎輿地叢鈔』第八帙所収）。

羅綸修・李文淵纂『永昌府志』康熙年間。

李毓蘭修・甘孟賢纂『鎮南州志略』光緒一八（一八九二）年（『中国方志叢書』華南地方雲南省　第二六六号、成文出版社に所収、一九七五年）。

陸崇仁修・湯祚纂『巧家県志』民国三一（一九四二）年（『中国方志叢書』華南地方雲南省　第二四五号、成文出版社に所収、一九七四年）。

陸宗鄭等修・甘雨等纂『姚州志』光緒一一（一八八五）年。

李訓鋐等修・羅其沢等纂『続修白塩井志』光緒二七（一九〇一）年。

李元陽纂『雲南通志』万暦年間、民国二三（一九三四）年刊。

李焜等纂修『蒙自県志』乾隆五六（一七九一）年、上海市図書館蔵。

李春曦等修・梁友檍纂『蒙化県志』民国八（一九一九）年（『中国方志叢書』華南地方雲南省　第二四四号、成文出版社に所収、一九七四年）。

李払一撰『鎮越県新志稿』復仁書屋、一九八四年。

瀏毓珂等纂修『永昌府志』光緒一一（一八八五）年。

龍雲修・盧金錫等纂『昭通県誌稿』民国二七（一九三八）年、昭通新民書局。

龍雲・盧漢修・周鐘嶽纂『新纂雲南通志』民国二一（一九三二）年。

劉埥等纂修『順寧府志』乾隆二六（一七六一）年。

劉沛霖等修・朱光鼎等纂『宣威州志』道光二四（一八四四）年序。

劉文徵纂修『滇志』天啓年間（『続修四庫全書』六八一—六八二、上海古籍出版社、一九九五—二〇〇三年）。

劉邦瑞纂修『白塩井志』雍正八（一七三〇）年（『中国方志叢書』華南地方雲南省　第一四五号、成文出版社に所収、一九六七年）。

梁星源修・李熙齡纂『普洱府志』咸豊元（一八五一）年序。

林則徐修・李熙齡纂『広南府誌』道光二八（一八四八）年修、光緒三一（一九〇五）年補刊本。

林則徐撰『林文忠公政書』光緒一一（一八八五）年序（中国書店、一九九一年）。

黎恂修・劉栄黼纂『大姚県志』道光二五（一八四五）年。

呂纉先纂『続石屏州志』乾隆四五（一七八〇）年（『中国方志叢書』華南地方雲南省　第一四二号、成文出版社に所収、一九六九年）。

【日文】（五十音順）

台湾総督府官房調査課編（糠谷廉二著）『雲南省事情』台湾総督府、一九二四年。

東亜同文会支那省別全誌刊行会『新修支那省別全誌』3、一九四二年。

東亜同文会編『支那省別全誌』第三巻、雲南省、一九二〇年。

【欧文】（アルファベット順）

Chambre de Commerce de Lyon, *La Mission Lyonnaise d'Exploration Commerciale en Chine,* 1895-1897,1898.

China Imperial Maritime Customs, *Returns of Trade and Trade Reports,* Published by Order of the Inspector General of Customs, Shanghai.1889.

China Imperial Maritime Customs, *Returns of Trade and Trade Reports,* Published by Order of the Inspector General of Customs, Shanghai.1890.

China Imperial Maritime Customs, *Returns of Trade and Trade Reports,* Published by Order of the Inspector General of Customs, Shanghai.1891.

China Imperial Maritime Customs, *Returns of Trade and Trade Reports,* Published by Order of the Inspector General of Customs, Shanghai.1892.

China Imperial Maritime Customs, *Returns of Trade and Trade Reports,* Published by Order of the Inspector General of Customs, Shanghai.1893.

China Imperial Maritime Customs, *Returns of Trade and Trade Reports,* Published by Order of the Inspector General of

Customs, Shanghai.1894.

China Imperial Maritime Customs, *Returns of Trade and Trade Reports,* Published by Order of the Inspector General of Customs, Shanghai.1895.

China Imperial Maritime Customs, *Returns of Trade and Trade Reports,* Published by Order of the Inspector General of Customs, Shanghai.1896.

China Imperial Maritime Customs, *Returns of Trade and Trade Reports,* Published by Order of the Inspector General of Customs, Shanghai.1897.

China Imperial Maritime Customs, *Returns of Trade and Trade Reports,* Published by Order of the Inspector General of Customs, Shanghai.1898.

China Imperial Maritime Customs, *Returns of Trade and Trade Reports,* Published by Order of the Inspector General of Customs, Shanghai.1899.

China Imperial Maritime Customs, *Returns of Trade and Trade Reports,* Published by Order of the Inspector General of Customs, Shanghai.1900.

China Imperial Maritime Customs, *Returns of Trade and Trade Reports,* Published by Order of the Inspector General of Customs, Shanghai.1901.

China Imperial Maritime Customs, *Returns of Trade and Trade Reports,* Published by Order of the Inspector General of Customs, Shanghai.1902.

China Imperial Maritime Customs, *Returns of Trade and Trade Reports,* Published by Order of the Inspector General of Customs, Shanghai.1903.

China Imperial Maritime Customs, *Returns of Trade and Trade Reports,* Published by Order of the Inspector General of

Customs, Shanghai.1904.

China Imperial Maritime Customs, *Returns of Trade and Trade Reports,* Published by Order of the Inspector General of Customs, Shanghai.1905.

China Imperial Maritime Customs, *Returns of Trade and Trade Reports,* Published by Order of the Inspector General of Customs, Shanghai.1906.

China Imperial Maritime Customs, *Returns of Trade and Trade Reports,* Published by Order of the Inspector General of Customs, Shanghai.1907.

China Imperial Maritime Customs, *Returns of Trade and Trade Reports,* Published by Order of the Inspector General of Customs, Shanghai.1908.

China Imperial Maritime Customs, *Returns of Trade and Trade Reports,* Published by Order of the Inspector General of Customs, Shanghai.1909.

China Imperial Maritime Customs, *Returns of Trade and Trade Reports,* Published by Order of the Inspector General of Customs, Shanghai.1910.

China the Maritime Customs, *Mengtsz, Annual Trade Report and Returns,* Published by Order of the Inspector General of Customs, Shanghai.1924.

China the Maritime Customs, *Mengtsz, Annual Trade Report and Returns,* Published by Order of the Inspector General of Customs, Shanghai.1925.

China the Maritime Customs, *Returns of Trade and Trade Reports,* Published by Order of the Inspector General of Customs, Shanghai.1911.

China the Maritime Customs, *Returns of Trade and Trade Reports,* Published by Order of the Inspector General of Customs,

Shanghai.1912.

China the Maritime Customs, *Returns of Trade and Trade Reports,* Published by Order of the Inspector General of Customs, Shanghai.1913.

China the Maritime Customs, *Returns of Trade and Trade Reports,* Published by Order of the Inspector General of Customs, Shanghai.1914.

China the Maritime Customs, *Returns of Trade and Trade Reports,* Published by Order of the Inspector General of Customs, Shanghai.1915.

China the Maritime Customs, *Returns of Trade and Trade Reports,* Published by Order of the Inspector General of Customs, Shanghai.1917.

China the Maritime Customs, *Returns of Trade and Trade Reports,* Published by Order of the Inspector General of Customs, Shanghai.1918.

China the Maritime Customs, *Foreign Trade of China* Published by Order of the Inspector General of Customs, Shanghai.1919.

China the Maritime Customs, *Foreign Trade of China* Published by Order of the Inspector General of Customs, Shanghai.1921.

China the Maritime Customs, *Foreign Trade of China* Published by Order of the Inspector General of Customs, Shanghai.1922.

China the Maritime Customs, *Foreign Trade of China* Published by Order of the Inspector General of Customs, Shanghai.1923.

China the Maritime Customs, *Foreign Trade of China* Published by Order of the Inspector General of Customs, Shanghai.1924.

China the Maritime Customs, *Foreign Trade of China* Published by Order of the Inspector General of Customs, Shanghai.1925.

China the Maritime Customs, *Foreign Trade of China* Published by Order of the Inspector General of Customs, Shanghai.1926.

China the Maritime Customs, *Foreign Trade of China* Published by Order of the Inspector General of Customs, Shanghai.1927.

China the Maritime Customs, *Foreign Trade of China* Published by Order of the Inspector General of Customs, Shanghai.1928.

China the Maritime Customs, *The Principal Articles of Chinese Commerce (Import and Export)*, Published by Order of the Inspectorate General of Customs, 1930.

China Imperial Maritime Customs, *Decennial Reports, on the Trade, Navigation, Industries, etc., of the Ports Open to Foreign Commerce in China and Corea, and on the Condition and Development of the Treaty Port Provinces, 1882-1891, with Sundry Maps and a Sketch Plan of Each Port; also Statistical Tables Relating to the Foreign Trade of China*, Published by Order of the Inspector General of Customs, Shanghai, Vol2.

China Imperial Maritime Customs, *Decennial Reports, on the Trade, Navigation, Industries, etc., of the Ports Open to Foreign Commerce in China, and on the Condition and Development of the Treaty Port Provinces, 1892-1901, with Maps, Diagrams, and Plans, Southern Ports, with Appendices*, Published by Order of the Inspector General of Customs, Shanghai, Vol2.

China the Maritime Customs, *Decennial Reports, on the Trade, Industries, etc., of the Ports Open to Foreign Commerce, and on the Condition and Development of the Treaty Port Provinces, 1902-1911, Southern and Frontier Ports, with Appendix*, Published by Order of the Inspector General of Customs, Shanghai, Vol2.

China the Maritime Customs, *Decennial Reports, on the Trade, Industries, etc., of the Ports Open to Foreign Commerce, and on the Conditions and Development of the Treaty Port Provinces, 1912-1921, Southern and Frontier Ports, with Appendix*, Published by Order of the Inspector General of Customs, Shanghai, Vol2.

China the Maritime Customs, *Decennial Reports, on the Trade, Industries, etc., of the Ports Open to Foreign Commerce, and on the Conditions and Development of the Treaty Port Provinces; Preceded by "A History of the External Trade of China, 1834-81," together with a "Synopsis of the External Trade of China, 1882-1931" 1922-1931, Southern and Frontier Ports*, Published by Order of the Inspector General of Customs, Shanghai, Vol2.

Diplomatic and Consular Reports, China, Annual Series, *Report for the Year 1899 on the Trade of Ssumao and Mengtse,* Presented to both Houses of Parliament by Command of Her Majesty, London: China, No. 1(1888).

Diplomatic and Consular Reports, China, Annual Series, *Report for the Year 1900 on the Trade of Ssumao and Mengtse,* Presented to both Houses of Parliament by Command of Her Majesty, London.

Report by Mr. F. S. A. Bourne of a Journey in South-Western China, Presented to both Houses of Parliament by Command of Her Majesty, London,1888.

W.F.Collins,Associate. *Tin Production in the Province of Yunnan, China.* Nineteeth Session,1909-1910.

あとがき

雲南省といえば、最初にイメージするのが、色とりどりの民族衣装で着飾ったいわゆる少数民族と呼ばれる人々であろう。著者自身もこうした雲南の少数民族の魅力に惹かれた一人であった。学部では少数民族が建立した南詔国をテーマとし、卒論を書き上げ、その後修士論文でも南詔国を扱った。しかし、博士課程では、その史料の貧困さ故に音を上げ、時代対象を明清期に変更せざるを得なくなった。その後の研究生活は苦悩と挫折の繰り返しであった。そして、紆余曲折を経てようやく漢人移民というテーマが定まったのが、二〇〇八年秋である。実に博士課程に進学して五年半という月日が流れていた。こうして遅きに失した研究成果であるが、曲がりなりにも著作という形で出版できるのはこれまで本当に多くの方々の支えがあったからこそである。

思えば、学部学生の頃、軽い気持ちで雲南大学に短期留学したのが、雲南との最初の出会いであった。その後、妹尾達彦先生（中央大学）の紹介で元東京外国語大学アジア・アフリカ言語文化研究所のクリスチャン・ダニエルス先生に出会い、総合地球環境学研究所プロジェクト「アジア・熱帯モンスーン地域における地域生態史の統合的研究1945―2005」（代表：秋道智彌）に参加する機会を得た。そこでは現地調査という形で様々な経験を蓄積し、研究分野や所属を異にする多くの研究者に知合い、啓発を受けたことが漢人移民を扱う直接的な契機となっている。とりわけ本書を執筆するきっかけを与えてくださったクリスチャン・ダニエルス先生には、プロジェクト参加を契機としてこれまで一貫して御指導を賜っており、博士論文の審査の際には副査も引き受けて頂いた。著者がテーマを変更し、幾度も挫折しそうになりながらもこれまで研究を続けてこられたのは、先生からの叱咤激励とその都度頂いた適切なアドバイスのおかげである。まことに感謝の念に堪えない。さらに、プロジェクトを通して知り合った清水享氏（日本大学非常勤講師）、野本敬氏（帝京大学短期大学専任講師）、立石謙次氏（東海大学専任講師）、増田厚之氏（学習院大学大学院博士後期課程単位取得退学）には公私に渡って深いお付き合いをさせて頂き、本書の作成の過程においても多くの啓発を受けた。各所で引用した碑文史料（資料）もこうした仲間と現地調査を行なった際に収集したものであり、まさに本研究の原点となっている。また、クリスチャン・ダニエルス先生を通じて紹介して頂いた雲南大学の尹紹亭先生には、本書の根幹となる碑文史料（資料）の捜索にご尽力頂いた。

博士学位取得に際しては、快く主査を御引き受け頂いた川越泰博先生（中央大学）、さらに副査の妹尾達彦先生および阿部幸信先生（中央大学）にも貴重なご助言を頂き、本書の作成に反映することが出来た。特に川越先生には本書の校正をお願いするなど多大なご負担をおかけした。心から感謝の意を述べたい。このほか、東洋文庫の山村義照氏には長年にわたり史料の捜索において大いに助言を頂いた。

また、本書の出版に関しては、慶友社の伊藤ゆりさんと編集者の小林基裕さんに大変お世話になった。初めての自著を出版する上において、右も左もわからない若輩者の私に的確な指針を示して頂き、まことに心強かった。

本書は、中央大学に提出した博士学位論文を基礎としている。ただし、これまでの過程で既発表論文に多数の加筆・修正した上で、本書の各所に収録した。参考のため、本書を構成する章節と既発表論文との対応を示しておく。

①「明清時期雲南省石屏盆地における漢人移民の耕地開発—官による水利事業と科挙合格者の増加を中心として—」『国立歴史民俗博物館研究報告』第一六二号、二〇一一。（第一章第二節から第四節・第五章第一節）

②「広西路線的成立以及其影響—以乾隆年間到嘉慶年間為中心」楊偉兵（編）『明清以来雲貴高原的環境與社会』所収（東方出版中心）、二〇一〇。（第二章第四節）

③「清末民国期の雲南省普洱における漢人移民と茶山開発について—漢人の技術移転と市場開拓の視点から—」『東

洋学報』第九三巻第二号、二〇一一。（第三章第二節・第四章第二節・第五章第二節）

右に示した如く、これらの既発表論文を元に本書を構成しているが、随所で大幅な改稿がなされており、ほとんど原形を留めていない点も留意されたい。そして、これ以外はすべて書下ろしとなる。

索　引

事項索引

ア行

カ行

サ行

タ行

ナ行

ハ行

マ行

ヤ行

ラ行

ワ行

人名索引

ア行

カ行

サ行

タ行

ハ行

マ行

ヤ行

ラ行

地名索引

ア行

カ行

サ行

タ行

ナ行

ハ行

マ行

ヤ行

ラ行

The Expansion of the Chinese World into Yunnan by Han Migration: Their Strategies as Seen in the Cultivation of Pu'er Tea and the Opening of Mines

This book examines how the migration of Han people expanded the Chinese world (*chūka sekai* 世界) into the frontiers of Yunnan province. Emphasis on ascribing the motives for civilian migration to war and poverty, has lead past researchers of Han Chinese immigrants to conceptualise the formation of the Chinese world a process of successive waves of civilian migrants merely filling up empty frontier land. The purpose of this book is to examine Government-planned migration which forced Han to settle in order to fortify the border area and colonize the frontier, and to revise this simplistic model of civilian migration.

This book takes up the case of the Shiping basin 石屏盆地 in the south of Yunnan province because its' history allows us to trace the process of the establishment of Han society from its origins in state induced settlement to the advent of civilian migration. It is, indeed, an excellent case, illustrating the entire process of Han migration from its origins and to its' expansionary period. The Han colonization, specifically the usage of land resources in Shiping, began at the close of the 14th century, and large numbers of Han people migrated out of the basin to relocate in surrounding border areas during the Qing period. This resulted in Shiping Han migrants playing a leading role in the cultivation of Pu'er tea and the opening of mines during the Republican period.

The first chapter analyses the process of Han settlement in the Shiping basin during the Ming period, the opening up of land for cultivation, population increase and migration out. The second chapter examines the

development of the economy in Yunnan that accompanied the opening of copper mines and the founding of new trade routes to the East China littoral during the Qing dynasty, and clarifies places where Han from Shiping settled and their paths of migration. The third chapter analyses the economic activities of Shiping Han after migration by dividing them into four groups according to occupation; (1) those proficient in literary Chinese (2) tea cultivators, (3) mine operators and (4) peddlers and cultivators. The fourth chapter presents a detailed analyses of their main occupations which includes operating tea gardens and opening up mines. The fifth chapter illuminates how Shiping Han people migrated to non-Han areas and constructed relationships with local societies there, and identifies technology transfer as the core of their migration strategy.In the final chapter I argue that the data presented in this study demonstrates the need to revise previous accounts of the formation of the Chinese World which portray the mechanism for expansion as centred on civilian migration in order to accommodate the role of state induced migration.

The data presented shows that Han society located at the margins of the Chinese World was made permanent through the development of land resources by state induced migration, and that repeated relocation to other frontiers arose when the acreage of land suitable for development reached its limits and population saturation set in. I point out the crucial role of technological transfer in migration. For instance, migrants managed to relocate by utilising hydrological and commercial crop cultivation techniques that they acquired through the development of land resources in Shiping. Their portfolio of technologies included literacy in Chinese, commercial knowhow, management strategies, ability to learn local languages and adapt to everyday life etcera, all of which constituted manuals for migration and settling in local societies. I argue that migrants constructed inter-dependent

relations with local societies and expanded into surrounding border areas by flexibly utilising these technologies, they selected those suitable for local conditions and adjusted them to fit needs. This data negates the preconceived notion of the immutability of Han immigrant societies founded by state induced migration, and confirms that such societies turned fluid with the lapse of time. I present a new model which postulates the Chinese World as being formed by the rapid expansion of the scope of Han residence to outside areas by a combination of state-induced and civilian migration.

Contents

Chapter 2 Areas to which Shiping Han People Migrated and their Advance into Trade Routes out of Yunnan Province

Introduction

1 Migration of Shiping Han People to Peripheral Areas

2 The Extent of Merchant Power and the Distribution of Guild Halls in Yunnan Province.

3 Migration Routes out of Shiping

4 Increased Economic Activities that Accompanied the Opening up of Mines and Trade Routes

Conclusion

Chapter 3 Economic Activities of Shiping Han People along Trade Routes

Introduction

1 Work Involving Literacy Skills in Chinese

2 Growing Pu'er Tea

3 Mining

4 Migration to Areas Peopled by Non-Han

Conclusion

Chapter 4 The Growth in Power Exercised by Han from Shiping Han in the Tea and the Mining Industries from the Latter Half of 19th Century Onward

Introduction

1 Economic Activities of Han from Shiping at Gejiu 箇旧

2 Growth in the Market for Tea and the Economic Activities of Han Migrants from Shiping

Conclusion

云南中华世界的膨胀 - 以普洱茶和开发矿山为主的移民战略

本书以中国西南地区云南汉人移民活动为焦点，来讨论中华世界的形成。

以前汉人移民研究是以战争或贫困之类引起民间移民活动的角度为论点进行论述，所以一直以来被认为不断地民间移民为主流占满周围的边疆地区形成现在的中华世界。针对这样的看法，本书提出新的论点，也就是说，是由政府强制性移民为主，来分析中华世界的形成。

为了阐述这个课题，以云南省南部的石屏盆地为例。从石屏盆地汉人移民的起点到汉人移居扩大的过程是最符合历史的还原，因为中华王朝明朝初期才开始迁入石屏盆地开发土地资源，到了清朝时期很多移民去周围地区，后来民国时期石屏移民以栽培普洱茶和开发矿山等扮演着重要的角色。本文的构成如下。

第一章：以分析明代迁入石屏盆地经过土地开发到人口增长的过程，要追溯很多石屏人迁移过去的原因

第二章：阐明随着清朝时期铜矿开发、云南经济发展、石屏汉人迁入的范围和移民路线

第三章：石屏汉人移民的职业按其性质分为四大类，精通汉文的知识分子、从事茶叶产业人员、矿山从业人员、其他的小商贩以及耕种土地的农民来分析。

第四章：以矿业和茶业来阐述这两大产业的历史。

第五章：综上所述，阐明石屏汉人移民活动时，如何迁入到非汉人地区，与他们建立关系。进一步来讨论形成移民活动的核心技术转移

终结：以前是以民间汉人移民的角度来研究中华世界，但笔者在本书中重新提出新的看法，也就是说中华世界是由政府强制性行为形成的。

通过上述的讨论，本书阐明起初是由政府强制性行为将汉人移民的殖民地分布在中华世界周围的边疆地区，来进行土地资源开发和定居，但受到土地资源开发的限制及人口不断地增长，石屏汉人不断地迁移到周围人口密度更低的地区。笔者想要强调的是，石屏汉人是通过什么样的方式进行不断地来扩大他们的移民范围。例如土地资源开发时掌握的土木工程技术、经济作物栽培等技术不断转移到新的区域。除了这些实际型的技术以外，还有汉字的识字能力、生意方法、经

营策略、学习语言的方法以及日常生活习惯等，从这一系列的技术群中，根据当地社会的情况，选择出最适合当地的技术。之后跟当地社会建立依赖关系，将移民范围扩大到最大限度。

最后，由政府主导的移民社会永远不会移动，那是一种偏见，以这为主题来阐述随着时间的流逝，这些殖民社会也会慢慢地进行移民流动，结果以政府强制性移民为主，形成中华世界。

目录

著者略歴

西川和孝（にしかわ　かずたか）

一九七五年生まれ。中央大学博士（史学）。国士舘大学、大東文化大学、早稲田大学非常勤講師。専攻は西南中国の社会経済史および移民史。共著に『図録 メコンの世界―歴史と生態』（弘文堂、二〇〇六年）、「漢族移民の活動と生態環境の改変―雲南から東南アジアへ―」『論集モンスーンアジアの生態史―地域と地球をつなぐ―第２巻 地域の生態史』（弘文堂、二〇〇八年）などがある。主要論稿として「明清時期雲南省石屏盆地における漢人移民の耕地開発―官による水利事業と科挙合格者の増加を中心として―」（『国立歴史民俗博物館研究報告』第一六二集、二〇一一年）や「清末民国期の雲南省普洱における漢人移民と茶山開発について―漢人の技術移転と市場開拓の視点から―」（『東洋学報』第九三巻第二号、二〇一一年）などがある。

雲南《うんなん》中華《ちゅうか》世界《せかい》の膨張《ぼうちょう》
―プーアル茶と鉱山開発にみる移住戦略

二〇一五年四月二十四日　第一刷

著　者　西川和孝
発行所　慶友社
〒一〇一―〇〇五一
東京都千代田区神田神保町二―四八
電　話〇三―三二六一―一三六一
FAX〇三―三二六一―一三六九
組　　版／ぷりんてぃあ第二
印刷・製本／エーヴィスシステムズ

ISBN978-4-87449-176-8 C3039